KONRAD
ERFOLGREICH
SELBSTGESTEUERT LERNEN

ERFOLGREICH SELBSTGESTEUERT LERNEN
Theoretische Grundlagen, Forschungsergebnisse, Impulse für die Praxis

von
Klaus Konrad

VERLAG
JULIUS KLINKHARDT
BAD HEILBRUNN • 2008

Dieser Titel wurde in das Programm des Verlages mittels eines Peer-Review-Verfahrens aufgenommen. Für weitere Informationen siehe www.klinkhardt.de.

Bibliografische Information der Deutschen Nationalbibliothek
Die Deutsche Nationalbibliothek verzeichnet diese Publikation in der Deutschen Nationalbibliografie; detaillierte bibliografische Daten sind im Internet abrufbar über http://dnb.d-nb.de.

Druck und Bindung: AZ Druck und Datentechnik.
Printed in Germany 2008.
Gedruckt auf chlorfrei gebleichtem alterungsbeständigem Papier.

ISBN 978-3-7815-1584-0

Vorwort

Was sind die Ziele dieses Buches?

Die vorliegende Abhandlung will dem Leser/ der Leserin die Idee des selbstgesteuerten Lernens näher bringen, seine Vor- und Nachteile darlegen und Möglichkeiten aufzeigen, wie diese Lernform genutzt und gefördert werden kann. Dazu ist es vor allen Dingen erforderlich, die Komplexität der Zusammenhänge zwischen individuellem Lernprozess, der Gestaltung und Wirkung von Lernumgebungen auf das Lernen sowie der Evaluation von Lehr-Lernprozessen deutlich zu machen. In diesem Sinne präsentiert das Buch

○ pädagogisch-psychologisch relevante Informationen, die nachvollziehbar und praxisorientiert vermittelt werden

○ Empfehlungen für die Unterrichtsgestaltung, die ihre Basis unmittelbar in aktuellen Befunden der Unterrichtsforschung haben

○ die Wechselwirkungen zwischen pädagogisch-psychologischen Theorien des selbstgesteuerten Lernens und deren praktischen Anwendungen

○ neuere pädagogisch-psychologische Erkenntnisse, die unmittelbar in die eigene Praxis des Lehrens und Lernens umgesetzt werden können.

Was sind die Gründe, dieses Buch zu schreiben?

① Einer liegt in dem Umstand, dass es – anders als etwa im nordamerikanischen Bildungswesen – in Deutschland keine Tradition gibt, auf dem Hintergrund kontinuierlicher Theorieentwicklung und empirischer Forschung regelmäßig wissenschaftlich fundierte und praxisorientierte Lehrbücher zum menschlichen Lernen zu publizieren. Dies ist insofern bemerkenswert, als didaktisches Handeln, übereinstimmend mit der Auffassung begründet wird, dass Unterrichten sich an den psychologischen Grundlagen menschlichen Lernens und Denkens zu orientieren habe.

② Ein anderer Grund für dieses Buch liegt in der kritischen Auseinandersetzung mit früheren – vor allen Dingen behavioristischen – Strömungen der Lehr-Lernpsychologie. Diese gehen von der Annahme aus, man könne durch bestmögliche Gestaltung des Lernmaterials und einer entsprechenden Darbietung eine optimalen Förderungen der Lernenden erreichen. Zusätzlich nahm man die Person des Lehrers und das Klassenklima in den Blick. Unter dem Einfluss des Konstruktivismus ist diese Betrachtungsweise seit den 1980er Jahren mit zunehmend besser fundierten Argumenten als einseitig kritisiert worden. Konstruktivistische Strömungen lassen eine deutliche Abkehr vom passiven, extern gesteuerten und eine Hinwendung zum aktiv-reflexiven, intern gesteuerten Menschen erkennen. Der Lernende wird nicht lnger als passiver Informationsempfnger begriffen, sondern als Person, die aktiv und konstruktiv neues Wissen hervorbringt und verarbeitet.

③ Drittens fehlt ein Lehrbuch zur Thematik des selbstgesteuerten Lernens. Entsprechend richtet sich diese Abhandlung primär, aber keinesfalls ausschließlich an Studierende aller Lehrämter sowie der Erziehungswissenschaft, Sozialpädagogik, Wirtschaftspädagogik und Pädagogischen Psychologie. Auch Erzieher oder Lehrer aller Schulformen und Schulfächer sowie Dozenten und Trainer in der Weiterbildung zählen zu den Adressaten des Lehrbuchs. Zahlreiche Beispiele und Arbeitsanregungen konkretisieren und veranschaulichen die dargestellten Theorien des selbstgesteuerten Lernens und geben Hinweise für Gruppendiskussionen und weiterführende Vertiefungen.

Inhaltsverzeichnis

Teil I

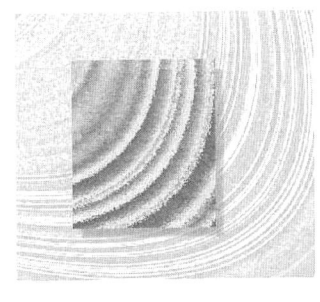

Theorie

Kapitel 1 Inhalt und didaktische Orientierung

1.1 Einleitung

„Selbstgesteuertes Lernen" ist sowohl ein altes wie auch ein neues Thema psychologischer Forschung und Reflexion. Ein altes insofern als die Frage, über welche Lernmethoden, -techniken, -verfahren und -fertigkeiten Jugendliche und Erwachsene verfügen bzw. welche vermittelt und ausgebildet werden (sollten), um selbstverantwortliches, eigeninitiatives Lernen zu ermöglichen, Wissenschaftler und Praktiker seit langem beschäftigt. Es handelt sich um ein neues Thema, weil seit den 1980er und 1990er Jahren ein regelrechter Boom von Forschungsarbeiten und Publikationen auf diesem Gebiet zu verzeichnen ist (Long & Associates, 1995; Artelt, Baumert, Julius-McElvany & Peschar, 2004).
Aktualität und zusätzliche Relevanz gewinnt das Thema nicht zuletzt durch gesellschaftliche Veränderungen: Infolge von Pluralisierung, Enttraditionalisierung und Individualisierung nahezu aller gesellschaftlicher Wert- und Orientierungsmuster ist die individuelle Lebenslaufplanung gegenwärtig durch hohe Grade von Unsicherheit und Orientierungslosigkeit, von Ambivalenzen und Paradoxien belastet. In dieser Situation fällt es schwer, zukünftige Anforderungen an Wissen, Fertigkeiten und motiva-

tionalen Orientierungen befriedigend vorherzusagen. Kein Wunder also, dass sich Schule, Hochschule und Erwachsenenbildung vermehrt mit der Frage beschäftigen (müssen), wie Lernprozesse gestaltet sein sollten, um zukünftiges Lernen motivational und prozessual zu erleichtern und damit zu verstetigen.

Für das heutige Verständnis des selbstgesteuerten Lernens ist schließlich ein *Wandel im Menschenbild* essenziell. Gerade in der Psychologie ist eine deutliche Abkehr vom passiven, extern gesteuerten und eine Hinwendung zum aktiv-reflexiven, intern gesteuerten Menschen festzustellen. Der Lernende wird nicht länger als passiver Informationsempfänger begriffen, sondern als Person, die aktiv und konstruktiv neues Wissen hervorbringt und verarbeitet. Unterlegt wird damit ein Grundverständnis des Menschen, das sich durch tätige Aneignung der Wirklichkeit und auf der Grundlage eigener Interessen und eigenen Vorwissens als Subjekt produziert und das durch seine reflexiven Fähigkeiten zu Selbstkontrolle und Selbststeuerung fähig wird (Konrad, 2005; Azevedo, Guthrie & Seibert, 2004).

Die beachtliche Wertschätzung und eine gerade im schulischen Umfeld emotional gefärbte Auseinandersetzung mit dem „selbstgesteuerten Lernen", birgt die Gefahr der Vereinseitigung und Vereinfachung. Bestimmte Akzente des Themas finden bevorzugt Beachtung, andere – die oftmals nicht weniger wichtig sind – werden vernachlässigt. Dies soll mit der vorliegenden Abhandlung vermieden werden. Vier Fragenkomplexe stehen im Zentrum:

① Zunächst erhebt sich die Frage, was selbstgesteuertes Lernens auszeichnet. Welche prozessualen, strukturellen und situativen Komponenten sind typisch für diese Lernform? Welche *theoretischen Perspektiven* tragen zum Verständnis selbstgesteuerten Lernens bei? Welche psychologischen Ansätze sind in der Lage, wesentliche Elemente selbstgesteuerten Lernens zu beschreiben und zu erklären?

② Essenziell ist die Frage nach dem Zusammenhang zwischen selbstgesteuertem Lernen und Lernleistung. Sind selbstgesteuert Lernende auch erfolgreich Lernende? Gibt es substanzielle Belege für einen Zusammenhang zwischen Selbststeuerung und Lernleistung?

③ Große Bedeutung gewinnt auch die Überlegung, wie selbstgesteuertes Lernen empirisch untersucht werden kann. Welche Instrumente

eignen sich zur Diagnose selbstgesteuerter Lernformen? Wie werden
diese Instrumente genutzt? Welche Interdependenzen zwischen den
emotional-motivationalen und (meta)kognitiven Determinanten der
Selbststeuerung einerseits und *Lernaufwand* sowie *Lernleistung* andererseits lassen sich auf dieser Grundlage nachweisen?

④ Von besonderem Interesse für die *pädagogisch-psychologische Praxis*
ist schließlich die Frage, wie selbstgesteuerte Lernformen in Schule
und Hochschule sinnvoll unterstützt werden können. Welche Programme und Konzepte haben sich in der Vergangenheit als erfolgreich erwiesen? Mit welchen Unterrichtsmethoden und -techniken
können Lehrerinnen und Lehrer das selbstgesteuerte und verste-
hende Lernen ihrer Schüler fördern?

1.2 Didaktische Orientierung

Der Fokus des vorgelegten „Lehrbuches" liegt auf der systematischen Konzeption des selbstgesteuerten Lernens vor dem Hintergrund handlungs-
bezogener Theorien und empirischer Forschungsbefunde. Pädagogisch-
psychologisch Interessierte finden aber nicht nur theoretische Grundlagen, sondern auch hilfreiche Tipps, um Lehr-/Lernprozesse zu unterstützen und zu verstetigen. Die Praxis-Empfehlungen dieses Textes greifen
unmittelbar Ergebnisse der Unterrichtsforschung auf, so dass der Leser
/ die Leserin sicher sein kann, dass die hier präsentierten Aussagen *tatsächlich Substanz besitzen.*
Grundlagenorientierung, Praxisnähe und explizite didaktische Orientierung gehen in diesem Buch Hand in Hand. Es vermittelt Lehrerinnen
und Lehrern aller Bildungseinrichtungen das Orientierungswissen und -
können, das unabhängig macht und eigenes Handeln besser verstehen
lässt. Studierende können es als Grundlage für Seminare und Vorlesun-
gen zu Themen der Schul- bzw. Erwachsenenpädagogik sowie der Lern-,
Kognitions- und Motivationspsychologie verwenden.
Speziell der letzte Teil des Buches enthält praktische Hinweise zur Förderung des „selbstgesteuerten Lernens" und den Umgang mit Leistungen.
Hier fließen Gestaltungsvorschläge für schulinterne Lehr-Lern-Arrange-
ments und Arbeitsblätter ein.
Dem gründlichen Verstehen und Vernetzen der Inhalte untergeordnet sind
didaktische Hilfen für den Leser. Jedes Kapitel des Buches beginnt mit
einer Gliederung, die als Organisationshilfe für die nachfolgenden Inhalte

fungiert. Am Ende eines jeden Kapitels fassen die „Kerngedanken" sowie
eine Konzeptmap die wesentlichen Überlegungen zusammen. Hinzu kommen Diskussionsfragen, die dem Leser / der Leserin Gelegenheit geben,
über Konsequenzen der Textinhalte für eigene Forschungsprojekte oder
praktische Anwendungen nachzudenken.

Hintergrund dieser Lernimpulse ist die Idee des reflexiven und *absichtlich
handelnden Experten:* Die Absichtlicheit („intentionality") ist ein Attri-
but, das für alle ausgezeichneten Lehrerinnen und Lehrer charakteristisch
zu sein scheint. Intentionale Lehrpersonen zeichnen sich durch ein hohes
Maß an Reflexion aus. Sie denken fortlaufend über die Ergebnisse und
Ziele nach, die sie mit ihren Schülern oder Studierenden erreichen wollen.
Und sie überlegen, wie jede einzelne Entscheidung und /oder Intervention
zur Erreichung dieser Ziele beitragen kann.

Im Hinblick auf die Lektüre des Textes insgesamt, mag die folgende Emp-
fehlung für den Leser oder die Leserin hilfreich sein: Greifen Sie nicht
zuerst oder gar ausschließlich nach den Methoden und Instrumenten in
Teil IV. Berücksichtigen Sie unbedingt, dass diese auf modernen, theoretischen Konzepten beruhen. Prüfen Sie sich zuvor selbst, zum Beispiel
an den Ansprüchen in Teil I und II, wo Sie dabei stehen. Nutzen Sie
die Hinweise und Instrumente in Teil III, die Anregungen an die Hand
geben, wie Sie Ihre Unterrichtsarbeit – und inbegriffen den Umgang mit
unterschiedlichen Lernformen – weiter professionalisieren können.

Kapitel 2 Begriffsklärung – Was bedeutet selbstgesteuertes Lernen?

2.1 Begriffliche Abgrenzung

2.2 Systematisierung der Zugangsweisen

Für das pädagogisch-psychologische Lehr-/Lern-Konzept des selbstgesteuerten Lernens existiert keine einheitliche Terminologie oder allgemein akzeptierte Definition (Konrad & Wosnitza, 1995; Schunk & Zimmerman, 1994). Verschiedene Ansätze haben sowohl Komponenten des Lernenden und Modelle seiner Regulationstätigkeit als auch selbststeuerungsförderliche Faktoren von Lernumwelten herausgearbeitet. All diese Bemühungen gehen von sehr unterschiedlichen Konzeptionen und Begriffen (z. B. „selbstorganisiertes", „selbstreguliertes", „autonomes" oder „selbstbestimmtes" Lernen) aus und selegieren meist eingeschränkte Aspekte des Themas.

Eine klare Trennung dieser Konzepte ist kein leichtes Unterfangen. Dies dürfte nicht zuletzt damit zusammenhängen, dass sich nahezu alle Teildisziplinen der Psychologie mit der Selbststeuerung oder einzelnen Aspekten der Selbststeuerung befassen, allerdings jeweils unter einer anderen Perspektive (Reinmann-Rothmeier & Mandl, 2001).

Eine sinnvolle Auseinandersetzung mit dem selbstgesteuerten Lernen und
die Ableitung pädagogisch-psychologischer Implikationen macht es notwendig, den Terminus Selbststeuerung theoretisch zu begründen und klar
zu kennzeichnen (Zimmerman, 1994; Zimmerman & Kitsantas, 2005).
Dies soll in den folgenden Abschnitten geschehen.

2.1 Begriffliche Abgrenzung

Ohne Anspruch auf Vollständigkeit seien drei unterschiedliche Fassungen
des Selbststeuerungsbegriffs für die Betrachtung herangezogen:

① Selbststeuerung als autonomes Lernen

② Selbststeuerung als pädagogische oder psychologische Kontrolle

③ Selbststeuerung als psychische Regulation.

Selbststeuerung als autonomes Lernen

Autonomes Lernen bezeichnet Lernsituationen, in denen die Verantwortung für die Lerntätigkeit beim Lernenden liegt; sein Verhalten wird nicht
durch *fremdformulierte* Lernaufträge gelenkt. Der Lernende selbst ordnet
und reguliert die Aufnahme und Verarbeitung von Information, indem er
unter möglichen Lernzielen auswählt, sich seine Lernzeit selbst einteilt
und seine Lernaktivitäten plant und organisiert, seinen eigenen Lernzu-
stand punktuell überprüft und auf der Basis dieser Überprüfung seinen
Lernweg regelt (Weltner, 1978; Candy, 1991).
Beim autonomen Lernen steht demnach der Lernende als Wissenssamm-
ler und -verarbeiter im Mittelpunkt. Autonom ist er, sofern er sich selbst
Ziele setzen und Materialien zur Arbeit heraussuchen kann, sowie Methoden, Strategien und Techniken zu deren Bearbeitung sowie zur Selbstevaluation zur Verfügung hat.

Selbststeuerung als pädagogische oder psychologische Kontrol-
le

Im *Wechselspiel mit Lehre* kann der Umfang der Kontrolle des Lehrenden
bzw. des Lernenden als ein wichtiges Unterscheidungsmerkmal für den
Grad der Selbststeuerung über die Lernorganisation und die mit der

Durchführung des Lernens verbundenen Teiltätigkeiten angesehen werden. Dies gilt in besonderem Maße für die *psychologische Kontrolle* des Lerngeschehens. Steht die psychologische Kontrolle – und damit die Innensicht des Lernsubjektes (Arnold, 1996) – im Zentrum der Betrachtung, dann kann selbstgesteuertes Lernen durchaus auch im Rahmen direktiver, stark lehrerzentrierter Lernumgebungen stattfinden (Schiefele & Pekrun, 1996; Weinert, 1982). Liegt das Augenmerk auf der *pädagogischen Kontrolle* vollzieht sich Lernen auf einem bipolaren Kontinuum, innerhalb dessen die Kontrolle und Verantwortung für die Organisation und Durchführung von Lehr-/Lerntätigkeiten variieren und auf dem der Lernende in unterschiedlicher Ausprägung Initiator und Verantwortlicher seiner Lerntätigkeit ist (Konrad & Wosnitza, 1995). Der Gedanke liegt nahe, dass Lernen vor allem dann als selbstgesteuert erlebt wird, wenn Lernende in der Lernsituation Wahlmöglichkeiten erkennen. Abbildung 2.1 veranschaulicht diesen Sachverhalt am Beispiel verschiedener „Lehrstrategien", die sich von Indoktrinierung über programmierte Unterweisung zu entdeckendem Lernen bis hin zum vollkommen unabhängigen Lernen („independent study"; Candy, 1991, S. 11) erstrecken und in ein- und derselben Lernsequenz mehrfach wechseln können.

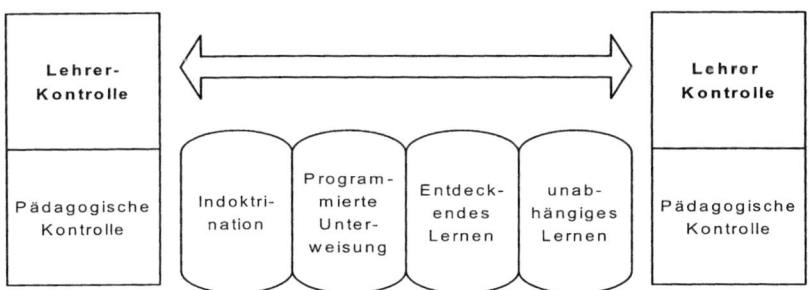

Abb. 1: Selbstgesteuertes Lernen als Kontinuum

Selbststeuerung als Selbstregulation

Die psychische Regulation des Lernprozesses wird angesprochen, wenn gefragt wird, wie die lernende Person Informationen aufnimmt, verarbeitet, speichert und benutzt und in welcher Weise diese kognitiven Vorgänge beeinflusst und bestimmt werden (Dubs, 1996). Dabei kommt dem Begriff der *Regelung* eine spezielle Bedeutung zu: Im Unterschied zur Steuerung, bei der der Informationsfluss nur in einer Richtung möglich ist, wird die Wirkungskette durch Hinzufügung einer Rückkoppelung ergänzt, wodurch adaptive Systeme – Regelkreise genannt – entstehen. Lernregulation liegt immer dann vor, „wenn der Lernende seine Lernaktivitäten, seinen Lernzielen und seinem individuellen Lernfortschritt anpaßt" (Weltner, 1978, S. 27).

Ähnliche Formulierungen findet man bei De Corte (1995) und Simons (1992): Selbstreguliert bedeutet, dass das Individuum in der Lage ist, sein eigenes Lernen vorzubereiten, die erforderlichen Lernschritte durchzuführen, für Rückmeldung und Bewertung der Lernergebnisse zu sorgen und die eigene Motivation und Konzentration aufrechtzuerhalten.

Im Unterschied zu alternativen Konzeptionen der Selbststeuerung hebt die Untersuchung der „selbstregulatorischen Prozesse der Feinabstimmung, die bei *jedem* Lernen notwendigerweise auftreten..." (Weinert, 1982, S. 103) auf die *Mikroebene* der Betrachtung selbstgesteuerten Lernens ab.

In welcher Weise die hier skizzierten Perspektiven des selbstgesteuertes Lernen systematisiert werden können, soll anschließend gezeigt werden.

2.2 Systematisierung der Zugangsweisen

Gemeinsam ist den Konzepten autonomes Lernen, selbstreguliertes Lernen usw. die Betonung eines hohen Selbststeuerungs- bzw. Selbstbestimmungsanteils. Lernende treffen eigene Entscheidungen; sie nutzen die Möglichkeit, über Aufgaben, Methoden und Zeitaufwand (mit)bestimmen zu können und sie übernehmen die Verantwortung für den eigenen Lernprozess. Das Präfix „Selbst" bedeutet in diesem Zusammenhang soviel wie durch die eigene Person oder das eigene Ich gesteuert (Konrad & Traub, 1999). Mit Pintrich (2000) lassen sich die zentralen Elemente aktueller Selbststeuerungskonzepte wie folgt zusammenfassen:

① Lernende sind als aktive Gestalter des eigenen Lernprozesses zu begreifen. Sie konstruieren ihre eigenen Sinnzusammenhänge, Ziele und Strategien sowohl aus den intern (d. h. kognitives System) als auch aus den extern (d. h. Lernkontext) verfügbaren Informationen.

② Lernende sind dazu fähig, ihre Kognition, ihre Motivation, ihr Verhalten und den jeweiligen Kontext (d. h. die Lernumgebung) zu überwachen, zu kontrollieren und zu regulieren. Im Lerngeschehen übernimmt der Lernende die Rolle des sich selbst Lehrenden, zum Beispiel in der Planung des Lernvorgangs, in der Beschaffung von Information, der Auswahl geeigneter Methoden und der kritischen Überprüfung des eigenen Lernfortschritts.

③ Biologische, entwicklungsbedingte oder kontextuelle Beschränkungen können die Fähigkeiten der lernenden Person einschränken oder behindern; sie können ihre Fähigkeit, die eigenen kognitiven Aktivitäten, die eigene Motivation, das eigene Verhalten oder den Kontext zu überwachen oder zu kontrollieren beeinflussen.

④ Es existiert ein Ziel, ein Kriterium oder ein Standard, an dem sich Lernende messen müssen, um beurteilen zu können, ob der aktuelle Lernprozess unverändert fortgeführt oder (z. B. was die Strategien anbelangt) modifiziert werden sollte. Im Lernverlauf überwacht und reguliert das Individuum kognitive, motivationale, verhaltensbezogene oder kontextbezogene Aktivitäten, um diese Ziele zu erreichen.

⑤ Selbstgesteuerte Lernaktivitäten fungieren als Mediatoren zwischen Eigenschaften der Person, Merkmalen des Kontextes und der resultierenden Lernleistung. Mit anderen Worten: Es sind nicht allein die kulturellen, und demografischen Charakteristiken oder Persönlichkeitsmerkmale, die Leistung und Lernerfolg unmittelbar beeinflussen; es sind auch nicht nur Kontextmerkmale des Unterrichts, die die Lernleistung determinieren; es ist vielmehr die Selbststeuerung der Kognition, der Motivation und des Verhaltens des Individuums, die die Wirkungen von Person- sowie Situationsvariablen vermittelt (siehe Abbildung 2).

⑥ Die Lernsituation muss Spielräume enthalten, die eine eigenständige Festlegung von Lernzielen, Lernzeiten und Lernmethoden ermöglicht. Diese Spielräume müssen vom Lernenden auch wahrgenommen und – mindestens teilweise – in Entscheidungen über den Lernprozess und im Lernhandeln umgesetzt werden, wenngleich dies nicht immer bewusst geschehen muss.

⑦ Selbstgesteuertes Lernen kann nicht als unveränderliches Maß der geistigen Leistungsfähigkeit gedacht werden. Auch handelt es sich nicht um ein Persönlichkeitsmerkmal, das sich in den ersten Lebensjahren entwickelt und anschließend stabil bleibt.

Abbildung 2 unterstreicht die vermittelnde Rolle des selbstgesteuerten Lernens – und insbesondere der Selbstregulation – für die Erreichung einer Lernleistung.

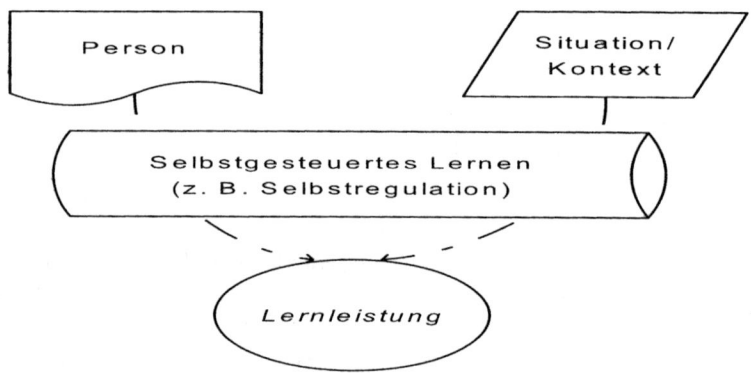

Abb. 2: Selbstgesteuertes Lernen als vermittelnde Variable

Nach Abbildung 2 sind für das in dieser Arbeit vertretene theoretische Verständnis drei Aspekte des selbstgesteuerten Lernens essenziell:

① *Selbstregulation:* Aktuelle Konzeptionen selbstgesteuerten Lernens kommen nicht ohne dabei ablaufende *steuernde kognitive Prozesse* aus. Dieser Aspekt selbstgesteuerten Lernens betont die Innensicht des Lernenden und seine (psychische) Kontrolle von Lernprozessen, -inhalten und -situationen (Brookfield, 1984; Beck, Guldimann & Zutavern, 1996). Prozesse bezeichnen in diesem Zusammenhang aktuelle offene oder verdeckte Verhaltensweisen in konkreten Lernsituationen (z.B. im Unterricht oder in Hausaufgabensituationen).

② Selbstgesteuertes Lernen wird nicht nur durch aktuelle Geschehnisse während des Lernens, sondern auch durch *individuelle Strukturen („habituelle Personenmerkmale")* determiniert; diese bezeichnen überdauernde Merkmale eines Lernenden. Zu diesen internen

Bedingungen zählen beispielsweise das Wissen einer Person über die Welt und sich selbst, Fertigkeiten, Motive und emotionale Dispositionen als dauerhafte Entsprechungen aktueller Prozesse und Aktivitäten und ihrer vernetzten sowie gleichzeitig interagierenden Dimensionen (Zimmerman & Kitsantas, 2005).

③ *Externe Bedingungen des selbstgesteuerten Lernens* betreffen den gesamten Lernkontext. Dazu zählen Aufgaben und Anforderungen, für deren Bewältigung die Person über angemessenes Wissen und Fertigkeiten verfügt. Lernumgebungen können durch unterschiedliche Ausmaße an Komplexität, Intransparenz, Abhängigkeit der Variablen, Eigendynamik und Polytelie gekennzeichnet sein (Straka, 2005). Zu den externen Bedingungen zählen immer auch die in der Lernsituation verfügbaren Handlungsspielräume.

Werden aktuelle Regulationsprozesse sowie deren interne und externe Bedingungen systematisch aufeinander bezogen, ergibt sich das folgende mehrdimensionale Strukturmodell des Handelns (siehe Abbildung 3).

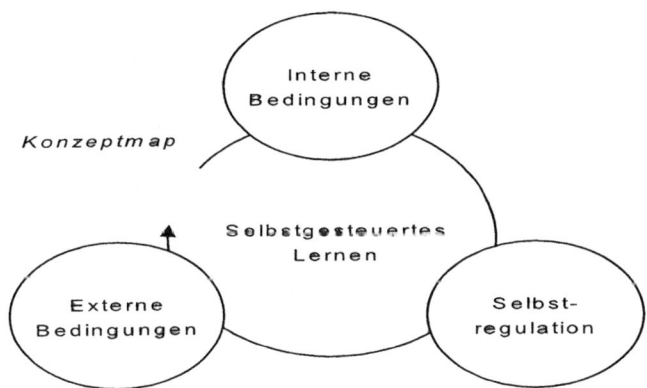

Abb. 3: Ordnungsschema des selbstgesteuerten Lernens

Das in Abbildung 3 (Konzeptmap) vorgelegte Ordnungsschema selbstgesteuerten Lernens bildet den Kern der nachfolgenden Betrachtungen. Die weiteren theoretischen Überlegungen streben die Einbindung dieser Teilbereiche in ein einheitliches Rahmenmodell an, das Komponenten der Selbststeuerung sowie diesen Vorgang begleitende Kognitionen, Emotionen, Überzeugungen und situative Determinanten einschließt.

Ausgehend von dieser ersten Eingrenzung und dem daraus resultierenden Blickwinkel auf die Selbststeuerung können die Teilelemente dieses Konstrukts theoretisch näher bestimmt werden.

Kerngedanken

- Selbstgesteuertes Lernen ist – wie jeder Lernprozess – immer auch selbstständiges oder selbsttätiges Lernen. Selbststeuerung betont stets die eigenständigen Lernaktivitäten des Individuums und ist nicht als ein Pendant zu „unselbstständigem" Lernen zu verstehen.

- Selbstgesteuertes Lernen stellt nicht allein einen wünschenswerten Zielzustand dar, sondern ist zugleich Voraussetzung, Weg und Ziel des Lernens (Weinert 1982).

- Inwiefern selbstgesteuertes Lernen als eine fachübergreifende Kompetenz angesehen werden kann, wird derzeit kontrovers diskutiert. Als sicher kann gelten, dass ihre Förderung und Realisierung an die Auseinandersetzung mit Fachinhalten gebunden ist.

- Im Rahmen der in Schule und Hochschule üblichen Lehr-/Lernumgebungen gibt es „keine einheitliche Klasse von Lernvorgängen, die man als selbstgesteuert charakterisieren könnte. Mit dieser Kennzeichnung wird stets nur tendenziell zum Ausdruck gebracht, dass der Handelnde die wesentlichen Entscheidungen, ob, was, wann, wie und woraufhin er lernt, gravierend und folgenreich beeinflussen kann." (Weinert, 1982, S. 102)

- Selbstgesteuertes Lernen entwickelt sich nicht von selbst, sondern bedarf der Unterstützung und Förderung. Dies bedeutet kein Paradoxon, sondern trägt dem Umstand Rechnung, dass die Entwicklung (meta)kognitiver und motivationaler Fähigkeiten schrittweise erfolgt.

- Selbstgesteuertes Lernen bedeutet nicht isoliertes Lernen; vielmehr lässt es sich als sozialer Prozess beschreiben, der in direkter oder indirekter Interaktion mit Sozialpartnern stattfindet.

Fragen zur Reflexion

1. Was bedeutet selbstgesteuertes Lernen? Wie lässt es sich von fremdgesteuertem Lernen abgrenzen?

2. Kann selbstgesteuertes Lernen bei Kindern und Jugendlichen realisiert werden oder gewinnt das Konzept allenfalls im Erwachsenenalter Bedeutung?

3. Inwiefern ist selbstgesteuertes Lernen ein generalisiertes oder fächerübergreifendes Konstrukt, das in allen Handlungsfeldern gleichermaßen zum Ausdruck kommt?

4. Was bedeutet, selbstgesteuertes Lernen „ist zugleich Voraussetzung, Weg und Ziel des Lernens"?

Kapitel 3 Theoretische Bestandsaufnahme: In welchem theoretischen Umfeld steht selbstgesteuertes Lernen?

3.1 Historische Entwicklungen und Bedeutung des selbstgesteuerten Lernens

Selbstgesteuertes Lernen hat eine lange Tradition. Schon Comenius (1592-1670), der erste große Vertreter einer systematischen Pädagogik, forderte in seiner Didactica Magna (1657) zum selbst Tun und Finden heraus. Mehr noch: Comenius sah das Ausgezeichnete des Gott ebenbildlichen Menschen darin, dass er mit der Fähigkeit zum selbstständigen und schöpferischen Handeln ausgezeichnet sei (Comenius 1676/77 zit. nach Straka, 2005). Ein Schwenk zum Beginn des 20. Jahrhunderts zeigt, dass zum einen in der Reformpädagogik eigenständigem Handeln und Lernen herausragende Bedeutung beigemessen wurde und zum anderen in der Berufsbildung durch Kerschensteiner (1854-1932), dem Begründer der heutigen Berufsschule, der das selbstständige Lösen von Problemen

nachdrücklich forderte. Für die jüngere Vergangenheit ist auf Knowles'
(1975) Monographie „Self-directed learning: A guide for learners and teachers" und Weinerts (1982) Zeitschriftenbeitrag „Selbstgesteuertes Lernen
als Voraussetzung, Methode und Ziel des Unterrichts" hinzuweisen.
In unserer Zeit findet sich das Thema Selbststeuerung mit unterschiedlichem theoretischem Hintergrund und variierender Terminologie, in unterschiedlicher Differenziertheit und Akzentuierung dieser oder jener Aspekte sowohl in der kognitionstheoretisch als auch in der motivations- und
handlungstheoretisch orientierten Literatur (Resnick, 1989). In diesen
Ansätzen gewinnt die Frage nach selbstgesteuerten Lernprozessen ihre
theoretische und praktische Relevanz. Gemeinsame Basis dieser Denkmo-
delle der Lehr- und Lernforschung sind Vorstellungen, die Lernen nicht
auf die mehr oder weniger passive Übernahme von Wissen und Können
aus der Umwelt, auf die Wirkung von Verstärkungsmechanismen, Infor-
mationsverarbeitungssystemen oder anderen, den Lernenden selbst wenig
zugänglichen Faktoren reduzieren. Vielmehr wird Lernen als ein Ensem-
ble zahlreicher unterschiedlicher, stets aktiver Prozesse erkannt. Lernen
bezeichnet

> „... a constructive, cumulative, self-regulated, intentional, si-
> tuated, and collaborative process of knowledge and meaning
> building" (De Corte, 1995, S. 98)

Lernen ist *konstruktiv* insofern, als die neue Information sorgfältig herausgearbeitet und in Beziehung zu bereits vorhandenen Informationen
gesetzt werden muss. Nur so können einfache Informationen behalten
und komplexe Zusammenhänge verstanden werden. Der Lernprozess ist
kumulativ, weil jedes neue Lernen auf vorhandenem Wissen aufbaut oder
vorhandenes Wissen nutzt. Das Vorwissen bestimmt also in gewisser Weise, was und wieviel gelernt wird. Der Terminus *selbstreguliert* bedeutet,
dass das Individuum in der Lage ist, sein eigenes Lernen vorzubereiten, die erforderlichen Lernschritte durchzuführen, für Rückmeldung und
Bewertung der Lernergebnisse zu sorgen und die eigene Motivation und
Konzentration aufrechtzuerhalten. Das Lerngeschehen ist *intentional* und
zielorientiert, weil es dann am erfolgreichsten ist, wenn der Lernende sich
des Ziels bewusst ist, auf das er hinarbeitet und wenn er über realistische
Erwartungen hinsichtlich der Erreichung des gewünschten Ergebnisses
verfügt (Simons, 1992). Lernen ist *situativ* insofern es in authentischen,

realistischen und sozialen Kontexten verankert sein muss, die repräsentativ sind für jene Situationen, in denen der Lernende sein erworbenes Wissen anwenden kann. Schließlich bringt der Begriff *kollaborativ* den Gedanken zum Ausdruck, dass Lernen wesentlich als sozialer Prozess angesehen werden muss.

3.2 Theoretische Entwicklungen und Forschungsprogramme

Im Folgenden sollen zwei theoretische Denkrichtungen genauer beleuchtet werden: Die kognitivistische und die konstruktivistische Lerntheorie.

3.2.1 Strömungen der kognitiven Psychologie und Neurobiologie

Im Gegensatz zur *behavioristischen Lerntheorie,* in welcher der rein passive Lerner als weißes Blatt durch Umweltreize beschrieben und durch steuerbare Stimuli zur Verhaltensänderung determiniert wird, beschreiben kognitive Theorien das Lernen als dynamischen, intra-personellen Konstruktionsprozess des selbsttätigen Individuums.

Im Unterschied zum Behaviorismus treten nun jene internen Prozesse in den Fokus der Aufmerksamkeit, die die Wahrnehmung, Interpretation und Verarbeitung von Informationen beeinflussen. Der jeweilige Entwicklungs- und Erfahrungsstand des Individuums kann dabei zusammengefasst werden als Gesamtheit der dem Einzelnen zur Verfügung stehenden Wahrnehmungs-, Verstehens-, Deutungs- und Verarbeitungsmuster oder -schemata.

Der Lernende braucht die Umwelt lediglich als Anregung und Matrix seiner Entwicklung. Jedoch gehen die wesentlichen Impulse von ihm selber aus, weil er aktiv nach dem sucht, was ihm in seiner Umwelt zum Problem wird, um mit der Lösung dieses Problems Erkenntnisse und Wissen aufzubauen. Die kognitive Strukturbildung entsteht in der tätigen Auseinandersetzung des Subjekts mit den Erlebnisgehalten, die über die Umwelt vermittelt werden. Zur Beschreibung dieser Vorgänge hat der Schweizer Entwicklungspsychologe Jean Piaget die Begriffe Assimilation, Akkomodation und Äquilibration geprägt (siehe Abbildung 4).

Nach Piaget stellt das Lernen einen ständigen Anpassungsprozess dar, in dem das Individuum in der Auseinandersetzung mit seiner Umwelt versucht, im kognitiven „Gleichgewicht" zu bleiben.

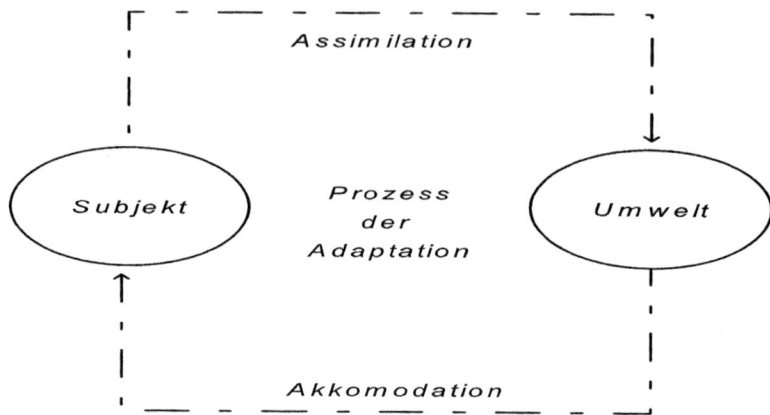

Abb. 4: Gegenseitige Anpassung zwischen Individuum und Umwelt nach J. Piaget

Im Sinne einer kumulativen Vervollständigung bezeichnet Assimilation nach Piaget (1990) den Versuch des Individuums, jede neue Interaktionserfahrung mit der Umwelt in eine bereits bestehende Verhaltensstruktur zu integrieren.

Entscheidende Voraussetzungen für diesen Schritt sind vorhandene Erfahrungsschemata, die aktiviert werden, um Informationen durch aktive Organisations- und Verarbeitungsleistungen des Individuums an bisheriges Wissen anzugleichen.

Assimilation (= subjektgeleitete Angleichung der Umwelt an eigene Handlungsmöglichkeiten) meint also im Wesentlichen ein aktives Interpretieren, Einordnen oder Deuten von Objekten und Ereignissen der Außenwelt in kognitive Schemata der eigenen, gerade verfügbaren und bevorzugten Art, über diese Dinge zu denken (Beispiel: Wenn für das Kind ein Holzstück zum Schiff wird, so assimiliert es das Holzstück an sein kognitives Schema von Schiff). Gelingt der assimilatorische Akt unter den gegebenen Wissensbedingungen nicht, kommt es im Erlebnisfeld des Subjekts zu kognitiven Widersprüchen. Da das Streben nach Homöostasie für Piaget eine grundsätzliche Lebensgesetzlichkeit darstellt, versucht das Individuum nun durch Akkomodation ein neues Gleichgewicht zwischen Organismus und Umwelt herzustellen.

Akkomodation (= Anpassung der Handlungsmöglichkeiten an Umwelter-
fordernisse, eigene kognitive Schemata werden angepasst) tritt dann auf,
wenn es eine Diskrepanz oder Störung der Auseinandersetzung mit der
Welt gibt, für die der Organismus noch kein bewährtes Schema besitzt.
Im Prozess der Umorganisation und Integration der Inhalte und Strukturen der kognitiven Strukturen als Reaktion auf die Entdeckung neuer
Tatsachen muss der lernende Mensch gewissermaßen „im Kopf" umräu-
men, das heißt seine bisherigen kognitiven Schemata neu ordnen.

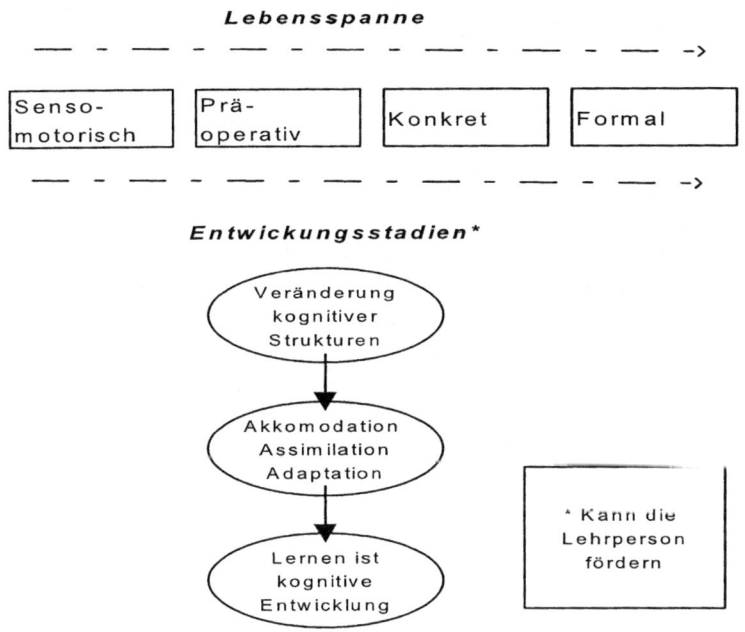

Abb. 5: Menschliche Entwicklung nach J. Piaget

Wie Abbildung 5 illustriert, kommt kognitive Assimilation zustande,
wenn ein kognitiv aktiver Organismus eine Erfahrung in die konzeptuelle Struktur einpasst, über die er jeweils verfügt (Glasersfeld, 1994, S.
28). Wird das Ziel nicht erreicht, kann die sich ergebende Störung zu
einer Akkomodation führen.

Auf dem Weg zur optimalen Anpassung an die Umwelt kommt es durch
die skizzierten Vorgänge zu einer ständigen Neuorganisation der vorhandenen und neu herausgebildeten Strukturen. Dabei schafft der Äquilibra-
tonsprozess nach Piaget einen Ausgleich zwischen Strukturerhaltung (Assimilation) und Umweltanpassung (Akkomodation) und ist die treibende
Kraft hinter der kognitiven Aktivität des Individuums. Ein weiteres Beispiel soll diesen Sachverhalt noch einmal veranschaulichen: Phantasievol-
les, kreatives Spielen, wenn zum Beispiel der Besen zum Pferd (also ein
externer Gegenstand subjektiv interpretiert und in neuer Weise verwendet) wird, ist ein Beispiel für die Assimilation. Wenn dagegen das Kind
merkt, dass sein Strohhalm nicht stabil genug ist, um damit ein schwe-
res Objekt zu schieben, und daraufhin seinen internen „Bewegungsplan"
verändert, so ist das ein Beispiel für die Akkommodation.
Solche Beispiele können – in Einklang mit den Recherchen der Kogni-
tionswissenschaftler der 1970er Jahre – als Beleg dafür dienen, dass
die menschliche Sinneswahrnehmung die Wirklichkeit nicht ontologisch-
objektiv abbildet, wie sie an sich ist. Vielmehr ist es so, dass jedes
Individuum seine Wirklichkeit rein subjektiv konstruiert, indem es die
durch die Sinne aufgenommenen Informationen auf der Grundlage seiner persönlichen Erfahrungen und seines Weltwissens verarbeitet. Durch
diesen informationstheoretischen Ansatz, wonach jeder Mensch seine eigene Wirklichkeit entwirft, die mit keiner anderen Wahrnehmung eines zweiten Individuums übereinstimmt, gelangte die kognitive Psychologie zu ihrer Grundthese, dass Wahrnehmung, Verstehen und Lernen
gehirnphysiologische Konstruktionsprozesse des geistig tätigen Subjekts
sind, das in seiner informationsaufnehmenden und -verarbeitenden Indi-
vidualität einzigartig ist.

3.2.2 Strömungen des Konstruktivismus

Die Diskussion um konstruktivistische Ansätze wird in der Literatur sehr
breit gefächert geführt; es gibt inzwischen viele Spielarten konstruktivistischer Couleur, so dass von einer einheitlichen Theorie oder einer sich
auf einen einheitlichen theoretischen Gegenstand beziehenden Diskussion
nicht mehr ausgegangen werden kann.
Der (erkenntnistheoretische) Konstruktivismus rekrutiert seine Grund-
ideen aus den Ergebnissen der Kognitionspsychologie und neurobiologi-

schen Forschung und geht namentlich auf Denker zurück wie Heinz v. Foerster, Ernst v. Glasersfeld, Paul Watzlawick, Humberto Maturana, Gerhard Roth und andere. Diese Autoren lehnen übereinstimmend die für die traditionelle Erkenntnistheorie wesentliche Unterscheidung zwischen Subjekt und Objekt sowie die Auffassung eines kausal-mechanizistisch funktionierenden Mikro- und Makrokosmos ab (Overmann, 1993, S. 131-148). Die Selbstverständlichkeit des Lehrens und Vermittelns wird auf diese Weise erschüttert. Es ist Abschied von *didaktischer Linearität* zu nehmen: „Lehren kann nämlich in Anbetracht der Konstruktivität und Beobachterabhängigkeit alles Wissens nicht mehr – wie in fast allen Didaktikmodellen – als unmittelbar ursächlich für Lernen angesehen werden" (Arnold, 1997, S. 14). Die von außen gesetzte Intention wird durch die Selbstreferentialität des lernenden Systems gebrochen; dieses bearbeitet die Lernaufgaben nach seinen eigenen Regeln und nicht nach jenen, welche die Lehrenden vorgeben möchten.

Konzentriert man sich auf den („radikalen") Konstruktivismus als Wissenschafts- und Erkenntnistheorie, so lautet die Kernaussage, dass Wirklichkeit immer kognitiv konstruierte Wirklichkeit ist (Gerstenmaier & Mandl, 1995). „Die Welt ist eine kognitive Konstruktion des Subjekts, die es durch Wahrnehmung und Handlung vornimmt ... Die Welt des Subjekts ist das, was ein Subjekt weiß" (Oberauer, 1993, S. 39; Reinmann-Rothmeier & Mandl, 1996, S. 40).

Für Belange des Lehrens und Lernens besonders interessant ist der so genannte „neue" Konstruktivismus (Reinmann-Rothmeier & Mandl, 1999), da er sich vorwiegend mit dem denkenden und handelnden Subjekt befasst. Die lerntheoretische Deutung des Konstruktivismus stellt ebenfalls die Frage in den Vordergrund, wie bestimmte Vorstellungen, Begriffe, Regeln und Zusammenhänge vom Lernenden ausgebildet und entwickelt werden. Allerdings – und dies ist der entscheidende Punkt – wird die Frage, in welchem Verhältnis die individuellen Konstrukte zur Wirklichkeit stehen, ausgeklammert.

Mittlerweile zeichnet sich zwischen den Polen konstruktivistischer und instruktionaler Ansätze eine „gemäßigte" Zwischenposition ab, die auch als Instruktionales Design der zweiten Generation bezeichnet wird. Nach Weidenmann (1993) übernimmt diese Position

„vom Konstruktivismus die Einsicht in die Bedeutung von handelndem Lernen in komplexen Situationen und Problemräumen. Gleichzeitig wird unterstellt, dass ein Lernender hierfür adäquate mentale Modelle oder andere elaborierte kognitive Strukturen braucht, deren Erwerb sich durch Instruktion erleichtern lässt, welche das benötigte Wissen explizit darstellt und organisiert" (S.12).

Unterschiedliche Richtungen dieser Form des Konstruktivismus haben im Wesentlichen vier Standpunkte gemeinsam (Konrad, 1998a, 2005):

① Wissen ist *keine Kopie der Wirklichkeit*, sondern eine aktive Konstruktion von Menschen. Lernende konstruieren ihr Wissen und verleihen neuen Informationen Sinn, indem sie wahrnehmungsbedingte Erfahrungen interpretieren, und zwar in Abhängigkeit von ihrem Vorwissen, von gegenwärtigen mentalen Strukturen und bestehenden Überzeugungen (King & Rosenshine, 1993; King, 1993).

② Wissen kann in konstruktivistischer Sicht erst als gelernt gelten, wenn es vom lernenden Individuum *willentlich und intentional konstruiert* und dadurch im Gedächtnis verankert wird, das heißt mit bereits vorhandenem Wissen vernetzt und die jeweils subjektive Bedeutung neu synthesiert wird, so dass das Gelernte für den Kommunikationsprozess jeder Zeit verfügbar ist. Auf ähnliche Ideen trifft man in den 1970er Jahren bereits bei David Ausubel, der als der wohl bekannteste neuzeitliche Vertreter des expositorischen (darstellenden) Lehrens gelten kann. Zentral geht es ihm um verständnisvolles Lernen und das besteht nach seiner Auffassung in der Integration des neuen Lehrstoffs in die schon vorhandene kognitive Struktur des Lernenden (Ausubel, 1963 zit. nach Klauer & Leutner, 2007).

Gelingt dieser Schritt nicht, bleibt das Erworbene totes Wissen – Treibgut im Gedächtnis –, das im kommunikativen Bedarfsfall nicht funktioniert und leicht von anderen Gedächtnisbeständen überlagert oder weggeschwemmt wird.

③ Zentral für den Wissenserwerb ist das *soziale Aushandeln von Bedeutungen*, das auf der Grundlage kooperativer Prozesse zwischen Lehrenden und Lernenden oder zwischen Lernenden erfolgen kann.

Dabei kann das gleiche Objekt von verschiedenen Personen unter-
schiedlich interpretiert werden und es kann unterschiedliche Lernergebnisse nach sich ziehen.

④ Zur Reflexion bzw. Kontrolle des eigenen Lernhandelns ist der Einsatz metakognitiver Fertigkeiten (metakognitives Wissen und metakognitive Kontrolle) von zentraler Bedeutung.

Untrennbar mit diesen Prämissen verbunden ist die neue Rolle der Lehrperson. In zahlreichen Publikationen zum konstruktivistischen Unterricht
wird der Wandel des Lehrers vom „sage on the stage" zum „guide on the
side", also vom Wissensvermittler zum Lernberater beschrieben. Diese
Veränderung in der Lehrerrolle beruht im konstruktivistischen Ansatz
vor allem auf der Feststellung, dass Wissen sprachlich nicht direkt ver-
mittelbar sei. Die Rolle des Lehrers oder der Lehrerin kann deshalb nur
darin bestehen, die Schüler zu Rekonstruktionen ihres Wissens anzure-
gen.
Dazu stellt er / sie authentische Lerngelegenheiten für sie bereit und konfrontiert sie immer wieder mit neuen Perspektiven und Problemen, die
sie dazu herausfordern, ihre Sichtweisen beständig zu überprüfen und zu
modifizieren. Lehrerinnen und Lehrer müssen sich in diesem Zusammenhang bewusst sein, dass sie keinen objektiv steuernden Einfluss auf die
Art und Weise haben, wie der oder die Lernende die Reize in sinngene-
rierende Vorstellungen umdeutet.
In der *Gesamtbetrachtung* bieten konstruktivistische Modelle einen inter-
essanten theoretischen Rahmen, gerade wenn es darum geht, Lernumgebungen zur Förderung selbstgesteuerten Lernens zu konzipieren.
Besonderes Gewicht liegt auf der Begründung der Eigenarten und Ge-
staltungsprinzipien von generativen, das heißt zur aktiven Konstruktion
von Wissensinhalten anregenden, Lernumgebungen (Entwistle, Entwistle
& Tait, 1993). Wie diese Lernarrangements idealerweise beschaffen sind
und in welcher Weise die Anwendungsqualität des Wissens erhöht werden
kann, soll nachfolgend erläutert werden.

3.3 Konsequenzen aktueller theoretischer Entwicklungen: Auf dem Weg zu einem neuen Paradigma des Lehrens und Lernens

Wissen bleibt in konstruktivistischer Sicht als Erfahrung immer etwas Persönliches und Privates, das vom Lernenden individuell auf der Grundlage seines Vorwissens realisiert wird, und das nicht übertragen werden kann. Das, was man für übertragbar hält, nämlich objektives Wissen, muss immer durch den Hörer geschaffen werden, der für das Verstehen (vor)bereit(et) ist. Für diesen kann es nicht mehr darum gehen, das vorgegebene Wissen ungefiltert aufzunehmen, vielmehr muss er lernen, aktiv – und nicht zuletzt auch selektiv – damit umzugehen.

Unter den Anregungen und Empfehlungen, die sich aus solchen kognitivistisch-konstruktivistischen Überlegungen ableiten lassen, verdienen die Folgenden besondere Aufmerksamkeit:

① *Lernen als aktiver Prozess:* Unterricht muss Möglichkeiten zu neuen Erfahrungen eröffnen, die es dem Schüler erlauben, auf der Grundlage seines Vorwissens ein eigenes, individuelles Verstehen und Interpretieren zu entwickeln. Ein Schüler aktivierender Unterricht ist daher von entscheidender Bedeutung: Kinder oder Jugendliche erarbeiten sich selbstständig Unterrichtsthemen, sie lernen in Gruppen zusammen oder sie arbeiten in offenen Phasen individuell an selbst erkannten Lücken.

② *Ausrichtung des Unterrichts auf Vorerfahrungen* und Interessen der Schüler: Wissenskonstruktionen basieren immer auf bereits vorhandenem Wissen. Deshalb müssen Vorerfahrungen, Vorwissen und Interessen der Schüler zum Ausgangspunkt der Unterrichtsgestaltung genommen werden.

③ *Der Lernende als individuelles Wesen:* Die Realisierung von Formen selbstgesteuerten Lernens verlangt unausweichlich die Umorganisation von Unterricht, das Aufbrechen des Prinzips der Gleichzeitigkeit („Alle tun zur gleichen Zeit dasselbe"). Hierfür kann arbeitsteiliges Handeln hilfreich sein: Die Lernenden organisieren sich für kürzere oder längere Zeit in Gruppen oder gar als Einzellerner, die unterschiedliche Themen / Projekte anhand unterschiedlicher Lernressourcen in unterschiedlichem Tempo bearbeiten.

Wichtig sind darüber hinaus Handlungsspielräume. Die lehrende Instanz offeriert Lernangebote und unterstützt die Lernenden, aber nur so viel, wie es für den Lernfortschritt erforderlich ist.

④ *Prozessorientiertes Lernen:* In konstruktivistischer Sicht ist die Wissenskonstruktion nicht ergebnis-, sondern prozessorientiert und bleibt

immer vorläufig, da sie einer ständigen Veränderung unterliegt. Für den Unterricht in Schule und Hochschule hat dies die systematische Auseinandersetzung mit Lernstrategien zur Folge: Strategien werden - ebenso wie inhaltliche Themen – zu einem Gegenstand von Unterricht.

⑤ *Inhaltliche Orientierung* an komplexen, lebens- und berufsnahen, ganzheitlich zu betrachtenden Problembereichen: Dieses Merkmal begründet sich aus der Annahme der „Situiertheit" von Lernen und Kognition. Wissen ist untrennbar mit dem Kontext seiner Anwendung verbunden und prinzipiell kaum transferierbar. In Alltagssituationen brauchbares Wissen kann deshalb nur in authentischen Kontexten erworben werden.

⑥ *Lernen durch Austausch und Diskussion:* Wissen wird sozial konstruiert. Die Diskussion individueller Interpretationen einer komplexen Lernsituation hilft Schülerinnen und Schülern, die eigene Interpretation zu überdenken und ihr Wissen in der Interaktion mit anderen Lernenden besser, das heißt brauchbarer zu strukturieren.

⑦ *Berücksichtigung von Gefühlen* und persönlicher Identifikation mit den Lerninhalten: Wissenskonstruktion im sozialen Austausch mit anderen hat auch eine affektiv-emotionale Seite, die im Unterricht entsprechend berücksichtigt werden muss.

⑧ *Bedeutsamkeit von Fehlern:* Konstruktionen können nicht als „richtig" oder „falsch" bewertet werden. „Fehler" kennzeichnen weniger brauchbare Konstruktionen und sind natürlicher Bestandteil des Lernprozesses. Die Diskussion über Fehler und die Reflexion derselben wirkt verständnisfördernd und trägt zur Konstruktion von Wissen bei.

⑨ *Alternative Beurteilungsverfahren:* Wissenskonstruktionen können nicht angemessen an einer sozialen Bezugsnorm und mit Tests, die „objektives" Wissen abfragen, bewertet werden. Die Erwartung vorschriftsmäßiger Antworten erschwert in kognitionspsychologischer sowie konstruktivistischer Sicht auf Seiten der Lernenden die Entwicklung unabhängigen Denkens (Foerster, 1993, S. 145).

Die skizzierten Veränderungen sind Teil unübersehbarer paradigmatischer Veränderungen, die ihrer Natur nach langfristig angelegt sind. In ihnen spiegeln sich die anhaltenden Wandlungsprozesse der letzten Jahre und Jahrzehnte wieder. So verstanden, müssen die in Tabelle 1 veranschaulichten Inhalte als fortlaufende Transformation eines Lernparadigmas oder Modells verstanden werden; diese Sicht schließt allerdings auch ein, dass beide in Tabelle 1 präsentierten Modelle koexistieren können.

Tabelle 1: Neues Lernparadigma: Vom Lehren zum Lernen

Ausgehend von	*In Richtung auf*
• Lehren als Wissensvermittlung der Lehrperson	• Lehren als Anregung von Interaktion, Konstruktion und Kommunikation
• Lernen als auswendig lernen und Wiederholung	• Als das Verständnis allgemeiner Regeln & Prinzipien; Fähigkeit das Gelernte in verschiedenen Kontexten anzuwenden
• Wissen kann vermittelt werden	• Wissen kann als ein Element vorhandenen Wissens und vorhandener Strukturen konstruiert werden
• Nur eine Wahrnehmung und Lösung – die der Lehrperson – wird als korrekt erachtet	• Multiple Einschätzungen und Lösungen ein- und desselben Problems sind angemessen und sinnvoll
• Festgelegter Lehrplan, der sich auf Inhalt und Ziele konzentriert	• Ein flexibler (d. h. integrierte), problemorientierter Lehrplan, der auf Kompetenzentwicklung abzielt und Lernprozesse einbezieht
• Lehrergesteuertes Lernen	• Selbstgesteuertes Lernen
• Abgegrenzte / geschlossene Lernsettings	• Offene Lernsettings

Kerngedanken

Im Überblick gesehen, unterstreicht dieser Abschnitt die Aktualität von selbstgesteuertem Lernen vor dem Hintergrund theoretischer Vorstellungen und praktisch-pädagogischer sowie -psychologischer Anforderungen.

Das Kapitel skizziert wichtige Markierungspunkte der Beschäftigung mit Formen des selbstgesteuerten Lernens. Hauptverantwortlich für das heutige Verständnis sind ein Wandel im Menschenbild und umfassende soziale Veränderungen sowie gesellschaftliche Leitideen, Konzepte und Fragestellungen.

In unterschiedlicher Differenziertheit und Akzentuierung ist das selbstgesteuerte Lernen Gegenstand sowohl kognitionstheoretischer als auch motivations- und handlungstheoretischer Forschungsprogramme. Wesentliche Anregungen gehen derzeit von konstruktivistischen Modellen und Prinzipien aus. Damit einher geht ein Paradigmenwechsel in den Aufgaben der Lehrperson vom „sage on the stage" zum „guide on the side", also vom Wissensvermittler zum Lernberater.

Fragen zur Reflexion

1. Warum müssen metakognitives Wissen und metakognitive Kontrolle als zentrale Prinzipien des selbstgesteuerten Lernens angesehen werden?

2. Welche Rolle spielen Motivation und Willen für die Selbststeuerung?

3. Ist selbstgesteuertes Lernen ein überwiegend individueller Prozess?

4. Sind selbstgesteuert Lernende in der Tendenz auch (selbst) reflexive Personen?

Wie die Ausführungen dieses Kapitels ebenso wie die präsentierte Konzeptmap (siehe Abbildung 6) bereits erkennen lassen, liegen der vermehrten Auseinandersetzung mit Formen selbstgesteuerten Lernens breit ge-
streute Motive und Ursachen zugrunde. Diese Vielfalt in der theoretischen
Zugangsweise soll nun im Überblick skizziert werden.

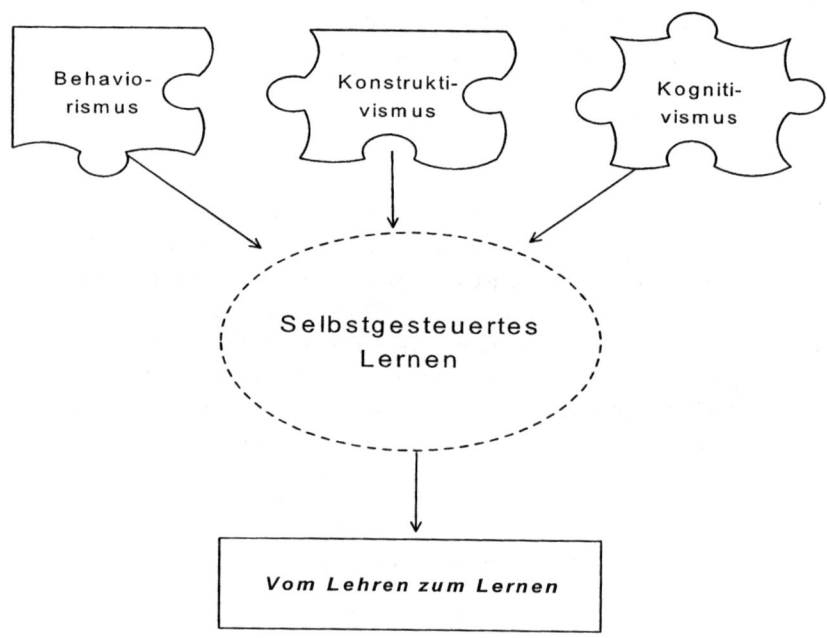

Abb. 6: Vom Lehren zum Lernen

Kapitel 4   Selbstgesteuertes Lernen als komplexes Konstrukt: Wie tragen einzelne Teilprozesse zur Selbststeuerung bei?

Eine Vielzahl von theoretischen Entwürfen unterschiedlicher Herkunft hat sich in den vergangenen Jahrzehnten mit selbstgesteuertem Lernen beschäftigt. Teilweise handelt es sich dabei um Konzepte, die diesen Themenbereich explizit thematisieren, teilweise werden lediglich Teilbereiche des Konstrukts abgedeckt (Schunk & Zimmerman, 1994; Reinmann-Rothmeier & Mandl, 2001). Die Prinzipien der Selbststeuerung werden aus dem Blickwinkel der Metakognitionsforschung, des Konstruktivismus, der sozial-kognitiven Theorie, der Motivationsforschung, der humanistischen Ansätze, der Attributionstheorie sowie operanter und volitionaler Theorien analysiert. Jede dieser Konzeptionen kann für ihre spezifische Perspektive einiges Recht und einige Plausibilität beanspruchen (Paris, Byrnes & Paris, 2001; Schunk & Zimmerman, 1997).

In Anlehnung an die in Abschnitt 2.2 vorgeschlagene Abgrenzung dreier psychologischer Ebenen, die im Zusammenspiel an der Genese von selbstgesteuerten Lernhandlungen mitwirken (Schunk & Zimmerman, 1994; Reinmann-Rothmeier & Mandl, 2001), werden nachfolgend drei Themenfelder besprochen. Abbildung 7 fasst diese Kernaspekte zusammen.

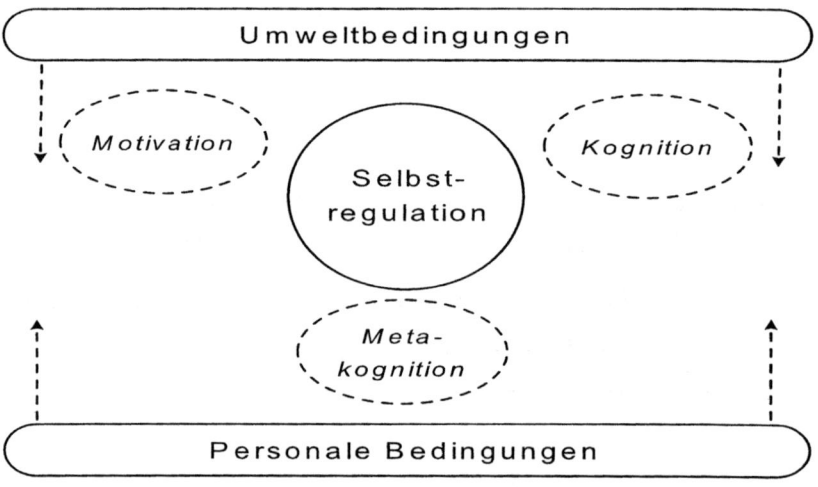

Abb. 7: Die Dimensionen des selbstgesteuerten Lernens

4.1 Prozessmerkmale der Selbststeuerung: Selbstregulation

4.1.1 Motivation: Warum wird selbstgesteuert gelernt?

Lernende, die aus eigener Initiative ihr Lernen vorsätzlich planen, die entsprechenden Strategien wählen und die Effektivität ihrer Aktivitäten kontrollieren, müssen motiviert sein, dies zu tun. Diese Verbindung ist naheliegend und wird durch die Empirie gestützt. Tatsächlich haben sich zahlreiche Forscher mit den motivationalen Bestimmungsstücken selbstgesteuerten Lernens befasst (Bouffard, Boisvert, Vezeau & Larouche, 1995).

Den genuinen Aufgaben motivationspsychologischer Ansätze entsprechend zielen die Interessen dieser Forchungsprogramme auf die Frage nach dem „warum" des selbstgesteuerten Lernens, das heißt nach Prozessen

der *Z*ielbildung und Handlungsveranlassung.
Zielbildungsprozesse bei der Selbststeuerung des Verhaltens werden nachfolgend unter zwei theoretischen Perspektiven behandelt: erwartungswert-theoretische Forschungsprogramme (Abschnitt 4.1.1.1) und Ansätze der intrinsischen Motivation (Abschnitt 4.1.1.2).

4.1.1.1 Erwartungs-Wert-Modelle

Gemeinsame Grundaussage erwartungs-wert-theoretischer Forschungsprogramme (Bandura, 1986; Zimmerman & Bandura, 1994) ist, dass subjektive Valenzen (Werthaltungen, Zielpräferenzen) und subjektive Erwartungen (instrumentelle Überzeugungen) die wesentlichen handlungssteuernden Variablen darstellen. Dabei wird unterstellt, dass die Modellkomponenten in einer gewichtenden, das heißt zum Teil auch kompensatorisch wirkenden Beziehung stehen. Entsprechend werden in sozial-kognitiver Sicht Lernhandlungen nur dann selbstständig in Angriff genommen und fortgeführt, wenn Lernende Handlungsfolgen bzw. -ziele positiv bewerten *und* wenn sie von ihrer Kontrolle und Selbstwirksamkeit für eigene Handlungen überzeugt sind (Long, 1990; Zimmerman & Bandura, 1994).

Abbildung 8 veranschaulicht die auf einem ereignis- oder handlungsspezifischen Niveau lokalisierten Kernvariablen erweiterter Erwartungs-Wert-Theorien.
Die Initiierung einer Handlung hängt in differenzierten Erwartungs-Wert-Modellen im Wesentlichen von drei Variablen ab:

○ Situations-Handlungs-Erwartungen,

○ Handlungs-Ergebnis-Erwartungen und

○ Valenzen.

In neueren Ansätzen finden darüber hinaus tätigkeitszentrierte Anreize (Handlungs-Valenzen) Beachtung. (a) *Kompetenz- oder Situations-Handlungs-Erwartungen* subsumieren Annahmen über jene lernbezogenen Kompetenzen und Fähigkeiten, welche zur Ausführung einer bestimmten Aufgabe erforderlich sind. Kognitionen dieser Art beinhalten subjektive (Selbstwirksamkeits-) Erwartungen über die eigene Fähigkeit und weisen keine Bezüge zu möglichen Handlungsergebnissen und/oder -folgen auf.

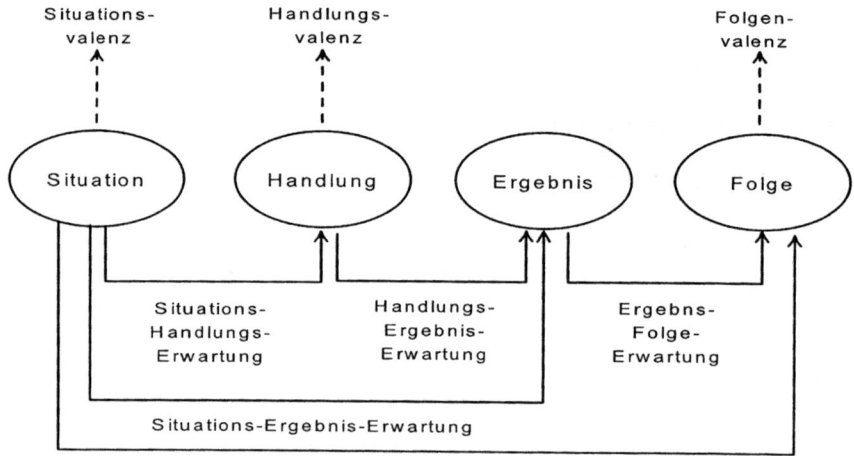

Abb. 8: Erweitertes Erwartungs-Wert-Modell

Damit entsprechen sie den *Wirksamkeits- oder Kompetenz-Erwartungen* nach Bandura (1977), die Annahmen des Individuums über die Realisierungsmöglichkeiten einer bestimmten Verhaltensalternative unter bestimmten situativen Randbedingungen thematisieren (Friedrich, 2002). Zahlreiche Studien bestätigen die Verhaltensrelevanz dieser selbstkonzeptspezifischen Erwartungen. Sie beeinflussen zum Beispiel die Auswahl von Situationen, die Anstrengung und die Ausdauer bei der Problembearbeitung. Lernende mit geringen Fähigkeitsüberzeugungen bevorzugen leichtere Aufgaben, strengen sich bei schwierigen Problemen weniger an und geben eher auf als solche mit hohen Kompetenzüberzeugungen. Auch für den Erwerb eines Tiefenverständnisses sind solche Erwartungskognitionen zentral: Individuen, die an ihre eigenen Fähigkeiten glauben, zeigen mehr Metakognitionen, gebrauchen häufiger kognitive Strategien und beschäftigen sich länger mit Aufgaben als Personen, die ihre Kompetenzen anzweifeln.

(b) *Kontroll- oder Handlungs-Ergebnis-Erwartungen* beziehen sich auf die Wahrscheinlichkeit, mit der sich die gegenwärtige Situation in der gewünschten Weise verändern lässt. Der Unterschied zur Kompetenzerwartung wird deutlich, wenn bedacht wird, dass ein Individuum sehr wohl einer Handlungsalternative Wirksamkeit bezüglich der Erreichung von bestimmten Ergebnissen zusprechen kann, zugleich aber die Überzeugung hat, diese Handlungsalternative aus prinzipiell oder aus situativ gegebenen Gründen nicht ausführen zu können. Wie verschiedene Autoren (Pintrich, 1989; Long, 1990) feststellen, stehen internale Kontrollüberzeugungen mit kognitiven und metakognitiven Leistungen in Verbindung. Personen, die sich ihrer Kontrollmöglichkeiten sicher sind, nutzen verglichen mit jenen, bei denen dies nicht der Fall ist, eher Wiederholungsstrategien, Elaborationsstrategien und Organisationsstrategien. Kontrollerwartungen zählen zu den zentralen Ursachen der intrinsischen Motivation. Schließlich ist die Einschätzung von Kompetenz und Kontrolle als Ausgangspunkt für unterschiedliche affektive Reaktionen zu sehen, die wiederum zur Motivierung des Verhaltens beitragen (McCombs & Whisler, 1989).

(c) *Subjektive Bewertungen oder Valenzen* von lernbezogenen Zielen beziehen sich ungeachtet bestehender Konzeptualisierungsunterschiede (intrinsische vs. extrinsische Orientierung, Attraktivität der Aufgabe, intrinsisches Interesse) in der Hauptsache auf die Beweggründe von Menschen, sich mit einem Lerngegenstand zu beschäftigen. Wie verschiedene Studien belegen, zeigen sich Personen, die eine Aufgabe als wertvoll, wichtig oder interessant erachten, metakognitiv aktiver, verwenden mehr kognitive Strategien und lassen ein effektiveres Anstrengungsmanagement erkennen (Garcia & Pintrich, 1994; Konrad, 1997a). Von theoretischem Interesse ist der Tatbestand, dass die Attraktivität der antizipierten Handlungsfolgen zusammen mit den oben angeführten Situations-Handlungs- und Handlungs-Ergebnis-Erwartungen das Kernstück eines handlungstheoretisch fundierten Kontrollbegriffs bildet („personale Kontrolle“; Konrad, 1993a, S. 40).

(d) Einige Autoren ergänzen die klassischen Erwartungs- und Valenzparameter durch unmittelbar der Tätigkeit zugeordnete *affektive Variablen* (Pintrich, Smith, Garcia & McKeachie, 1993; Konrad, 1993b; Rheinberg, 1996).

Hervorzuheben ist das Konzept der „tätigkeitszentrierten Anreize“, das erklärt, was während der Handlungsausführung geschieht und wie sehr der Lernende sein Tun genießt. Tätigkeitsspezifische Anreize sind inhaltlich mit dem Flow-Erleben verwandt.

Wie der Flow-Zustand ist die Valenzierung des eigenen Tuns unter anderem durch folgende phänomenale Merkmale gekennzeichnet (Csikszentmihalyi, 1992; Rheinberg, 2004):

○ Handlungen werden um ihrer selbst willen ausgeführt;

○ sie sind autotelisch (auto = selbst; telos = Ziel): Der Handelnde benötigt keine Ziele oder Belohnungen außerhalb seiner selbst;

○ die Person ist frei von Reflexionen über sich selbst und fühlt sich eins mit der Tätigkeit;

○ die Zeit verstreicht schneller und es kann zum gänzlichen Verlust des Zeitempfindens kommen;

○ die Wahrnehmung ist auf die handlungsrelevanten Situationsreize eingegrenzt, irrelevante Aspekte werden ausgeblendet;

○ die Konzentration wird nicht als willkürlich gesteuert erlebt, sondern kommt „wie von selbst".

Bezogen auf die Erklärung der Anziehungskraft selbstgesteuerten Lernens bringt das Konzept der tätigkeitszentrierten Anreize zum Ausdruck, dass Lernende bei der Handlungsveranlassung Anreize wahrnehmen, die sie nicht den Ergebnisfolgen einer Tätigkeit, sondern der Tätigkeit selbst entnehmen (Rheinberg, 1989, 1996). Herausforderungen, die für eine positive emotionale Befindlichkeit stets grundlegend sind, begegnet man in erster Linie bei Aktivitäten, die zielgerichtet und durch Regeln gebunden sind.

4.1.1.2 Ansätze der intrinsischen vs. extrinsischen Motivation

Zur Beschreibung selbstgesteuerten Lernens sind theoretische Vorstellungen von Bedeutung, die motivierte Handlungen nach dem Grad ihrer Kontrolliertheit unterscheiden. Manche Intentionen erscheinen frei von äußeren Einflüssen, Erwartungen, Anordnungen. Sie sind intrinsisch, autonom, selbstbestimmt. Die Person empfindet keinen Druck oder äußeren Zwang, sondern hat den Eindruck, frei wählen oder tun zu können, was sie möchte; sie engagiert sich spontan für eine Aktivität, die sie interessiert (Deci & Ryan, 1991; Ryan, Connell & Grolnick, 1992).

Intrinsische Motivation kann entweder in dem Wert begründet liegen, den eine Person dem Lernen beimisst (gemäß der Selbstbestimmungstheorie liegt hier eine extrinsische Motivation auf der Stufe der identifizierten Regulation vor: „Ich finde Bildung wertvoll") oder aber auf tätigkeitsspezifische Anreize zurückgehen, die in der Lernhandlung („ich lese gern") oder dem Lerngegenstand („ich finde Deutsch spannend") liegen (tätigkeitszentrierte oder gegenstandszentrierte intrinsische Lernmotivation). Letztere ist weitgehend identisch mit einer auf Interesse beruhenden Lernmotivation (Krapp, 1999), die sich u.a. durch eine hohe wertbezogene Valenz (die Person ordnet ihren Interessengegenständen eine herausgehobene subjektive Bedeutung zu) und eine ausgeprägte intrinsische Komponente bzw. Selbstintentionalität (bei der Realisierung ihres Interesses fühlt sich die Person frei von äußeren Zwängen) auszeichnet.

Ungeachtet dieser Festlegungen wird der Begriff „intrinsische Lernmotivation" bis heute kontrovers diskutiert.

O Einige Forscher machen intrinsische Motivation an der subjektiven Wahrnehmung der Lernenden fest, eine Tätigkeit um „ihrer selbst willen" mit großem Engagement ausführen zu wollen, etwa weil sie „an sich" als interessant, spannend oder herausfordernd erscheint.

O Andere Autoren betonen demgegenüber stärker das positive emotionale Erleben, das mit einer intrinsisch motivierten Handlung einhergeht.

O Wieder andere machen das Vorliegen einer intrinsischen Motivation von dem Grad erlebter Selbstbestimmung abhängig (Deci & Ryan, 1993).

Von intrinsisch motivierten Handlungen abzugrenzen sind Aktivitäten, die als Zwang oder Nötigung erfahren werden. Sie erfüllen instrumentelle Zwecke und werden als extrinsisch erlebt. Es liegt nahe, intrinsische Motivation als Beitrag zur *Mündigkeit* zu betrachten; extrinsische Motivation scheint dieser eher abträglich zu sein (Schiefele, 1993).

Allerdings bedarf diese Charakterisierung einer Differenzierung. Bezeichnet das Begriffspaar intrinsisch vs. extrinsisch auf den ersten Blick zwei leicht zu unterscheidende Quellen der Lernmotivation, so verschwindet bei genauerer Betrachtung die Klarheit der Trennungslinie von „innen"

und „außen" (Krapp, 1996). Jede Handlung, selbst eine durch Zwang her-
vorgerufene, wird letztlich von innen, das heißt von der Person, welche
die Handlung ausführt, gesteuert. Umgekehrt gibt es nur ganz wenige
Tätigkeiten, die ohne jeden Anreiz von außen, nur wegen der „Freude am
Tun" ausgeführt werden: Direkt oder indirekt spielen fast immer Faktoren eine Rolle, die außerhalb der Handlung selbst liegen und insofern als
extrinsisch zu bezeichnen sind. In differenzierter Weise widmen sich Deci und Ryan (1993) der Trennung zwischen beiden Konzepten. In ihrer
motivationalen *Theorie der Selbstbestimmung* postulieren sie ein mehrfach abgestuftes Kontinuum das von einer eindeutig fremdbestimmten
Regulation durch äußere Kontrolle bis zu einer eindeutig selbstbestimmten Regulation durch Integration in das Wert- und Zielsystem der Person
reicht (Krapp, 1996).
(1) Auf der ersten Stufe dominiert die extrinsische Regulation. (2) Es
folgt die introjizierte Regulation, bei der die Person geforderte Aktivitäten durchführt, weil sie die Ergebnisse der Handlung als notwendige
Voraussetzung für eigene Wünsche anerkennt. (3) Auf der dritten Stufe kommt es zur Identifikation. Hier werden Lernaufgaben und -inhalte
unabhängig von der instrumentellen Funktion als wertvoll erachtet. Der
Grad der Fremdbestimmung wird um so geringer, je mehr sich eine Person ein Handlungsziel (z. B. eine Lernaufgabe) zu eigen macht (Schunk
& Zimmerman, 1997).
(4) Erst wenn ein Lerngegenstand und die damit verbundenen Hand-
lungsziele dauerhaft und konsistent in die subjektive Wert- und Über-
zeugungsstruktur integriert sind, ist nach Deci und Ryan die höchste
Stufe der selbstbestimmten Handlungsregulation erreicht.
Selbststeuerung („self-determination") im Lerngeschehen kann nach alledem erst dann unterstellt werden, wenn die Lernerfordernisse zu einem
Bestandteil der persönlichen Identität geworden sind (Krapp, 1996).
Voraussetzung für intrinsisch motivierte oder selbstintentionale Aktivitäten sind nach der motivationalen Theorie der Selbstbestimmung Umfeldbedingungen, unter denen die Person drei angeborene psychologische
Bedürfnisse realisieren kann, die für intrinsische und extrinsische Motivation gleichermaßen relevant sind (Deci, Vallerand, Pelletier & Ryan,
1991):

○ Bedürfnis nach Kompetenz oder Wirksamkeit

○ Bedürfnis nach Autonomie oder Selbstbestimmung

○ Bedürfnis nach sozialer Eingebundenheit oder sozialer Zugehörigkeit.

In diesem Ansatz hat der Mensch offenbar die angeborene motivationale
Tendenz, sich mit anderen Personen in einem sozialen Milieu verbunden
zu fühlen, in diesem Milieu effektiv zu funktionieren und sich dabei persönlich autonom und initiativ zu erfahren. Demnach sind positive Effekte
für motivationale Variablen (z. B. Selbstkonzept) und Leistungsvariablen
zu erwarten, wenn das Klima vor allem durch erlebte Autonomie, soziale Unterstützung und eine gewisse Regelhaftigkeit gekennzeichnet ist,
während sich restriktive Lehrermaßnahmen und ausgeprägtes Konkur-
renzdenken negativ auswirken. Diese empirischen Befunde stimmen sehr
gut mit den erst später von Boekaerts (2003) entwickelten theoretischen
Annahmen überein, wonach insbesondere das Kontrollierbarkeitserleben
abhängig von der erlebten Autonomie und der erlebten sozialen Unterstützung ist.
In der Diskussion des selbstgesteuerten Lernens spielt als wesentliche
Rahmenbedingung die Verfügbarkeit von *Wahlfreiheit* eine zentrale Rolle.
Gelegenheiten und Entscheidungsräume zur eigenständigen Entdeckung
und Lösung von Lernproblemen lassen die Kontrolle weitgehend in der
Hand des Individuums (Hacker & Skell, 1993) und bilden die Voraussetzung für Intentionen, die frei sind von äußeren Einflüssen, Erwartungen
und Anordnungen. Sollen selbstintentionale Aktivitäten realisiert werden, muss der oder die Lernende demnach in der Lage sein, selbst etwas
zu verursachen und zu bewirken, oder anders ausgedrückt: er muss in
Selbstbestimmung lernen können.

4.1.2 Lernstrategien: Wie wird selbstgesteuert gelernt?

Lernen als selbstgesteuertes Handeln setzt neben Zielbildungs- und Be-
wertungsvorgängen des Lernenden auch zielgerichtete Regulationstätigkeiten und damit den Einsatz von Lernstrategien voraus. Der Terminus
Lernstrategie bezeichnet kein präzise definiertes Konstrukt, sondern vielmehr ein grob umrissenes Konzept. Gemeinsame Basis der auf unterschiedlichen wissenschaftstheoretischen Orientierungen und Forschungs-
zielen basierenden Ansätze ist die Beschreibung *kognitiver und verhal-
tensbezogener Lernaktivitäten* („Lernformen", „Lernstile", „Lernfertigkei-

ten"; Wild & Schiefele, 1994). Manche Autoren skizzieren damit eine Sequenz von Arbeitstechniken bei konkreten Lernaufgaben, andere interpretieren sie als aufgaben- oder problemtypische Schemata der Verhaltensorganisation. Ein differenzierterer Versuch zur Charakterisierung von Lernstrategien findet sich bei Alexander, Graham und Harris (1998), welche sechs Eigenschaften formulieren, die strategisches Verhalten kennzeichnen: „. . . strategies can be understood as procedural, purposeful, effortful, willful, essential, and facilitative" (p. 130). Die Autoren betrachten Strategien als Spezialfall von prozeduralem Wissen, welches die Kenntnis darüber umfasst, wie Strategien eingesetzt werden können (procedural). Weinstein und Mayer (1986, S. 315) bezeichnen Lernstrategien als „the way in which a learner selects, acquires, organizes, or integrates new knowledge". Schließlich gibt es Auffassungen, die Lernstrategien als generelle Präferenzen oder gegenstandsübergreifende Verhaltensmuster im Sinne von habituellen Lernstilen beim Lernen oder Studieren betrachten (Krapp, 1996; Søvik, Heggberget & Samuelstuen, 1996).

Aus tätigkeitstheoretischer Sicht setzt Lompscher (1996a, 1996c) allgemeine und differenzielle Facetten des Strategiebegriffs miteinander in Beziehung. Lernstrategien sind danach

> „... mehr oder weniger komplexe, unterschiedlich weit generalisierte bzw. generalisierbare, bewußt oder auch unbewußt eingesetzte Vorgehensweisen zur Realisierung von Lernzielen, zur Bewältigung von Lernanforderungen." (Lompscher, 1996a, S.237)

Ausgehend von Überlegungen und Ergebnissen der bisherigen Lernstrategieforschung zeichnet sich die folgende Differenzierung ab (Lompscher, 1996a, 1996b):

① Lernstrategien sind nicht identisch mit Lernhandlungen, sondern betreffen die individuelle Art und Weise der Handlungsausführung.

② Lernstrategien unterscheiden sich von *Taktiken,* die vollzugsnahe, bewusstseinsferne Regulationsprozesse darstellen, dadurch, dass sie diese kognitiven Prozesse in einer problemadäquaten Sequenz organisieren.

③ Lernstrategien sind einerseits Ergebnis der individuellen Lernge-
schichte (also bisheriger Lernaktivitäten unter den unterschiedlich-
sten Lernbedingungen), andererseits eine wesentliche Voausset-
zung effektiven Lernens (Lompscher, 1996b). Als eine qualitative
Charakteristik von Lernhandlungen existieren Lernstrategien nicht
als solche; sie stellen vielmehr eine Komponente der psychischen
Regulation dar, die mit anderen interagiert.

④ Die Nutzung von Lernstrategien ist eng an spezifisches
Gegenstands- und Strategiewissen gekoppelt. Erfolgreiche Lernende können auf ein hoch entwickeltes spezifisches Strategiewissen
zugreifen; sie sind sich über die Besonderheiten gegebener Aufgaben im Klaren und sie können erfolgversprechende Strategien
flexibel und reflexiv einsetzen (Borkowski, Carr, Rellinger &
Pressley, 1990; Pressley, Borkowski & Schneider, 1987.

Auf die enge Verknüpfung der Begriffe Selbststeuerung und Lernstrategie verweisen unter anderen Corno (1989) sowie Young (1996), die unter
selbstregulativem Lernen die Gesamtheit der Lernstrategien, die ein Lernender zur effektiven und flexiblen Aufgabenlösung nutzen kann, verstehen. Andere Autoren sehen in der Beherrschung verschiedener motivationaler, kognitiver und metakognitiver Strategien eine essenzielle Voraussetzung für selbstgesteuertes Lernen (Schreiber & Leutner, 1996).
Geht man davon aus, dass der selbstgesteuert Lernende in großem Ausmaß selbst verschiedene Lehrfunktionen übernehmen muss, die durch den
Einsatz von Lernstrategien wesentlich erleichtert werden, so leuchtet diese Argumentation unmittelbar ein.
Konzeptuelle und begriffliche *Integrationsversuche* verschiedener Sichtweisen und Zugänge zum Strategiekonzept liegen bereits von mehreren
Seiten vor (Weinstein & Mayer, 1986; Wild & Schiefele, 1994). Weit
verbreitet ist eine Unterscheidung, die in Anlehnung an das „level of
processing"-Modell von Craik und Lockhard (1972) den Blick auf die
„Intensität der Lernarbeit" bzw. die intendierte „Verarbeitungstiefe" richtet. Davon ausgehend grenzen Autoren wie Krapp (1996) oder Schmeck
(1988) – in idealtypischer Vereinfachung – Tiefenverarbeitungsstrategien
(„deep-processing-strategies") und Oberflächen-Verarbeitungsstrategien
(„surface-level-strategies") voneinander ab.

Die nachfolgenden Ausführungen nehmen Bezug auf den Ansatz von Weinstein (1988), der sich ähnlich auch bei anderen Experten (Friedrich, 1995a, 1995b; Krapp, 1993; Straka, 2005) und im „Motivated Strategies for Learning Questionnaire" (Garcia & Pintrich, 1996) wiederfindet.

1) Kognitive Strategien

Damit sind Strategien gemeint, die sich auf das Lernen, die Informationsenkodierung und die Reproduktion von Gedächtnisinhalten beziehen (Derry, 1990; Straka, Nenniger, Spevacek & Wosnitza, 1996). Drei Varianten kognitiver Strategien werden unterschieden:

○ *Wiederholungs-/Einprägungsstrategien* heben auf die Aufmerksamkeit und das genaue Einprägen des Lerninhalts im Kurzzeitgedächtnis (z. B. mehrfache Wiederholung des Lernstoffes; schriftliches Zusammenfassen der wichtigsten Informationen; Textauszüge markieren) ab.

○ *Elaborationsstrategien* dienen dazu, Informationen im Langzeitgedächtnis zu verankern, indem neue Informationen mit vorhandenem Wissen und vorhandenen Erfahrungen in Beziehung gesetzt werden (z. B. Fragen stellen, zusammenfassen, Analogien bilden).

○ *Organisationsstrategien* helfen dem Lerner bei der Auswahl relevanter Wissensinhalte und beim Aufbau eines Netzwerkes von Beziehungen zwischen den gelernten Informationen (z. B. Metaplan- und Netzplan-Techniken). Ziel- bzw. aufgabenadäquates Wissen wird in einer zum Lernen geeigneten Weise verdichtet und geordnet.

2) Metakognitive Strategien

Über die genannten kognitiven Strategien hinaus verwenden Lernende metakognitive Strategien, um ihren Lernprozess zu steuern. Während kognitive Strategien unmittelbar auf den kognitiven Fortschritt abheben, ist es die Aufgabe der metakognitiven Strategien, diesen Fortschritt zu regulieren und zu überwachen (Flavell, 1979). Modelle zur metakognitiven Kontrolle unterscheiden Strategien zur Planung, Überwachung und Regulation kognitiver Prozesse. Bei diesen Aspekten des Lernens und Problemlösens handelt es sich um Funktionen zur Selbststeuerung *exekutiver Prozesse*, welche in der metakognitiven Forschung als höchst bedeutsam beschrieben werden (Brown, 1984; Flavell, 1979).

Aufgrund ihrer hervorgehobenen Bedeutung im Rahmen der eigenen theoretischen Überlegungen werden Metakognitionen im folgenden Abschnitt 4.1.3 ausführlicher behandelt.

3) Strategien zum Ressourcenmanagement

Eine dritte Komponente kognitiver Lernstrategien zielt auf Strategien zur Steuerung aller internen und externen Hilfsmittel. Interne Ressourcen können die verfügbare Zeit und die persönliche Anstrengung sein. Unter externen Ressourcen wird zumeist die Inanspruchnahme von sachlichen (z. B. Medien) und personalen Hilfen sowie die Zusammenarbeit mit anderen Personen verstanden. Friedrich und Mandl (1992) fassen das Ressourcenmanagement als Aufgabe der so genannten *Stützstrategien* auf. Ziel ist die Beeinflussung jener motivationalen und exekutiven Funktionen, die den Prozess der Informationsverarbeitung indirekt beeinflussen, indem sie ihn in Gang setzen, aufrechterhalten und steuern (Wild, Schiefele & Winteler, 1992).

4.1.3   Handlungsregulation und -kontrolle

Konzepte der Handlungskontrolle werden nachfolgend unter drei theoretischen Perspektiven besprochen: Metakognitionstheorien (Abschnitt 4.1.3.1), Handlungskontroll- bzw. Selbstregulationstheorien (Abschnitt 4.1.3.2) und Ansätzen der volitionalen Kontrolle (Abschnitt 4.1.3.3).

4.1.3.1   Metakognitive Kompetenz- und Exekutivansätze

Metakognitive Theorien bezeichnen eine Teilklasse kognitionspsychologischer Theorien, in denen kognitive Operationen oder Prozesse oder Resultate früherer kognitiver Prozesse („Wissen") selbst entweder Gegenstand oder Inhalt des Wissens sind oder *Objekt kognitiver Operationen* sind. Metakognitive Aktivitäten wurzeln in der reflexiven Tätigkeit des Organismus, damit sind sie zugleich „bewusstseins- oder einsichtszentriert". Einsichtsvolles Lernen lässt sich aber gerade als ein konstitutives Element für Selbststeuerung bestimmen (Dubs, 1996). Nach dem aktuellen Kenntnisstand thematisiert der Terminus Metakognition zwei Aspekte kognitiver Prozesse (Weinstein, 1988; Mandl & Fischer, 1982; Schraw, 1994). Zum einen beziehen sich Metakognitionen auf das Wissen über individuelle kognitive Prozesse; zum anderen erfassen sie die Fähigkeiten, diese Prozesse zu regulieren, zu überwachen und sie in Abhängigkeit von Lernergebnissen und Rückmeldungen zu modifizieren. Das Zusammenspiel zwischen metakognitivem Wissen und metakognitiver Kontrolle kommt in hohem Maße im Expertenmodell nach Ertmer und Newby zum Ausdruck (siehe Abbildung 9).

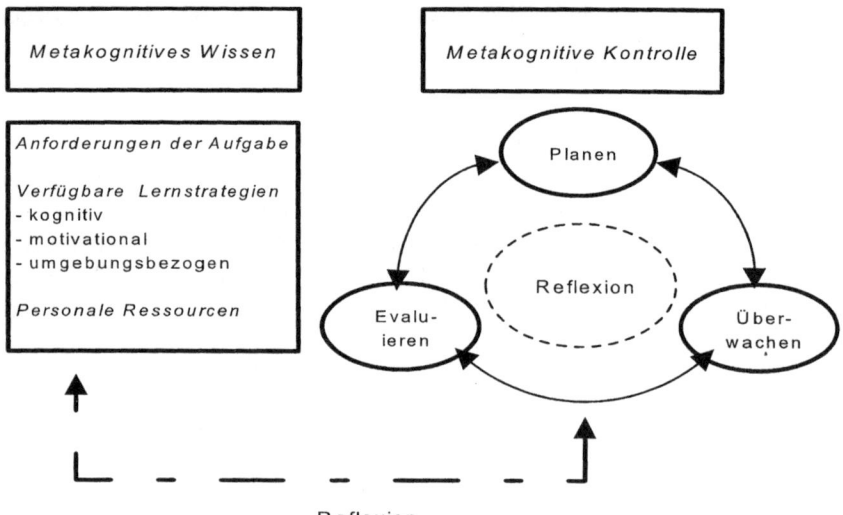

Abb. 9: Reflexion als Bindeglied zwischen metakognitivem Wissen und metakognitiver Kontrolle

Wie übersetzen Lernende das, was sie über das Lernen wissen, in das „Wie", das heißt in die Ausführung einer Lernhandlung? Und: Wie schaffen sie es, sogar während des Lerngeschehens über ihr Lernen nachzudenken? Solche Fragen betreffen die Reflexion während des Lernens und über das Lernen. Reflexive Denkprozesse zielen sowohl auf grundlegende kognitive Steuerungs- und Regulierungsvorgänge, wie etwa Aktivitäten der Überwachung aktueller Problemlöseaktivitäten, als auch auf die flexible Nutzung und erfahrungsbasierte Modifikation von Wissensbeständen. Eine der Metakognitionsforschung nahestehende Sichtweise der Reflexion liefern Ertmer und Newby (1996), die Reflexion als Bindeglied zwischen metakognitivem Wissen und metakognitiver Kontrolle begreifen (siehe Abbildung 9). Die Autor/innen gehen der Frage nach, wie kompetente Lernende ihr metakognitives Wissen und ihre metakognitive Kontrolle erfolgreich koordinieren, um auf diese Weise ihr Lernen zu optimieren.

Was die Wissenskomponente anbelangt, werden in Anlehnung an Flavell (1992) drei Formen voneinander abgegrenzt, die für das Lernen des Experten wesentlich sind:

① Wissen über Aufgabenerfordernisse, einschließlich der notwendigen Kenntnisse über die Art der anstehenden Aufgabe;

② Wissen über die Art der Strategien, die sich zur Bearbeitung einer bestimmten Aufgabe als erfolgreich erweisen können;

③ Wissen um personale Ressourcen, das Informationen hinsichtlich relevanter kognitiver, motivationaler und/oder umgebungsbezogener Lernstrategien umfasst.

Auf der Seite der metakognitiven Kontrolle betonen Ertmer und Newby (1996) die Rolle von Planen, Überwachen und Evaluieren. Die inhaltliche Bedeutung dieser Strategien wurde bereits in Abschnitt 3.2.2.2 erläutert. Zur metakognitiven Kontrolle zählen beispielsweise metakognitive Prüf- und Kontrollprozesse, die das Verstehen und Problemlösen zum Ziel haben.

Metakognitive Aktivitäten dieser Art erlangen in nahezu allen Bereichen des Lernens und Problemlösens innerhalb und außerhalb von Schule und Hochschule eine zentrale Bedeutung (Royer, Cisero & Carlo, 1993). Ihre Beeinträchtigung wirkt sich recht weitreichend im Verhalten aus und führt zu einem insgesamt wenig bedacht-planvollen Handeln sowie zur *Minimierung konstruktiver Prozesse* der Bewertung und Revision persönlicher Einstellungen und Sichtweisen (Baird, Fensham, Gunstone & White, 1991). Das Resultat hiervon ist ein eher unsystematischer Erfahrungserwerb bzw. eine unzureichende Erfahrungsverwertung (Lauth, 1993).

Zentrale Aufgabe der Reflexion ist es nun, die beiden zentralen Dimensionen der Metakognition (metakognitives Wissen und metakognitive Kontrolle) miteinander zu verknüpfen. Reflexion verbindet damit Denken und Handeln; sie stellt Informationen über die Wirksamkeit zuvor gewählter Strategien bereit und ermöglicht es auf diese Weise, aus bestimmten Lernaktivitäten strategisches Wissen abzuleiten. Mit Hilfe reflexiver Aktivitäten (z. B. durch planen, überwachen und beurteilen) setzen Lernende in jeder Phase des Regulationsprozesses ihre metakognitiven Kenntnisse über Aufgabe, Selbst und Strategien in die Tat um (Ertmer & Newby, 1996).

Zur Funktionsweise reflexiver Prozesse ebenso wie zur weiteren Klärung
der Wechselbeziehungen zwischen Reflexion, Metakognition und Selbststeuerung macht das Expertenmodell Ertmers und Newbys (1996) ebenfalls eindeutige Aussagen. Der Ansatz begreift Reflexion entweder als
vergangenheits- oder als gegenwartsbezogen, das heißt als ein Nachdenken über Handlungen oder als ein Nachdenken während des Handelns.

① *Reflexion über die Handlung.* Mit der Reflexion über die Handlung verbindet sich das Ziel der Orientierung im Strom aktueller
   und/oder zukünftiger Gedanken und Handlungen. Deweys (1933)
   Originaldefinition zeichnet ein Bild der Reflexion über die Handlung als „... reconstruction or reorganization experience which adds
   to the meaning of experience and which increase ability to direct the
   course of subsequent experience" (S. 76). Nachdenken über vollzo-
   genes Lernen wird damit als aktiver Prozess verstanden, der darauf
   abzielt, vergangenen Erfahrungen einen Sinn zu geben, um das Individuum auf aktuelle oder zukünftige Kognitionen und Handlungen
   vorzubereiten.

② *Reflexion während der Handlung* umfasst in Ertmers und Newbys
   Modell die bereits genannten drei Schritte der Regulation im Lernprozess, zwischen denen der Experte kontinuierlich wechselt: Planen, Überwachen und Evaluieren. In einem aktiven Prozess der Exploration und Entdeckung versetzt Reflexion das lernende Individuum in die Lage, sein metakognitives Wissen über Aufgaben, die
   eigene Person und Strategien während jeder Phase des Steuerungs-
   prozesses anzuwenden. In diesem Sinne bezeichnet Reflexion das
   aktive Management des Lernverlaufs; es dient dazu, die kognitive
   Verarbeitung kontinuierlich an neue Informationen anzupassen.

Vertreter (meta)kognitiver Modelle des selbstgesteuerten Lernens stimmen darin überein, dass Reflexion eine Schlüsselrolle im Prozess der
Selbststeuerung spielt. Selbstgesteuert Lernende reflektieren den Nutzen
der im Rahmen ihrer Lernaktivitäten gewonnenen Kenntnisse sowie der
an der Zielerreichung beteiligten (Teil)Handlungen. Darüber hinaus prüfen sie, wie effektiv die verwendeten Strategien waren und in welcher
Weise sie zukünftig optimiert werden können. Präzise formuliert, finden

sich solche Vorstellungen im Entwurf der Selbststeuerung nach Butler und Winne (1995; Winne, 2001), die selbstgesteuertes Lernen als *bewussten, reflexiven und anpassungsfähigen Prozess* auffassen. Der folgende Abschnitt 4.1.3.2 geht näher auf dieses Modell ein.

4.1.3.2 Ansätze zu Selbstregulation und Handlungskontrolle

Butler und Winne (Winne & Hadwin, 1998; Winne, 2001) tragen in ihrem Modell in besonderem Maße dem Aspekt der *S*elbstregulation und -kontrolle Rechnung. Bezüge zu dem aus der behavioristischen Forschungstradition erwachsenen, mittlerweile stark mit kognitiven Zwischenprozessen – wie dem der Kausalattribution – angereicherten Selbstkontrollansatz (Bandura, 1986) sind damit unverkennbar. Die Autor/innen betonen den Rückkoppelungskreis zur Analyse und Beschreibung des Verhaltens. Ihmzufolge werden durch permanente Ist-Sollwert-Vergleiche verhaltensleitende Informationen generiert. Reflexives Denken dient in diesem Ansatz der Bewertung eigener Lernaktivitäten, der Bewusstmachung („metacognitive awareness") effektiver Lernstrategien und schließlich der Optimierung des Strategiegebrauchs.

Das Stufenmodell von Winne (1996; Winne & Hadwin, 1998; Winne & Perry, 2000) analysiert selbstreguliertes Lernen in erster Linie als Ereignis; damit stehen die sich aktuell vollziehenden Prozesse des kognitiven Systems im Vordergrund. Unter diesen wird der metakognitiven Kontrolle, insbesondere der Überwachung, ein zentraler Stellenwert eingeräumt: „Metacognitive monitoring is the gate-way to self-regulating one's learning ..." (Winne & Perry, 2000, S. 540). Selbstreguliertes Lernen wird als ein durch Metakognitionen geführtes Lernen interpretiert. Winne unterscheidet vier Informationsarten, die während des Lernereignisses eine Rolle spielen (siehe Abbildung 10):

① Informationen über die Person-, Aufgaben- und Umgebungsbedingungen (z.B. Aufgaben- und Strategiewissen, Zeit, Ressourcen);

② Informationen über den Standard bzw. das Lernziel (z.B. angestrebtes Wissen über die französische Revolution). Das Ziel weist ein spezifisches Profil auf (z.B. Menge und Kohärenz des angestrebten Wissens), das von den Informationen über die Lernbedingungen abhängt;

③ Informationen über das Lernprodukt (z.B. aktuelle Menge und Kohärenz des Wissens über die Fußballweltmeisterschaft 2006) und

④ Informationen über die Diskrepanz zwischen angestrebtem und vorhandenem Wissen als Ergebnis evaluativer Prozesse.

Die in der Abbildung 10 dargestellten Pfeile verdeutlichen den Informationsfluss, der die laufende Aktualisierung jeder Informationsart sicherstellt. Als außerhalb des kognitiven Systems generierte Information kommt die externe Bewertung der Leistung hinzu.

Richtet man den Blick auf einzelne Lernereignisse, so lassen sich im Zeitablauf vier Stufen bzw. Phasen unterscheiden:

① Im Mittelpunkt der *1. Phase* steht die Aufgabenanalyse. Dazu werden die hier genannten Informationen genutzt: Das sind zum einen die zur Verfügung stehenden Informationen zur Aufgabe und den sachlichen Bedingungen ihrer Erledigung („task conditions") und zum anderen Informationen, die die persönlichen Bedingungen der Aufgabenbearbeitung betreffen, z.B. Erwartungen, Wissen über die Aufgabe und mögliche Strategien („cognitive conditions").

Die Ergebnisse der Aufgabenanalyse stellen bereits das erste Produkt des Lernereignisses dar und werden durch den Abgleich mit korrespondierenden Standards evaluiert. Abbildung 10 mag dies weiter verdeutlichen: Die in der „Produkt"-Box befindliche Säule B repräsentiert als ein Ergebnis der Aufgabenanalyse das Vorwissen, das zum Verstehen eines Textes notwendig ist; Säule B in der „Standard"-Box repräsentiert entsprechend die Erwartung des Lerners bezüglich des notwendigen Vorwissens. Zeigt der Vergleich von Analyse und Erwartung nun eine Übereinstimmung an („on target" in der „Cognitive Evaluations"-Box), wird die Lernsequenz fortgesetzt. Ergibt sich dagegen eine Diskrepanz, werden Standard oder Aufgabendefinition über eine Aktualisierung der zugrunde liegenden Informationen verändert. Diese Form der metakognitiven Kontrolle ist in allen Phasen des Lernereignisses präsent und stellt das zentrale Merkmal des Modells von Winne (2001) dar.

② In *Phase 2* werden die Lernziele sowie die Strategien, mit denen sie erreicht werden sollen, festgelegt. Die Ziele sind – wie in Phase 1 die Standards – als multivariate Informationsprofile modelliert, zusammengesetzt aus mehreren Subzielen. Im Prozess der permanenten

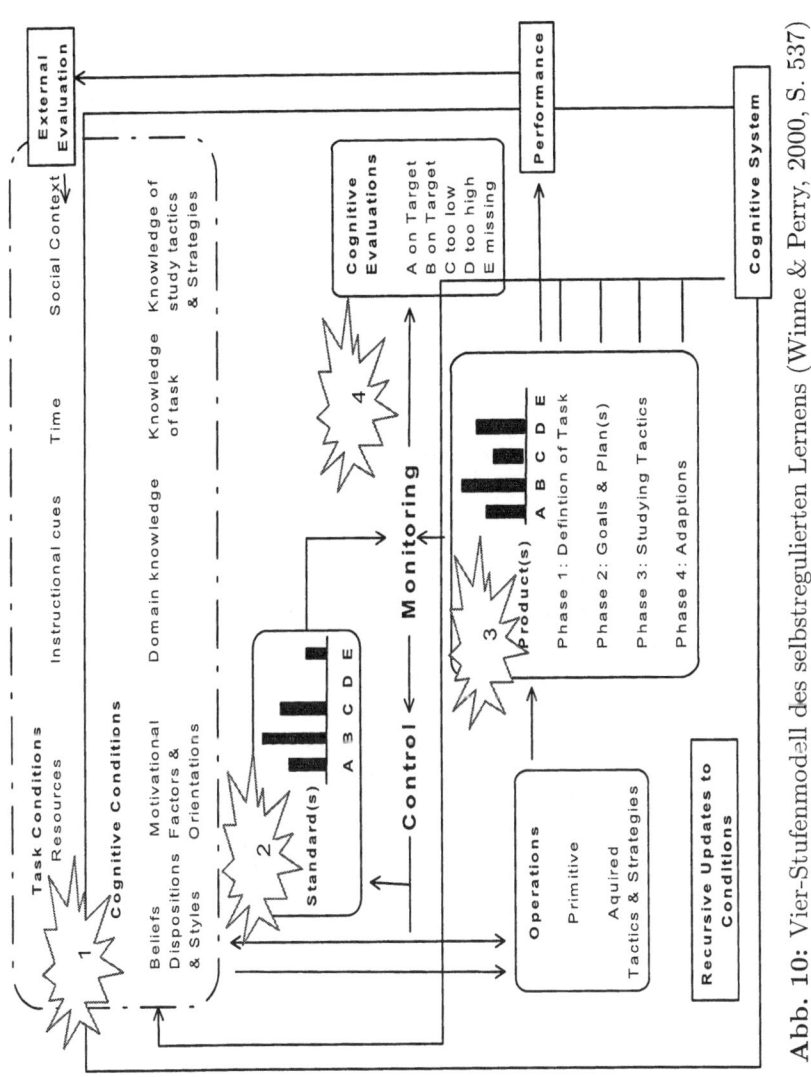

Abb. 10: Vier-Stufenmodell des selbstregulierten Lernens (Winne & Perry, 2000, S. 537)

Überwachung werden sie später den jeweils korrespondierenden Subprodukten des Lernens gegenübergestellt.

③ *Phase 3* subsumiert die Anwendung der zuvor bestimmten Taktiken und Strategien. Werden die Lernprodukte in dieser möglicherweise letzten Phase in Verhalten umgesetzt (z.b. durch die Aneignung von Textinformationen), wird die internale Evaluation durch eine externale Evaluation und das entsprechende Feedback ergänzt.

④ Die *Phase 4* ist optional. Hier verändert der Lernende sein Lernen grundlegend, entweder, indem er Lernbedingungen hinzufügt oder löscht oder seine Lerntaktiken und -strategien (bzw. deren Anwendung) derart modifiziert, dass von einem anderen Zugang zu der Lernaufgabe gesprochen werden kann. Auch in diesem Fall führt das erneute Monitoring zu Rückmeldungen über den Erfolg solcher Maßnahmen.

Es bleibt festzuhalten: Im Unterschied zu anderen ganzheitlichen Modellen der Selbststeuerung (z. B. Schiefele & Pekrun, 1996) legt Winne seinem Modell eine Definition zugrunde, in der eindeutig die metakognitiven Aspekte in den Vordergrund gestellt werden. Bei selbstgesteuertem Lernen handelt es sich aus seiner Sicht um „metacognitively governed behavior wherein learners adaptively regulate their use of cognitive tactics and strategies in tasks" (Winne, 1996, S. 323).
Die metakognitive Überwachung ist von besonderer Bedeutung. Sie produziert Informationen sowohl im Sinne von Passungen als auch von Abweichungen zwischen aufgabenbezogenen Standards einerseits und den Diskrepanzen zwischen diesen Standards und der kognitiven Repräsentation der Produkte (einer Phase) einer Aufgabe andererseits. Innerhalb der Grenzen der eigenen kognitiven Ressourcen und gegebenen externen Aufgabenbedingungen regt die Aktualisierung jeder Phase das lernende Individuum dazu an, metakognitive Kontrolle auszuüben, welche in der Regel in eine Anpassung des eigenen Engagements an die Aufgabe mündet (Winne, 2001).

4.1.3.3 Modell der volitionalen Kontrolle

Lag das Augenmerk der bisher in Abschnitt 4.1.3 präsentierten Modelle der Selbststeuerung auf metakognitiven Prozesse, so trachtet der nun be-

handelte Theoriestrang danach, die Lücke zwischen Informations-
verarbeitungs- und Motivationstheorien zu schließen. Kennzeichnend
für den Prototyp dieser funktionalistisch angelegten Handlungsmodelle
ist die Trennung zwischen Intentionsbildung und Handlungsinitiierung
(„from wishes to action"), die sich als Abfolge mehrerer Phasen beschreiben lässt (Heckhausen & Kuhl, 1985).
Das Rubikon-Modell (Heckhausen, 1989; Gollwitzer 1990) analysiert die
Wahl von *Handlungszielen* und deren *Realisation*. Dazu werden vier verschiedene Ablaufphasen des Abwägens, Planens, Handelns und Bewertens
beschrieben. Es handelt sich dabei um einen idealtypisch dargestellten
Ablaufplan, der nicht notwendigerweise für jede Handlung einzeln stattfindet, sondern von vielen Handlungen gleichzeitig durchlaufen werden
kann.

○ *Abwägen* (prädeszisionale Motivationsphase): In dieser Phase werden die verschiedenen Handlungsalternativen abgewogen. Aus allen
  existierenden Wünschen trifft die handelnde Person eine Auswahl,
  welche sie realisieren möchte und welche sie noch hinten anstellt.
  Am Ende dieser Phase steht die Intentionsbildung („Fiattendenz"),
  die auch schon den Beginn zweier Phasen der Volition einleitet.

○ *Planen* (präaktionale Phase): Hier bildet das Individuum konkrete Absichten, die den Übergang vom Abwägen zum tatsächlichen
  Wollen darstellen. Sie wartet in dieser Phase auf eine günstige Gelegenheit, den Wunsch zu realisieren.

○ *Handeln* (aktionale Phase): In dieser Phase realisiert das Individuum die Handlung; diese schließt mit der Erreichung des intendierten
  Ergebnisses ab. Die Anstrengungsbereitschaft hängt hier stark von
  der Volitionsstärke ab, das heißt vom Ausmaß, in dem man sich das
  Erreichen des Zieles wünscht.

○ *Bewerten* (postaktionale Motivationsphase): Gemeint ist die Phase,
  in der die handelnde Person das Durchlaufen der vorherigen Phasen,
  das erzielte Ergebnis und mögliche Ursachen und Konsequenzen
  bewertet. Auch die Konsequenzen für zukünftiges Handeln geraten
  hier ins Blickfeld.

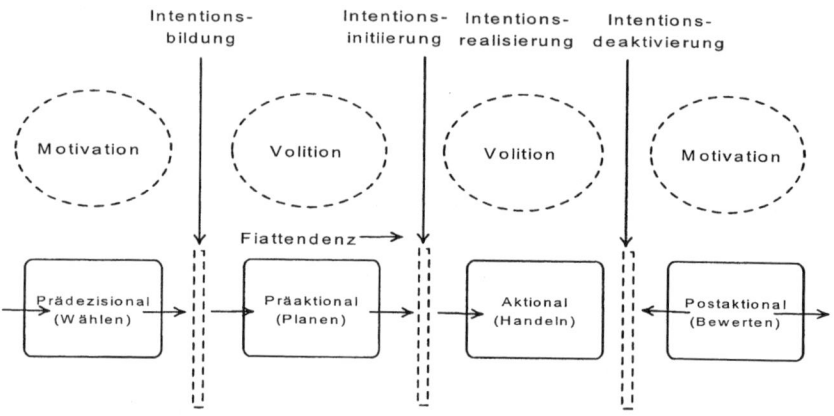

Abb. 11: Das Rubikonmodell

Wie Abbildung 11 illustriert, repräsentiert das „Rubikon-Modell" drei
Einschnitte des Handlungsstroms: Intentionsbildung, Handlungsinitiierung und Intentionsdeaktivierung (Kuhl, 1987, 1996). In der Perspektive
des Rubikonmodells ist die Intentionsbildung ein oft langfristiger, neben
und in vielen Handlungen ablaufender Prozess, dem die dynamischen
Motivationstheorien ihre Aufmerksamkeit widmen. Die „Handlungsinitiierung, die Auswahl jener Intentionen, die den Handlungsstrom fortset-
zen", ist, so Heckhausen (1989, S. 212), „das Hauptproblem, das volitionale Prozesse lösen müssen. Das andere volitionale Problem besteht in der
Überwindung von Schwierigkeiten bei der Realisierung der Intentionen".
An dieser Stelle zeigt sich, dass die Wahl eines Ziels und die motivationale
Persistenz beim Streben nach diesem Ziel nicht hinreichen. Es müssen
Willensprozesse hinzukommen, die sich durch Bewusstheit und Willkür
in der Steuerung der zur Zielerreichung relevanten Tätigkeiten auszeichnen. Das durch diesen Ansatz ausgelöste Forschungsinteresse konzentriert
sich im Besonderen auf Vermittlungs- oder Selbstkontrollprozesse, welche
die Abschirmung einer für die Ausführung gewählten Handlungstendenz
vermitteln. Damit steht ein wesentlicher Aspekt selbstgesteuerter Lernhandlungen im Zentrum: die Selbstkontrolle oder *Selbstregulation kon-
kurrierender Willensansprüche* (Obliers, Vogel & v. Scheidt, 1996).

Die dazu erforderlichen Prozesse der Handlungskontrolle werden mit verschiedenen Kontrollebenen und einer Reihe verschiedener Kontrollstrategien ausgestattet, die zum einen eine Über- oder Unterregulation wil-
lenspsychologischer Kräfte verhindern und zum anderen die situations-
adäquate Flexibilisierung selbstregulatorischen Verhaltens unterstützen
(Kuhl, 1996; Goschke, 1996; Obliers et al., 1996).
Personen, die mehr von ihren Absichten in die Tat umsetzen als andere,
scheinen dies durch folgende Kontrollprozesse zu erreichen (Kuhl, 1987,
1996; Pekrun & Schiefele, 1996):

① *Kontrolle der Aufmerksamkeit*, das heißt absichtsgefährdende Informationen und Stimuli werden ausgeblendet;

② *Kontrolle der Motivation*, das heißt attraktive Anreizmomente der
   beabsichtigten Handlung werden fokussiert;

③ *Kontrolle der eigenen Emotionen*, beispielsweise indem man absichtsgefährdende Emotionslagen (z. B. Traurigkeit) meidet;

④ Eine *handlungsorientierte Bewältigung* von Misserfolgserlebnissen
   und deren emotionalen Folgen (z. B. Enttäuschung oder Ärger), das
   heißt, sich beispielsweise nach einem Misserfolg nicht selbst in Frage
   zu stellen, sondern eher einen weiteren Anlauf zur Ausführung der
   Handlung zu unternehmen oder ein realistischeres Ziel anstreben;

⑤ *Umweltkontrolle*, das bedeutet, die Gestaltung und Veränderung
   der unmittelbaren Umgebung, um absichtsgefährdende Stimuli zu
   meiden;

⑥ Das Erkennen der richtigen *Gelegenheit* zur Handlung (Initiierungs-
   kontrolle) sowie durch eine sparsame Informationsverarbeitung, indem man beispielsweise nicht ausufernd über das Für und Wider
   einer geplanten Handlung reflektiert und nicht fortlaufend Informationen einholt, da ein solches Verhalten eher zur Lähmung der
   Handlungsbereitschaft führt.

Die Bedeutung dieser Prozesse für das selbstgesteuerte Lernen sind of-
fensichtlich. Ohne dass die Person sich dessen gewahr würde, sorgen sie
oftmals für jene alltägliche Freiheit, die man braucht, um das zu tun, was
man will (Kuhl, 1996).

Zur begrifflichen Klärung sei angemerkt, dass Emotions-, Motivations-
und Anstrengungssteuerung als „volitionale" Kontrolle bezeichnet werden können; planungs-, überwachungs- und lernstrategische Komponenten der Steuerung kognitiver Aspekte des Lernens sind begrifflich dem Bereich „metakognitive" Kontrolle zuzuordnen (Pekrun & Schiefele, 1996).
Verwendet man allerdings den Begriff der volitionalen Kontrolle für den
Gesamtbereich aller Handlungskontrollprozesse, so lassen sich Volition
und Metakognition nicht mehr hinreichend differenzieren.
Was die bisher vorgestellten theoretischen Überlegungen insgesamt anbelangt, muss man mit Blick auf das hier besonders interessierende selbstgesteuerte Lernen von einer Idealforderung sprechen: Letztlich geht es
darum, Lernhandeln im Sinne der Realisierung vollständiger Lernhandlungen (d. h. die vollständige Realisierung aller Phasen: planen, ausführen, überwachen, bewerten) auszubilden, was die Nutzung und Bildung
stabiler, hierarchisch strukturierter funktioneller Systeme bzw. basaler
Lernhandlungen und den Aufbau von Selbstregulationskompetenz impliziert.

4.2   Interne Bedingungen der Selbststeuerung

Eine Reihe von Forschern hat versucht, erfolgreiches von erfolglosem
selbstgesteuertes Lernern unter Verwendung von Eigenschaften der Person zu unterscheiden.
Dabei ergaben sich Profillisten, die den selbstständigen Lerner etwa mit
folgenden Fähigkeiten beschreiben: er/sie ist flexibel, ist selbstreflexiv,
zeigt Neugier und Offenheit, ist logisch und analytisch, verantwortlich
und selbstbewusst, hat Durchhaltevermögen und ein positives Selbst-
bild, verfügt über Lernstrategien und Lernmethoden und evaluiert sein
Lernen. Selbstgesteuertes Lernen meint hier die individuelle Fähigkeit,
sein eigenes Lernen zu organisieren. Es umfasst strategische Kompetenzen, Lerntechniken sowie entsprechende Einstellungen bzw. Haltungen
(Reischmann, 1999).
Dass selbstgesteuertes Lernen – neben Prozessmerkmalen – auch strukturelle Aspekte beinhaltet ist unbestritten (siehe etwa Friedrich, 1997). Als
Strukturen werden dabei die überdauernden Merkmale eines Lernenden
bezeichnet. Prozesse beschreiben dagegen aktuelle offene oder verdeckte
Verhaltensweisen in konkreten Lernsituationen (z.B. im Unterricht oder
in Hausaufgabensituationen). Welche Strukturen im Sinne habitueller

Personenmerkmale – neben den aktuellen Geschehnissen während des Lernens – besondere Bedeutung zugeschrieben wird, lässt sich Abbildung 12 entnehmen.

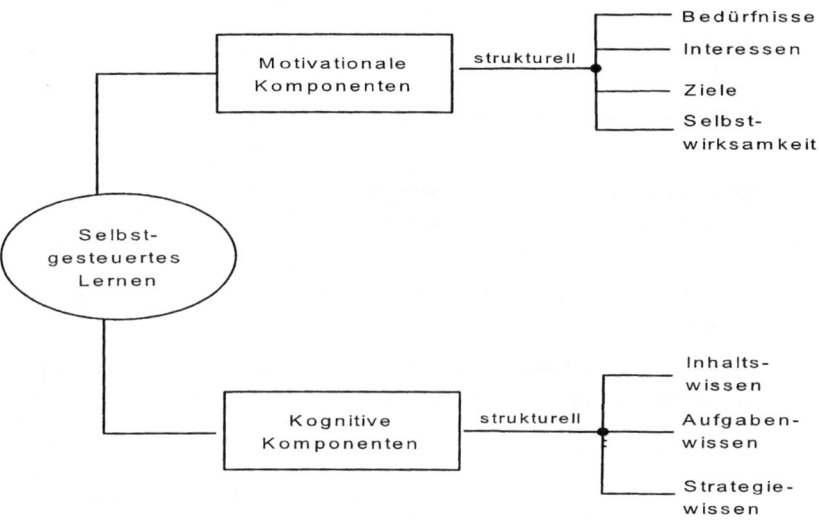

Abb. 12: Motivationale und kognitive Komponenten des selbstgesteuerten Lernens

Aus der Vielzahl der habituellen Personmerkmale werden nachfolgend drei ausgewählt: Motivation, Wissen und Kontrollüberzeugungen.

4.2.1 Motivation

Zeitlich stabile motivationale Komponenten sind der Aufrechterhaltung des selbstgesteuerten Lernens dienlich. Als bedeutsame Einflussgrößen werden dabei Bedürfnisse, Interessen, Ziele und die Selbstwirksamkeitsüberzeugung einer Person gesehen (Schiefele & Pekrun, 1996; siehe auch Abschnitt 4.1.1.1).

An dieser Stelle ist auch noch einmal auf das in der Selbstbestimmungstheorie der Motivation thematisierte (siehe Abschnitt 4.1.1.2), mehrfach abgestufte Kontinuum der selbst- bzw. fremdbestimmten Regulation zu verweisen. Entscheidend für das Ausmaß der Selbstbstimmung sind in diesem Ansatz Umfeldbedingungen, unter denen die Person drei angeborene psychologische Bedürfnisse realisieren kann (Deci et al., 1991):

○ *Bedürfnis nach Kompetenz oder Wirksamkeit:* Es bezieht sich auf das Gefühl, einer Aufgabe gewachsen zu sein und durch ihre Bewältigung etwas erreicht zu haben. Um dieses Gefühl der Wirksamkeit zu erlangen, suchen Menschen nach optimalen Herausforderungen und nach Möglichkeiten, den eigenen Fähigkeiten Ausdruck zu verschaffen.

○ *Bedürfnis nach Autonomie oder Selbstbestimmung:* Gemeint sind die natürlichen Tendenzen, sich selbst als Handelsinitiator erleben zu wollen, für eigene Entscheidungen verantwortlich zu sein, aus Interesse zu handeln und den Zustand der Fremdbestimmung zu meiden oder sich ihm zu widersetzen

○ *Bedürfnis nach sozialer Eingebundenheit* oder sozialer Zugehörigkeit: Hier geht es um das Bedürfnis nach Anerkennung und um das Verlangen, einer Gruppe von Menschen anzugehören.

Gerade Kompetenzstreben und Autonomie sollen dabei die Grundlage für das Entstehen intrinsischer Motivation bilden und somit selbstgesteuertes Lernen fördern. Ebenso positiv wirkt sich thematisches Interesse auf die Ausbildung intrinsischer Motivation aus und beeinflusst so, auch vermittelt durch den vermehrten Einsatz von Elaborationsstrategien, vorteilhaft selbstgesteuertes Lernen.

4.2.2 Wissen

Experten sind sich einig: Es kann kein Lernen ohne sorgfältige Wissenserarbeitung geben. Wer nichts weiß, ist nicht in der Lage, vorhandene Kenntnisse abzurufen, weil er keine Anhaltspunkte zur systematischen Suche nach Wissen hat. Ferner kann er die Fülle des Wissens nicht in umfassendere Wissensstrukturen einbauen, um auf diese Weise die vielen Wissenselemente zu verstehen. Wer nichts weiß, ist auch kaum in der Lage, Probleme zu erkennen und differenziert zu beurteilen.
Für erfolgreiches Lernen besonders wichtig ist, dass Lernende nicht sinnlos additives Wissen „anlernen"; stattdessen müssen sie über ein vernetztes Strukturwissen verfügen, das heißt über Wissensnetzwerke, die den

Einbau neuen Wissens in die bestehenden Strukturen sowie die eigenständige Konstruktion von neuem Wissen erleichtern und Wissen anwendbar machen.

Zum System der strukturellen kognitiven Komponenten zählen Friedrich und Mandl (1997a) insbesondere das Inhalts-, Aufgaben- und Strategiewissen (siehe Abbildung 12). Alle genannten Facetten haben die Funktion gemeinsam, die Aufnahme neuen Wissens zu ermöglichen. So stellt das inhaltliche Vorwissen wichtige Anknüpfungspunkte bereit, um neue Informationen zu strukturieren, die Relevanz zu beurteilen und letztlich in bestehende Wissensstrukturen zu integrieren. Dies gelingt jedoch keineswegs immer reibungslos, zumal Vorwissen in drei Zuständen auftreten kann: Es kann korrekt, inkorrekt oder teilweise korrekt sein. Zurecht verweist Simons (1999) darauf, dass viele Lernende große Schwierigkeiten haben, zu entscheiden, welches Vorwissen mehr oder weniger korrekt ist. Überdies wissen viele Menschen aus Erfahrung, dass es manchmal unklug ist, Vorwissen bewusst ins Spiel zu bringen, weil dies zu Interferenz und Verwirrung führen kann. Schließlich ist zu beobachten, dass einige Teile des Vorwissens automatisch aktiviert werden. Unter Aufgabenwissen versteht man dagegen das Wissen um die Anforderungen, die bestimmte Lernaufgaben stellen. Es hat beim selbstgesteuerten Lernen Auswirkungen darauf, wie eine Aufgabe bewältigt wird (d. h., wie viel Bearbeitungszeit geplant ist oder welche kognitiven Strategien eingesetzt werden). Das Wissen um die Nützlichkeit bestimmter Strategien wird zusammengefasst als Strategiewissen. Vorausgesetzt, ein Lernender verfügt über mehr als eine Lernstrategie, so muss er in einer konkreten Lernsituation eine angemessene Strategie wählen können. Dies gelingt in erster Linie dann, wenn er über konditionales Wissen verfügt und begründet entscheiden kann, unter welchen Bedingungen das deklarative und prozedurale Wissen erfolgreich anzuwenden ist.

4.2.3 Das locus-of-control-Konzept

Menschen unterscheiden sich in ihren Überzeugungen darüber, wer oder was in welchem Ausmaß Ereignisse in ihrem Leben beeinflusst. Für ein und dasselbe Ereignis mögen die einen das Schicksal verantwortlich machen, die anderen ihre Fähigkeiten. Manche mögen diese Sichtweise auf fast alle Ereignisse anwenden, andere nur auf einige. Warum Menschen solche Überzeugungen brauchen, diskutiert Heckhausen (1989) und kommt zu dem Ergebnis, dass diese Überzeugungen die Welt handhabbarer machen, dass sie Bestandteil

„eine(r) allgemeine(n) Fähigkeit des Menschen zum Verstehen und Voraussagen von Ursache und Wirkung und von Grund und Folge" seien (S. 455).

Hier liegt der Anknüpfungspunkt der Forschung zu Kontrollüberzeugungen. J. B. Rotter spricht von „Locus of Control". Gegenstand dieses der Sozialen Lerntheorie zuzuordnenden Konstruks sind subjektive Erwartungen und Werte, deren situationsspezifische Varianten bereits in Abschnitt 4.1.1.1 besprochen wurden. Mit zunehmender Erfahrung in strukturell ähnlichen Situationen bilden Menschen, so Rotter, generalisierte Erwartungen. Sie lernen in ähnlichen Situationen, welche Bekräftigungen sie zu erwarten haben, und welche Problemlösestrategien sie sinnvollerweise anwenden sollten.

Im strengen Sinn sind Kontrollüberzeugungen verallgemeinerte Erwartungen von Individuen über Ausmaß und Quelle der Kontrolle über Bekräftigungen und – darüber hinaus – über Ereignisse in ihrem Leben (Rotter, 1966). Personen, die über hohe Kontrollüberzeugungen verfügen, werden auch als „internal" bezeichnet, Personen mit niedrigen Kontrollüberzeugungen als „external". Internal Kontrollüberzeugte sehen sich, ihre Fähigkeiten, Anstrengungen etc. als Ursache für das, was ihnen passiert (z.B. eine Person fühlt sich für ihre Fehler selbst verantwortlich). Externale Kontrollüberzeugung geht dagegen mit Glaube an Glück, Schicksal, Zufall und starke äußere Mächte einher (z. B. eine Person erklärt eine Gehaltserhöhung als „zufällige" Begebenheit).

Um Missverständnissen vorzubeugen: Diese Unterscheidung Rotters darf nicht als Typologie missverstanden werden. Vielmehr macht Rotter Aussagen darüber, welche Art von Erwartungen in einer konkreten Situation verhaltensbestimmend wirkt.

Kontrollüberzeugungen sind für menschliches Handeln und Erleben von zentraler Bedeutung: Zum einen kommt ihnen ein breiter theoretischer Stellenwert zu. Zum zweiten existiert in allen lern- oder sozialpsychologischen Konzepten ein großer Zusammenhang zwischen Kontrollerwartungen und emotionalen Qualitäten (Rotter, 1966). Von Bedeutung ist schließlich die Einsicht, dass Personen mit internen Kontrollüberzeugungen im Vergleich zu extern Kontrollierten informierter und aktiver sind, dass sie eher gesundheitsorientiert leben und dass sie höhere Leistungen zeigen.

4.3 Externe Bedingungen der Selbststeuerung: Psychologische Modelle der Person-Umwelt-Interaktion

Die Mehrzahl der Ansätze zum selbstgesteuerten Lernen lenkt sein Augenmerk auf den einzelnen Lernenden oder genauer auf dessen Verhaltens- oder Personmerkmale (Grow, 1991). Verantwortlich für die Betonung der *personbezogenen Aspekte* dieses Lernens ist in erster Linie der Versuch, das Konstrukt so eindeutig wie irgendmöglich zu bestimmen, zum Beispiel als intentionales Streben nach spezifizierten Lernzielen und der Kontrolle des Lernenden über Lerninhalte und Lernmethoden (Brookfield, 1984). Dabei wird übersehen, dass Lernen unter den Bedingungen der Lehre jeweils unter konkreten sachlich-gegenständlichen und sozial-personalen Bedingungen (in konkreten Situationen) vonstatten geht und in übergreifende Kontexte und Systeme (Kultur, Kommunikation, soziale Interaktion usw.) eingebettet ist. Auch im Zuge des selbstgesteuerten Lernens nutzt der Lernende in vielen Fällen ein reichhaltiges Support-System seiner Umwelt: Bibliotheken, Fernsehen und Freunde, Veranstaltungen und Trainer. Diese tragen ihn durch Schwierigkeiten, bis er wieder selbst weiter weiß. Damit wird der jeweilige Lernkontext zu einer entscheidenden Voraussetzung für selbstgesteuertes Lernen. Hervorzuheben ist die Art der Aufgabe, der für eine Lernaktivität verfügbare Zeitrahmen, die erfahrbare Unterrichtsgestaltung sowie vorhandene Unterrichtsmaterialien und Unterrichtsressourcen (Azevedo, Ragan, Cromley & Pritchett, 2002).

Lernen beruht – nach heutigem Verständnis – auf der *Wechselwirkung* zwischen Subjekten (z. B. Lernenden und Lehrenden) im Hinblick auf bestimmte Objekte (z. B. fachbezogene und fachübergreifende Lerngegenstände und Lernanforderungen).

Wie solche Person-Umwelt-Interaktionen beschaffen sein können, soll in den folgenden Abschnitten anhand ausgewählter Ansätze beschrieben werden.

Lehr-/Lernprozessen unter den fördernden oder blockierenden Bedingungen der Lehre werden vor allem von Vertretern der sozial-kognitiven Lerntheorie (siehe Abschnitt 4.3.1), aber auch von theoretischen Konzeptua-

lisierungen der situierten Kognition (siehe Abschnitt 4.3.2) sowie des kooperativen Lernens (siehe Abschnitt 4.3.3) betrachtet und analysiert. Die
Besonderheiten dieser Ansätze sollen nun erläutert werden.

4.3.1 Sozial-kognitive Lerntheorie

Die sozial-kognitive Theorie zählt zweifelsohne zu den bekanntesten und
elaboriertesten theoretischen Grundlagen für die Entwicklung von Modellen des selbstgesteuerten Lernens (Bandura, 1977, 1986; Purdie, Douglas
& Hattie, 1996; Young, 1996).
Besonderes Gewicht legt der sozial-kognitive Ansatz von Zimmerman
(2001) auf die Annahme gegenseitiger Beeinflussungsprozesse zwischen
folgenden Größen: der Person (dem Selbst), dem Verhalten der Person
und der Umwelt (Patrick, 1997; siehe Abbildung 13).

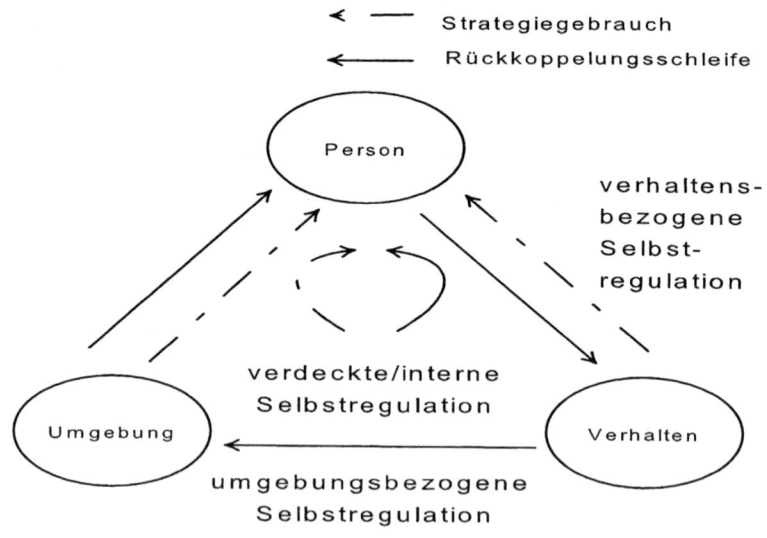

Abb. 13: Selbstregulation als Triade

Welche Formen der Selbststeuerung werden unterschieden?

○ Die *verhaltensbezogene Selbstregulation* setzt sich aus der Selbstbeobachtung und der strategischen Ausrichtung des Handlungsprozesses zusammen.

○ Die *umgebungsbezogene Selbstregulation* besteht aus dem Beobachten und dem Anpassen von Umgebungsbedingungen oder Zwischenergebnissen des Handelns.

○ Die *innere Selbstregulation* umfasst das Überwachen und Anpassen der kognitiven und affektiven Zustände (Zimmerman & Kitsantas, 2005).

Selbstgesteuert Lernende nutzen systematisch metakognitive, motivationale und verhaltensbezogene Strategien. Die Art und Weise, in der diese Strategien zur Geltung kommen, hat entscheidenden Einfluss auf das Auftreten unterschiedlicher Formen der Selbststeuerung (präziser: Selbstregulation):

① *Verdeckte oder kognitive Selbstregulation* liegt dann vor, wenn ausschließlich kognitive und metakognitive Prozesse ablaufen. Beispiel: Ein Schüler geht in Gedanken die wichtigsten Punkte eines Lehrtextes nochmals durch und prüft, ob er sie richtig verstanden hat.

② Bei der *verhaltensmäßigen Selbstregulation* wertet das Selbst das von ihm initiierte Verhalten aus. Beispiel: Eine Schülerin bearbeitet die in einem Lehrbuch gestellten Übungsaufgaben und vergleicht anschließend ihre Lösungen mit den im Anhang stehenden Musterlösungen.

③ *Umweltkontrolle* als Strategie der Selbstregulation ist dann gegeben, wenn das Selbst über das von ihm initiierte Verhalten in die Umgebung eingreift, um so ein selbstgesteuertes Ziel zu erreichen. Beispiel: Ein Studierender stellt das Radiogerät ab, um in Ruhe arbeiten zu können.

Aus sozial-kognitiver Perspektive vollziehen sich selbstregulierte Prozesse in drei kreisförmig verbundenen Phasen: (1) Vorausschau, (2) handlungs- oder willensbezogene Kontrolle und (3) Prozesse der Selbstreflexion (Straka, 2005).

① Die *Phase Vorausschau* ist eng an die Aufgabenanalyse und die selbstbezogenen motivationalen Überzeugungen gebunden. Mit der Aufgabenanalyse werden die Ziele festgelegt und nach strategischen

Gesichtspunkten geplant. Demgegenüber haben die selbstbezogenen motivationalen Überzeugungen die Selbstwirksamkeit, die erwarteten Ergebnisse, das intrinsische Interesse, Wertabschätzungen
und die Zielausrichtung zum Gegenstand.

② Die *Phase der handlungs- und willensbezogenen Kontrolle* setzt sich
aus den volitionalen Kategorien Selbstkontrolle und Selbstbeobachtung zusammen. Die Selbstkontrolle umfasst das Führen von
Selbstgesprächen, den Aufbau bildlicher Vorstellungen, das Aus-
richten der Aufmerksamkeit sowie strategische Maßnahmen. Die
Funktion der Selbstbeobachtung beinhaltet das wertfreie Erfassen
des laufenden Lernprozesses oder der gegenwärtigen Lernergebnisse. Diese Komponente der Selbstregulation ist entscheidend für das
erfolgreiche Vorwärtskommen, weil durch das Erfassen von aktuellen Informationen ein Vergleich mit dem gesetzten Ziel möglich
wird. Zugleich tragen entsprechende Aktivitäten dazu bei, das Handeln und Lernen auf die Anforderung auszurichten und die eigenen
Bemühungen zu optimieren.

Das Selbstexperimentieren kommt vor allem dann zum Einsatz,
wenn die Selbstbeobachtung zu keinem brauchbaren diagnostischen
Befund führt. In einer solchen Situation kann erwogenes eigenes
Handeln (z. B. die Anwendung einer Verstehensstrategie) systematisch an sich selbst ausprobiert werden.

③ Die *Phase der Selbstreflexion* umfasst die Kategorien Selbstbeurteilung und selbstbezügliches Reagieren. Selbstbeurteilung schließt
die Auswertung der eigenen Leistung sowie die Zuweisung von Ursachen für die erbrachte Leistung ein (Attributionen; Straka, 2005).
Es findet eine Bewertung über die mögliche Übereinstimmung oder
Diskrepanz zwischen dem Ist- und dem Soll-Zustand statt. Nicht
nur die Richtung, sondern auch das Ausmaß der Abweichung ist
bei dieser Einschätzung entscheidend. Die Kategorie der selbstbe-
züglichen Reaktionen hat mit dem Wahrnehmen von Zufriedenheit
bzw. Unzufriedenheit mit sich selbst zu tun, verbunden mit einer
affektiven Tönung und adaptiven oder defensiven Folgerungen.

Die Phasenstruktur und die Unterprozesse der Selbstregulation werden
in Abbildung 14 zusammengefasst.

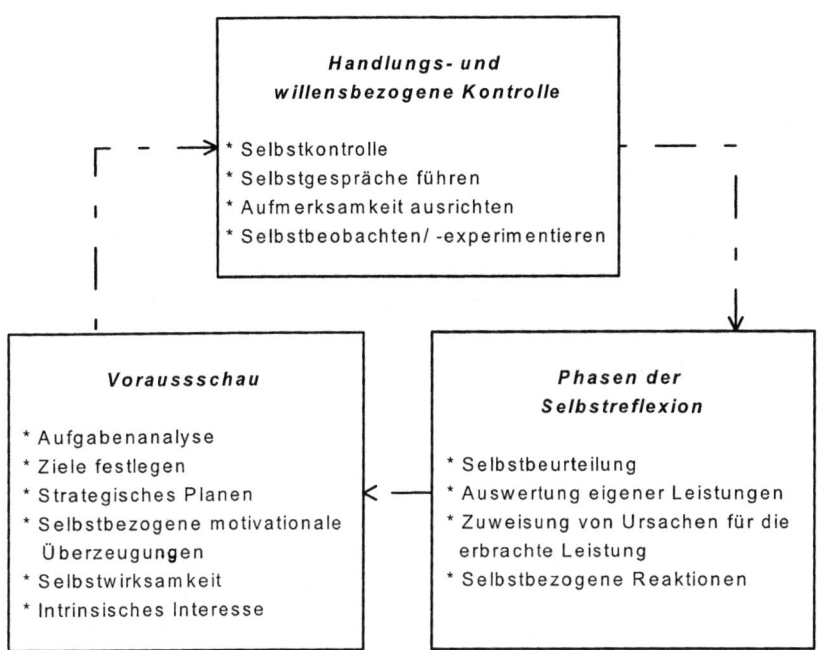

Abb. 14: Phasen und zyklische Unterprozesse der Selbstregulation

Eine zentrale Voraussetzung für alle Selbstregulationsvorgänge ist die Wahrnehmung von Selbstwirksamkeit (Zimmerman & Bandura, 1994). Es scheint so zu sein, dass Lernende, die sich selbst als wirksame Verursacher ihres Verhaltens erleben und ihre Kompetenzen günstig einschätzen, in erhöhtem Maße selbstgesteuertes bzw. selbstreguliertes Verhalten zeigen, zum Beispiel beim Einsatz von Lernstrategien oder bei der metakognitiven Kontrolle des Lernens. Darüber hinaus wird selbstgesteuertes Lernen von deklarativen und prozeduralen Wissensbeständen, metakognitiven Prozessen, Zielsetzungen und affektiven Variablen beeinflusst. Als wesentliche Umweltbedingungen, die die Entwicklung und das Auftreten selbstgesteuerten Lernens begünstigen, nennt Zimmerman (1989) folgende Faktoren:

○ Reaktionen der Umwelt (Lob, Tadel) auf das Verhalten des Lernenden;

○ das Vorhandensein von Vorbildern und Modellen, die selbstgesteuertes Lernen an den Tag legen;

○ direkte Hilfe von relevanten Bezugspersonen;

○ Merkmale der jeweiligen Lernumgebung und der Lernaufgabe.

Sozial-Kognitivisten legen den Forschungsschwerpunkt auf die Analyse der Wechselbeziehungen zwischen diesen spezifischen Merkmalen der Lernsituation und Prozessen der Selbstregulation. Enge Beziehungen konnten für Maßnahmen zur Unterstützung der individuellen Selbstregulation (z. B. Modellierung) und Wahrnehmungen der eigenen Wirksamkeit nachgewiesen werden (Zimmerman, 1989; Schunk, 2001).

4.3.2 Soziokulturelle und situierte Perspektiven

Die sozio-kulturelle Denkrichtung hat in den 1990er Jahren insbesondere im Bereich des kooperativen Lernens stark an Einfluss gewonnen. Wichtiger theoretischer Bezugspunkt für die meisten Ansätze dieser Perspektive sind die Arbeiten des russischen Psychologen Vygotsky (1986). Dieser ging davon aus, dass die Entwicklung aller höheren psychischen Funktionen, also Gedächtnis, Problemlösen, Denken etc. prinzipiell soziokulturell vermittelt ist. Er betrachtete in seinem kulturhistorischen Ansatz die menschliche Entwicklung als Prozess, in dem das Individuum in der Interaktion mit anderen in einer spezifischen Umgebung die kulturellen Werkzeuge und Symbole beherrschen lernt (Hogan & Tudge, 1999). Pädagogisch-psychologische Fragestellungen zur gemeinsamen Wissenskonstruktion wurden auf dieser theoretischen Grundlage vor allem in Ansätzen des situierten Lernens aufgegriffen und weiter entwickelt (z. B. Brown & Cole, 2000). *Kernelemente* einer situierten Lernumgebung sind:

○ *Absichtliches Lernen:* Unterstützung bei der Ausbildung persönlicher Ziele und Positionen

○ *Inhaltliches Lernen:* Unterstützung für autonome Wissensaneignung und gemeinsame Wissenskonstruktion

○ *Kontextbezogenes Lernen:* Situationen, Probleme, Themen, Überzeugungen und Impulse der Lernsituation mit dessen Hilfe die lernende Person Wissen erwirbt und verarbeitet

○ *Gemeinschaft und Kollaboration:* Organisation von Gruppen und Wissensbildungs(-gemeinschaften), in denen die lernende Person Sinn und Bedeutung von Wissen und Lernsituation aushandelt

○ *Partizipation:* Soziale Organisation von Prozessen, Regeln und Rollen, durch die die Lernenden miteinander und mit Experten arbeiten und Probleme lösen

○ *Wechselseitige Unterstützung:* Lernen und Arbeiten in Anlehnung an das Modell der Kognitiven Meisterlehre (siehe Abschnitt 8.2.3.3)

○ *Selbstbeurteilung:* Kontinuierliche Evaluation in Form von Lerntagebüchern und Portfolios (Korhonen, 2001).

Als zentral stellen sich im Rahmen der Theorien der situierten Kognition u. a. die Fragen heraus, wie Wissen in kleinen und großen Gruppen sozial geteilt und konstruiert wird (Bielaczyc & Collins, 1999) oder wie im komplexen Zusammenspiel von Werkzeugen, Konzepten, Lernenden und Experten Lernprozesse stimuliert werden. In diesem Zusammenhang wurden auch instruktionale Ansätze entwickelt, die versuchen, den *Community-Gedanken* für das Lernen in Schule, Aus- und Weiterbildung nutzbar zu machen (z. B. Brown & Cole, 2000). Drei Kernpositionen dieser Ansätze sollen hier näher betrachtet werden:
(1) Individuelle Kognitionen – also auch Wissen – und soziale Prozesse sind bei Vygotsky (1986) über das so genannte *genetische Entwicklungsgesetz* verknüpft, wonach höhere psychische Funktionen zunächst auf der interindividuellen Ebene – etwa als Argumentationsfigur in einer Diskussion – auftreten und erst dann auf der intraindividuellen Ebene zum Vorschein kommen. Diskursprozesse und -strukturen werden in einem komplexen Zusammenspiel von Externalisierung und Internalisierung zu einem Element der intraindividuellen Regulationsprozesse. Während kognitive Theorien Wissen als abstrakte Einheit betrachten, das sich in den Köpfen der Individuen befindet, betonen situierte Ansätze die Situation und den Kontext, in denen sich Lernen ereignet. Damit verbindet sich die zentrale Forderung, die Lern- und Anwendungssituation ähnlich zu

gestalten, da Wissen als stark kontextgebunden angesehen wird. Ausgangspunkt dieser Forderung ist das Problem des *trägen Wissens*; „inert
knowledge", Whitehead, 1929, zit. nach Bransford et al., 1990): Wissen,
das in einer traditionellen Unterrichtssituation erworben wird, kann in einer späteren Anwendungssituation oft nicht ein- bzw. umgesetzt werden
(Renkl, 1996). Ein solches Wissen ist in der Tat mehr oder minder nutz-
los, wobei sich allerdings die Frage stellt, ob das nicht verfügbare Wissen
auch wirklich adäquat abgespeichert worden ist. Um dieses Phänomen
zu vermeiden und einen Wissenstransfer auf den Anwendungskontext zu
ermöglichen, soll dieser dem instruktionalen Kontext möglichst ähnlich
sein.

(2) Ein weiterer Kerngedanke ist, dass Wissen nicht ausschließlich in den
Köpfen der Lehrenden und Lernenden repräsentiert ist, sondern dass
es auch im *physikalischen und sozialen Kontext* distribuiert sein kann.
Die Aneignung von Wissen durch das Individuum im Diskurs ist daher
nicht gleichzusetzen mit der Konstruktion von „in-the-head tools" (Perkins, 1993), das heißt von individuellen kognitiven Wissensstrukturen.
Die Konsequenzen dieser Überlegung für die pädagogische Praxis sind
weitreichend: Wissen kann nicht von einer Person zu einer anderen Person eins-zu-eins weiter gereicht werden (Mandl, Gruber & Renkl, 2002);
es muss vielmehr selbstständig und aktiv in einem Handlungskontext erworben werden. Im Mittelpunkt dieser konstruktivistischen Auffassung
von Lehren und Lernen steht damit der Lernprozess und die dafür notwendigen Voraussetzungen.

(3) Im Hinblick auf die Rolle des Diskurses stehen die theoretischen Überlegungen Vygotskys zur Funktion der *Sprache* im Mittelpunkt der meisten Ansätze. Vygotsky (1986) betrachtete die Sprache als wichtigstes
Mittel im Prozess der Transformation von der Fremd- zur Selbststeuerung. Im Diskurs mit anderen Mitgliedern einer sozialen oder kulturellen
Gruppe wird Wissen gemeinsam external konstruiert. Kompetentere „andere Personen" unterstützen das Individuum im Diskurs dadurch, dass
sie ihm helfen, zu verstehen, wie die Werkzeuge und Symbole adäquat
verwendet werden, die in der kulturellen Gruppe eine Rolle spielen. Diese Unterstützung ist dann effektiv, wenn sie in einer *Zone der nächsten
Entwicklung* des Individuums stattfindet (Vygotsky, 1986). In der Zone
der nächsten Entwicklung können Lernende aufgrund der Unterstützung
durch den sozialen und physikalischen Kontext Aufgaben bearbeiten, die
über ihren aktuellen Entwicklungsstand hinausgehen. Dies geschieht zum

Beispiel dadurch, dass die erfahreneren Lernpartner diejenigen Teile der Aufgabe übernehmen, die die weniger erfahrenen Lernenden noch nicht alleine bewerkstelligen können (Azevedo et al., 2002; siehe Abbildung 15).

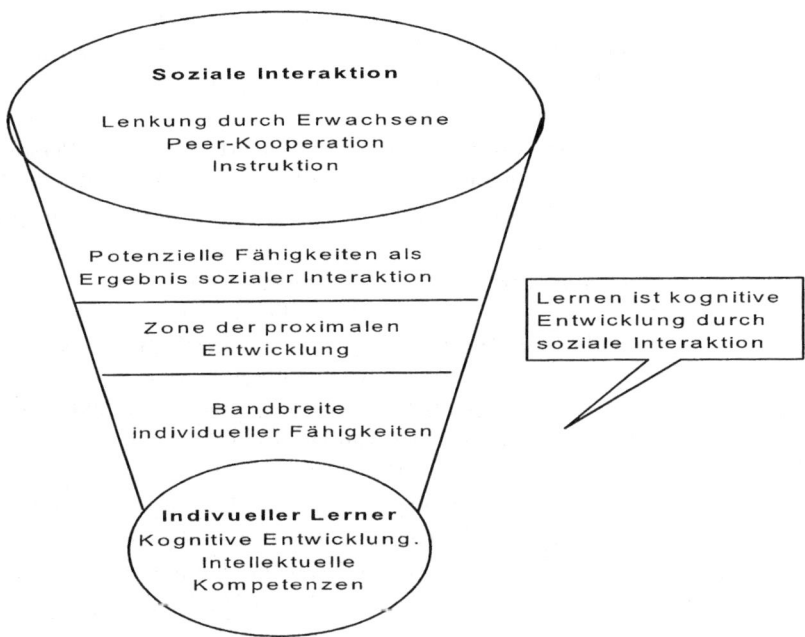

Abb. 15: Modell des Wissenserwerbs nach Vygotsky

4.3.3 Ansätze des kollaborativen und kooperativen Lernens

In sozial-psychologischer Sicht ist der Lernprozess zwar im „engeren Sinne immer individuell" (Hesse et al., 1997, S. 253) und vollzieht sich innerhalb einer Person. Allerdings kann die Situation, in der Lernen stattfindet, „sozial gestaltet" sein, das heißt andere Personen einschließen. Viele deutschsprachige Autoren (siehe bsw. Konrad & Traub, 2005; Hesse & Wottawa, 1997) bezeichnen dieses Lernen als Gruppenlernen, kooperatives Lernen oder kollaboratives Lernen und verwenden in ihren Arbeiten diese Begriffe synonym.

Dagegen wird in englischsprachigen Veröffentlichungen ein klarer Unterschied zwischen kooperativem und kollaborativem Lernen gezogen. Dem kollaborativem Lernen liegt das Ziel des Erreichens eines gemeinsamen Verständnisses zu Grunde. Kollaboratives Lernen setzt auch ein gemeinsames Verständnis der Aufgabe voraus, die sich mitunter erst während der Bearbeitung selbst bildet: „Collaboration is a coordinated, synchronous activity that is the result of a continued attempt to construct and maintain a shared conception of a problem" (Roschelle & Teasley, 1995, S. 70).

Der Begriff der *Kooperation* hingegen beschreibt lediglich, dass Personen in Interaktion stehen und sie sich bei der Erreichung der individuellen Ziele in einer nicht näher definierten Art und Weise unterstützen: „Cooperation depends upon a supportive community of actors who agree to help one another in activities aimed at attempting the goals of each person involved" (Lewos, 1996, Editorial). So ist beispielsweise die gemeinsame aber arbeitsteilige Behandlung von Lernmaterialien als Kooperation unter den Lernenden zu betrachten, während der Prozess der Einigung auf ein gemeinsames Ergebnis als kollaboratives Lernen bezeichnet wird. *Kollaborative Lernprozesse* akzentuieren die Interaktion der beteiligten Personen. Während dieser Interaktion lernen die Beteiligten, das heißt sie erwerben Wissen und Fähigkeiten, die eine relativ dauerhafte Änderung in ihrem Verhaltensmöglichkeiten hervorrufen können. Dabei ist zu betonen, dass jeder Beteiligte mit dem Ziel des Lernens und der Herausbildung eines gemeinsamen Verständnisses an der Interaktion partizipiert.

Ein Ergebnis dieser Partizipation ist neben dem Lernen des Einzelnen das Herausbilden eines gemeinsamen Verständnisses. Durch Interaktion und Kommunikation werden sie in die Lage versetzt, sich in ihrem jeweiligen Verständnis einander anzunähern. In günstigen Fällen resultiert eine Vergrößerung der Schnittmenge vorhandener Sichtweisen und Meinungen, die in ein gemeinsames Verständnis münden.

Als weitere Vorteile des kollaborativen Lernens werden die hohe Involviertheit der Lernenden und eine dadurch bewirkte aktive Verarbeitung des Wissens genannt (Hesse & Wottawa, 1997). So kann die Integration verschiedener Sichtweisen dazu führen, dass die Lernenden sich gegenseitig korrigieren und somit Fehlkonzepte erkennen und gegebenenfalls gemeinsam verändern. Der Vergleich der Herangehensweisen anderer Lernender mit der eigenen schafft Bewusstsein und führt ggf. zu Veränderungen im eigenen Vorgehen (Collins & Brown, 1988). Austausch von Wissen erleichtert ferner eine aktive Verarbeitung der Lerninhalte. So ist die „Artikulation des eigenen Wissens und das gemeinsame Argumentieren mit tiefen Verarbeitungsprozessen verbunden, die in engem Zusammenhang mit Verstehen und Lernen gesehen werden können" (Gräsel, Fischer, Bruhn & Mandl, 1997, S. 5). Aktivitäten, wie mit anderen Lernenden diskutieren oder anderen Lernenden helfen bzw. sie um Rat und Hilfe bitten (Abrami & Chambers, 1996; Stebler, Reusser & Pauli, 1994) können als potenziell lernrelevante Handlungen angesehen werden (Slavin, 1996). Deshalb und weil Wissen und Fertigkeiten unter den Bedingungen der Lehre zumeist in Anwesenheit oder gar in gezielter Kooperation mit anderen Personen erworben werden, gelten Kommunikations- und Kooperationsfähigkeit als ein auszeichnendes *Merkmal selbstgesteuert Lernender* (Reinmann-Rothmeier & Mandl, 2001).

Systematisch betrachtet, lassen sich drei Faktorenbündel ausmachen, die in komplexer Weise vernetzt, die Effekte kooperativen Lernens beeinflussen: die Zusammensetzung der Lerngruppe, die zu bewältigende Lernaufgabe und die Kommunikation der Sozialpartner (Konrad, 2005):

① *Zusammensetzung der Lerngruppe:* Das generelle Entwicklungsniveau oder die bereichsspezifischen Fertigkeiten und Kenntnisse der Teilnehmer insgesamt; Unterschiede in den Fertigkeiten oder Kompetenzen der Lernpartner; demografische Merkmale.

② *Besonderheiten der gemeinsam zu bewältigenden Lernaufgaben:* Ob sie eine Aufgabenteilung der Individuen gestattet; inwiefern sie eine Koordination der Lernaktivitäten unterstützt; ob sie den Gruppenmitgliedern eine unterschiedliche Vorgehensweise erlaubt.

③ *Kommunikation zwischen den Gruppenmitgliedern:* Ob die Akteure unmittelbar oder vermittelt durch Medien miteinander kooperieren.

Die theoretischen Wurzeln des kooperativen sowie des kollaborativen Lernens sind vor allen Dingen in zwei Ansätzen zu suchen:
Zum einen im Rahmen einer *entwicklungspsychologischen Perspektive* und zum zweiten in den Überlegungen der *kognitiven Elaboration.*

① *Entwicklungsperspektive:* Forscher, die aus der Entwicklungsperspektive argumentieren, berufen sich stark auf Vygotsky und seine Zone der nächsten Entwicklungsstufe (Vygotsky, 1978) oder auf

Piaget und den sozio-kognitiven Konflikt (Piaget, 1990). Die Kerngedanken dieser Theorien gehen in zwei Richtungen: erstens können die Lernenden nur in der Interaktion mit anderen eine höhere Stufe in ihrer geistigen Entwicklung erreichen (Vygotsky, 1978); und zweitens lösen sozio-kognitive Konflikte, die beim kooperativen Lernen häufig auftreten, lernförderliche Prozesse aus.

② *Elaborationsperspektive:* Vor dem Hintergrund einer Elaborationsperspektive wird argumentiert, dass die Speicherung von Information im Gedächtnis und die Verknüpfung mit dem Vorwissen eine kognitive Restrukturierung oder Elaboration des Materials durch den Lernenden voraussetzt (Fischer, 2001). Aus dieser Betrachtungsweise müssen Lernende das Lernmaterial für sich neu formulieren, um Wissen zu konstruieren. Lernbedingungen, die solche Elaborationen der Lernenden fördern, lassen sich dadurch schaffen, dass Lernende die Inhalte des Lernmaterials anderen Lernenden erklären. Mehrere Forscher (z. B. King, 1999) realisieren solche Bedingungen in Lernarrangements mit Kooperationsskripts, die in Abschnitt 8.2.3.2 näher erläutert werden. Ihr Ziel ist es, diejenigen Formen und Sequenzen kommunikativer Handlungen zu unterstützen, die lernförderliche individuelle kognitive Prozesse anregen (z.B. King, 1999)

Wie zahlreiche empirische Arbeiten nahelegen (Konrad, 2006a; Klein, Erchul & Pridemore, 1994), haben kooperative bzw. kollaborative Phasen des selbstgesteuerten Lernens verglichen mit individuellem Lernen zumeist günstige Auswirkungen auf die Leistungen, die Produktivität, den Strategietransfer, die Lernmotivation, die Lernzeit und die Einstellungen zum Lernen (Klein et al., 1994; Friedrich, 1995a). Auf positive Befunde trifft man in erster Linie in Unterrichtssituationen und weniger in typischen individuellen Lernsituationen (z. B. Lernen mit Medien; Klein et al., 1994).
Auch haben sich Kleingruppentrainings (reciprocal teaching; Palincsar & Brown, 1984; O'Donnell & Dansereau, 1992; Dansereau, 1988) bewährt, in denen die Gruppenteilnehmer ihre Anstrengungen koordinieren, Informationen austauschen und gemeinsam Verantwortung für das Lerngeschehen übernehmen (Guthrie & Alao, 1997); dagegen schneiden durch kooperative Aktivitäten geprägte Fördermaßnahmen in Großgruppen, zum Beispiel im Klassenverband weniger erfolgreich ab (Friedrich, 1995a; Paris & Oka, 1986).

Kerngedanken

Kernanliegen der vorangegangenen Abschnitte war es, den aktuellen Erkenntnisstand der Erforschung selbstgesteuerter Lernprozesse zu illustrieren. Im Vordergrund stand die Darstellung unterschiedlicher theoretischer Ebenen des selbstgesteuerten Lernens:

(1) Selbstregulation
(2) interne Bedingungen und
(3) externe Bedingungen des selbstgesteuerten Lernens.

Aktuelle theoretische Modelle legen den Interessenschwerpunkt mehr oder weniger auf eine dieser Ebenen des Lernens.

Im Gesamtüberblick können Aspekte der Selbststeuerung als Voraussetzung für erfolgreiches Lernen angesehen werden: Zugleich sollte deutlich geworden sein, dass selbstgesteuertes Lernen keineswegs ein monolithisches Konstrukt darstellt: Vielmehr umfasst das Konstrukt eine Vielzahl von Attributen, die in diesem Buch nach drei Gesichtspunkten geordnet wurden und die zusammen zur Lernerautonomie im Unterricht beitragen können (siehe die Konzeptmap in Abbildung 16).

Fragen zur Reflexion

1. Welche Rolle spielt es für die Bewertung der empirischen Befunde, dass die Mehrzahl der Studien im Kontext der Schule realisiert wurden?

2. Welche Bedeutung kommt dem (Vor)Wissen für den Lernerfolg mehr oder weniger selbstgesteuert Lernender zu?

3. Wie sind die häufig berichteten Vorzüge eines straff lehrerorientierten Unterrichts für den Lernerfolg zu bewerten?

Die bislang präsentierten theoretischen Überlegungen haben ihre Basis in breit gefächerten kognitions-, metakognitions- und motivationspsychologischen Konstrukten. Angesichts der erkennbaren Vielfalt der theoretischen Zugänge erscheint es sinnvoll, eine weitere Systematisierung vorzunehmen.

Konzeptmap

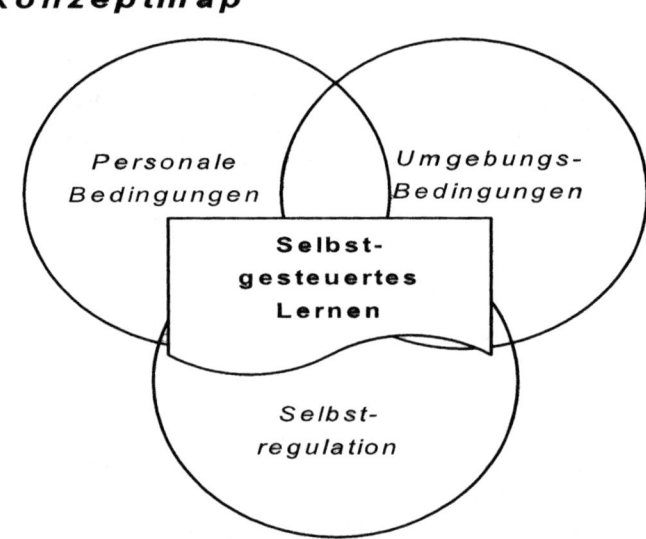

Abb. 16: Eine integrierende theoretische Perspektive

Ein wichtiger Schritt auf dem Weg zu einer *integrierenden theoretischen Perspektive* von selbstgesteuertem Lernen besteht in der Konstruktion eines handlungstheoretisch fundierten Modells. Dieses Handlungsmodell soll

- ○ die Genese und die Effekte von (meta)kognitiven und motivational-affektiven Merkmalen der Selbstregulation,
- ○ personale Eigenschaften und
- ○ situative Bedingungen der Selbststeuerung

simultan repräsentieren. Es bietet damit Anknüpfungspunkte sowohl zur differenzierten empirischen Analyse als auch zur Förderung verschiedener Facetten des selbstgesteuerten Lernens.

Kapitel 5 Ein Handlungsmodell: Wie lassen sich unterschiedliche theoretische Zugänge systematisieren?

5.1 Die Wahl des theoretischen Zugangs
5.2 Ein integratives Sequenzmodell

In diesem Kapitel wird es zunächst darum gehen, einen theoretischen Ordnungsrahmen für die bislang präsentierten Facetten der Selbststeuerung zu entwickeln. Daran anschließend wird ein integrierendes Handlungsmodell (genauer: mehrdimensionales Strukturmodell des Handelns) vorgestellt, das zentrale Aspekte des selbstgesteuerten Lernens – im Lichte aktueller theoretischer Ansätze – repräsentiert.

5.1 Die Wahl des theoretischen Zugangs

Auf welche theoretischen Entwürfe soll bei der Systematisierung vorhandener theoretischer Vorstellungen zum selbstgesteuerten Lernen zurückgegriffen werden? Zunächst einmal – ganz grob – auf zwei Strömungen innerhalb der gegenwärtigen Psychologie: Handlungspsychologische und metakognitionspsychologische Konzepte.

Handlungspsychologischer Zugang

Selbstgesteuertes Lernen wird in dieser Sicht als eine *spezielle Form komplexen Handelns* verstanden, wobei das grundlegende Modell der psychologischen Handlungstheorie und die dahinterstehenden Annahmen auf selbstgesteuerte Lernformen übertragen werden. Der Vorzug der Handlungstheorie für die Analyse selbstgesteuerten Lernens ist in erster Linie darin zu sehen, dass sie Konstrukte und Konzepte bereitstellt, mit deren Hilfe wichtige – insbesondere die in Kapitel 3.3 genannten – *prozessuale und strukturelle Aspekte* selbstgesteuerten Lernens untersucht werden können.

Grundlegend für die hier vertretene kognitiv-handlungstheoretische Orientierung ist ein Menschenbild, das sich in wesentlichen Punkten einerseits von früheren behavioristischen Auffassungen unterscheidet, andererseits aber auch vom Menschenbild der Psychologie der 1970er und frühen 1980er Jahre abzugrenzen ist. Abweichend vom *Behaviorismus*, dessen zentrale Kernannahmen die Reizkontrolliertheit und Reaktivität des Erkenntnis-Objekts und damit Umweltkontrolle als Kontrolle durch die Lernumgebung betreffen, impliziert die Beschäftigung mit dem Konstrukt Selbststeuerung eine Vorstellung vom Menschen, der nicht passiver Rezipient von Wissen ist, sondern der aktiv nach Kontrolle über die Umwelt strebt und der über die dazu notwendigen Voraussetzungen im Sinne potenzieller Kompetenzen verfügt. Zu diesen Voraussetzungen sind vor allem Sprach- und Kommunikationskompetenz, Reflexivität, potenzielle Rationalität sowie Handlungsfähigkeit zu rechnen (Groeben, 1992).

Unterschiede bestehen auch zu jenen Vorstellungen, die den Menschen im Wesentlichen als rationales, *informationsverarbeitendes Wesen* kennzeichnen. In den letzten Jahren mehren sich die empirischen Hinweise darauf, dass die sachlich-logische Informationsverarbeitung eher der Spezialfall menschlichen Funktionierens zu sein scheint. Rational-zielorientiertes Handeln stellt nur einen potenziellen, aber nicht allgegenwärtigen Idealfall auf dem Kontinuum alltäglicher Aktivitäten dar. Das andere Extrem des Kontinuums wird durch diffuse, wenig bewusste Handlungen repräsentiert (Obliers et al. 1996). Belege für die Vielfalt und Komplexität menschlichen Handelns liefern nicht zuletzt neurologische Erkenntnisse, die nachdrücklich unterstreichen, dass die Informationsverarbeitung im Normalfall in die momentane emotionale Gesamtsituation der Person eingebettet ist (Coleman, 1997).

Metakognitionspsychologischer Zugang

Ergänzt wird die handlungstheoretische Betrachtung durch Überlegungen und Erkenntnisse aus *metakognitionstheoretischen* Forschungsprogrammen. Diese rücken wie keine andere kognitive Theorie von Lernhandlungen die begleitende „Reflexion" des eigenen operativen wie kognitiven Tuns pointiert ins Zentrum. Indem sie das „bewusste Subjekt" zum Grundstein einer Thematisierung des Lernens (wie des Handelns überhaupt) machen, sind sie darin eher „bewusstlosen" Konzeptionen wie der neobehavioristischen überlegen, in der das Subjekt passiv dem Kontrolliertwerden durch innere und äußere Reize gegenübersteht. Mit der Verlegung der Kontrolle bzw. besser der Steuerung in das Subjekt und durch die Betonung der psychischen Selbstregulation stehen sie zugleich einem autonomen auf Einsicht basierenden Lernen näher als jeder andere bekannte Ansatz.

Von diesen grundsätzlichen Überlegungen ausgehend, werden nun die Komponenten einer Lernhandlung einschließlich ihres Zusammenwirkens zugänglich. Es geht – und dies sei ausdrücklich betont – nicht darum, eine neue Theorie aus der Taufe zu heben. Stattdessen ist in Anlehnung an kybernetische Denkfiguren – und übereinstimmend mit dem konstatierbaren Trend zu einem komplexeren Verständnis menschlichen Handelns (Obliers et al., 1996; Friedrich & Mandl, 1997b) – beabsichtigt, die Relevanz verschiedener (in unterschiedlichem Maße generalisierter) (meta)kognitiver, emotional-motivationaler und situationsbezogener Prozesse für selbstgesteuerte Lernaktivitäten zu veranschaulichen.

5.2 Ein integratives Sequenzmodell der selbstgesteuerten Lernhandlung

Kern des Modells (siehe Abbildung 17) selbstgesteuerter Lernhandlungen sind drei wechselseitig aufeinander bezogene Ebenen, denen analytisch in Form von Konstrukten gefasste, sich im Verhaltensstrom simultan vollziehende kognitive, metakognitive, emotional-motivationale und situationsbezogene Prozesse zugeordnet sind (Konrad, 1996a).

5.2.1 Externe Bedingungen der Selbststeuerung (Ebene I)

Eine *erste Ebene* des Gesamtmodells (siehe Abbildung 17) lenkt den Blick auf Umgebungsbedingungen (Situationen, Aufgaben, Personen usw.),

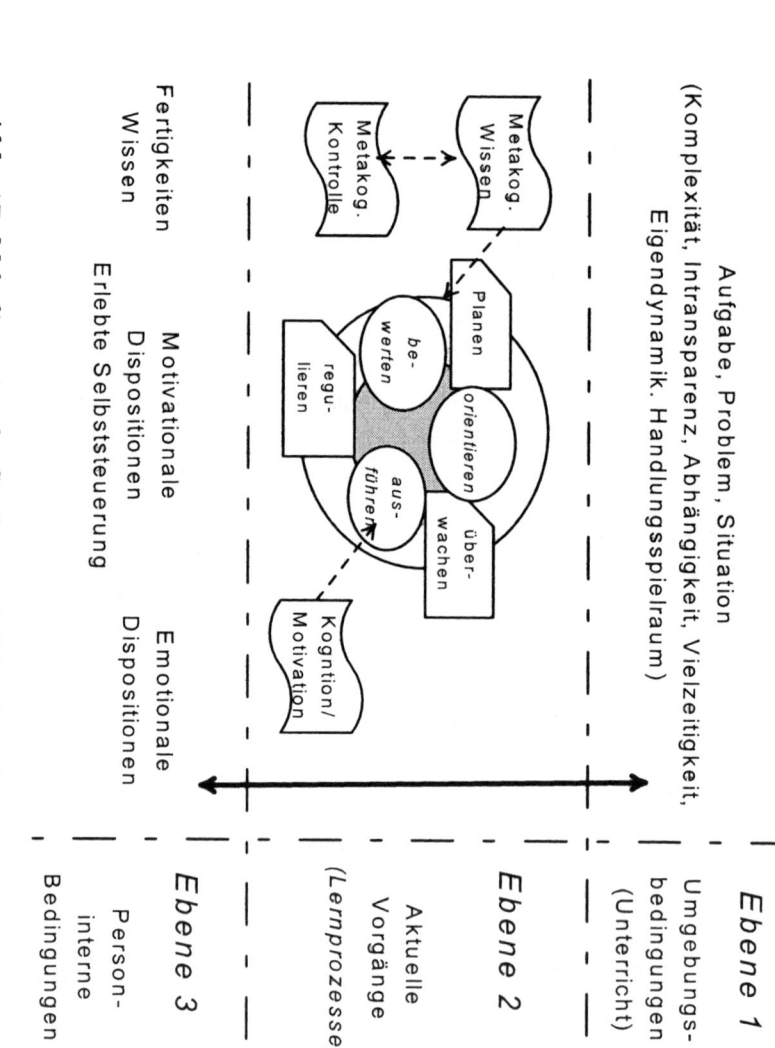

Abb. 17: Mehrdimensionales Strukturmodell des Handelns

welche die Realisierung der emotional-motivationalen, kognitiven und metakognitiven Momente einer Lernepisode determinieren. Handlungen finden immer in einem bestimmten Kontext statt, der Einflussfaktoren an-
gefangen von der aktuellen Umgebungssituation bis hin zum soziokultu-
rellen Rahmen umfasst. Hervorzuheben ist die Bedeutung von Aufgaben
und Problemen. Aufgaben sind Anforderungen, für deren Bewältigung
der Person das Wissen bekannt ist und die Fertigkeiten verfügbar sind.
Stellt sich bei der Auseinandersetzung mit der Aufgabe eine Barriere
in den Weg, für deren Beseitigung der Handelnde nicht über erforder-
liche externe und interne Ressourcen verfügt, wird die Aufgabe für ihn
zum Problem. Dieses kann durch unterschiedliche Arten und Ausmaße an
Komplexität, Intransparenz, Abhängigkeit der Variablen, Eigendynamik
und Polytelie gekennzeichnet sein (Kluge, 2004).
Zu den externen Bedingungen gehören auch die von der Lernumwelt be-
reitgestellten Handlungsspielräume. Um von selbstgesteuertem Lernen
sprechen zu können, müssen die Umgebungsbedingungen *Freiräume aufweisen.*

> „Selbstgesteuert ist Lernen dann, wenn ... Selbststeuerungs-
> komponenten vom Lerner selbst erzeugt oder als Möglichkeit
> ausgedrückt, von der Lernumwelt nicht vollständig determi-
> niert werden" (Neber, 1978, S. 40).

5.2.2 Komponenten der Selbstregulation (Ebene II)

Die innere Schale betont die Mikroebene der *Selbstregulation* und bildet
die zeitliche Organisation einer selbstgesteuerten Lernepisode ab. Dargestellt ist ein Funktionskreis, der den äußeren Handlungsablauf sowie die
damit verknüpften Kognitionen in mehrere Komponenten aufgliedert: In
eine Orientierungs-, eine Ausführungsphase und eine Bewertungsphase,
deren Ergebnis durch eine Rückkoppelungsschleife wieder in die Orien-
tierungsphase eingespeist wird. Die Bezeichnung Funktionskreis unterstreicht die sequenzielle Struktur.
Sinnvolle Modelle der Lernregulation haben zwar immer wieder, bei jeder neuen Bearbeitung einer Aufgabe, einen „Anfang in der Zeit", jedoch
kein definierbares Ende: Aus der konkreten Lösung (oder dem Lösungs-
versuch) resultiert eine Art Perspektive, die künftig die Erwartungshal-
tung gegenüber eigenen Lösungskompetenzen oder Erfolgszuversichten
bestimmt.

Jede temporäre Lernsituation stellt somit in gewissem Sinne die Vorbereitung ihrer Nachfolgesituation(en) dar (Fischer & Mandl, 1980).
Metakognitionen haben im Zuge der Selbstregulation ihren Platz auf einer übergeordneten Ebene. Die hier angesiedelten Formen der Handlungs-
steuerung werden als „metakognitiv" bezeichnet, weil sie kognitive Operationen, wie etwa die selektive Aufmerksamkeit oder den Inhalt einer zu
verarbeitenden Information organisieren und steuern und den Gebrauch
von Lernstrategien überwachen und regulieren, und zwar nach Ansicht
einiger Autoren so, dass maximale Kongruenz zwischen Handlungsinten-
tion und Handlungsausführung entsteht (Fischer & Mandl, 1980).
Die Lokalisierung von Metakognitionen auf einer hierarchisch höheren
Ebene soll zum einen veranschaulichen, dass diese in allen Handlungs-
Phasen, das heißt der Orientierung bzw. Motivierung, der Handlungsausführung und -bewertung zum Tragen kommen; zum anderen soll deutlich
werden, dass Handlungsüberwachung, Handlungsbewertung und Hand-
lungssteuerung nicht das Gleiche sind, wie die Prozesse, die sie in Gang
setzen, überwachen und deren Resultat sie bewerten.
In Einklang mit der in Abschnitt 4.1.3 vorgenommenen Aufschlüsselung
werden „Metakognitionen" unter zwei Perspektiven betrachtet: metakognitives Wissen und metakognitive Kontrolle. Während das metakognitive Wissen das Wissen über das eigene kognitive Funktionieren oder über
die eigene Informationsverarbeitungskapazität im Blick hat, bezieht sich
„metakognitive" Kontrolle auf überwachungs- und lernstrategische Komponenten der Steuerung kognitiver Aspekte des Lernens und ist begrifflich
von der Emotions-, Motivations- und Anstrengungssteuerung abzugrenzen, welche die „volitionale" Kontrolle (siehe Abschnitt 4.1.3.3) bezeichnen (Pekrun & Schiefele, 1996).
Lernen verläuft – in dieser Sicht – dann selbstgesteuert, wenn der oder
die Lernende über die folgenden Fertigkeiten verfügt:

① *Lernhandlungen vorbereiten*

- ○ sich über Ziele und Handlungen orientieren können
- ○ sich rückbesinnen können auf frühere Lernprozesse und auf
  Vorwissen
- ○ Lernziele auswählen können
- ○ sich die Bedeutung von Lernzielen deutlich machen können
- ○ sich selbst motivieren können

② *Lernhandlungen ausführen*

○ Verstehen, Behalten, Integration des Gelernten

○ Anwenden des Gelernten

③ *Leistungen bewerten*

○ sich selbst Rückmeldung über Lernprozesse und -ergebnisse geben

○ Lernprozesse und -ergebnisse realistisch bewerten.

Legt man den Schwerpunkt auf die zweite Schale des Modells, kann von selbstgesteuertem Lernen die Rede sein, wenn der oder die Lernende

○ Lernhandlungen planen kann

○ Lernhandlungen überwachen kann

○ Lernhandlungen auswerten kann

○ bei Problemen alternative Lernstrategien auswählen kann

○ sich auf den Verlauf des Lernens rückbesinnen kann.

5.2.3   Interne Bedingungen der Selbststeuerung (Ebene III)

Zu den internen Bedingungen zählt das Wissen einer Person über die Welt und sich selbst. Von Bedeutung sind ferner Fertigkeiten, Motive, Überzeugungen und emotionale Dispositionen als dauerhafte Entsprechungen der aktuellen Information, des Handelns und seiner verästelten sowie gleichzeitig interagierenden Dimensionen.

In ihrer generalisierten Form erhalten sowohl (internale und externale) Kontrollüberzeugungen als auch die erlebte Selbststeuerung eine große Bedeutung. Erlebte Selbststeuerung geht über die bloße Registrierung von Handlungsspielräumen hinaus. Aus dem subjektiven Blickwinkel sind Lerntätigkeiten dann selbstgesteuert, wenn der oder die Lernende wahrnimmt, bei der Gestaltung seiner Lernsituation mitzuwirken, und je öfter er /sie erlebt, dass es aufgrund der eigenen Kompetenz und der persönlichen Anstrengung möglich ist, die Lernsituation nach eigenen Vorstellungen weiterzuentwickeln (Deitering, 1995).

Erlebte Selbststeuerung nimmt unmittelbar Bezug auf das in Abschnitt 2.1 skizzierte Konzept der „psychologischen Kontrolle", das nach Auffassung verschiedener Autoren (Long, 1990; Alexander, 1997) als zentrales Moment des selbstgesteuerten Lernens angesehen werden muss. Damit in Einklang zählt Zimmerman (1998) personale Kontrolle und Handlungsspielräume zu den essenziellen Bedingungen des selbstgesteuerten Lernens. Zugleich gelten Kontrolle und Handlungsfreiraum als wichtige Voraussetzungen der Lernerautonomie.

Kerngedanken

Selbstgesteuertes Lernen wird im präsentierten Arbeitsmodell nach drei Ordnungsprinzipien konzeptualisiert, denen folgende zwar analytisch zu trennende, jedoch sich simultan im Verhaltensstrom vollziehende Prozesse zugeordnet sind:

1. *Ebene der Lernsituation:* (Meta)kognitive und emotional-motivationale Elemente der Selbststeuerung sind stets Teil eines spezifischen Lernkontextes. Selbstgesteuertes Lernen wird damit nicht nur als Produkt individueller Fähigkeiten oder Absichten betrachtet (siehe Abschnitt 5.2.1), sondern in der Interaktion mit Aspekten der Lernumgebung.

2. *Ebene des Handlungsvollzugs:* Der innere Funktionskreis (siehe Abschnitt 5.2.2) betrachtet den Handlungsverlauf in umfassender, zeitlich horizontaler Perspektive und unterscheidet distinkte, nicht notwendigerweise linear aufeinander folgende Phasen der Orientierung sowie der Realisierung und Bewertung.

3. *Ebene der Person:* Neben den Komponenten der Selbstregulation und der Lernsituation finden auch Besonderheiten und Merkmale der Person Beachtung (siehe Abschnitt 5.2.3). Dazu gehört neben Wissen und Motiven auch die generalisierte Form der erlebten Selbststeuerung.

Fragen zur Reflexion

1. Welche Rolle spielen in der Lernsitation verfügbare Handlungsspielräume für das selbstgesteuerte Lernen?

2. Gibt es eine Begabung (stabile Eigenschaft der Person) für das selbstgesteuerte Lernen?

Fragen zur Reflexion (Fortsetzung)

3. Welche Konsequenzen resultieren aus dem Zusammenspiel zwischen Lernsitation, personalen Bedingungen der Selbststeuerung und Selbstregulation für den Unterricht in Schule oder Hochschule?

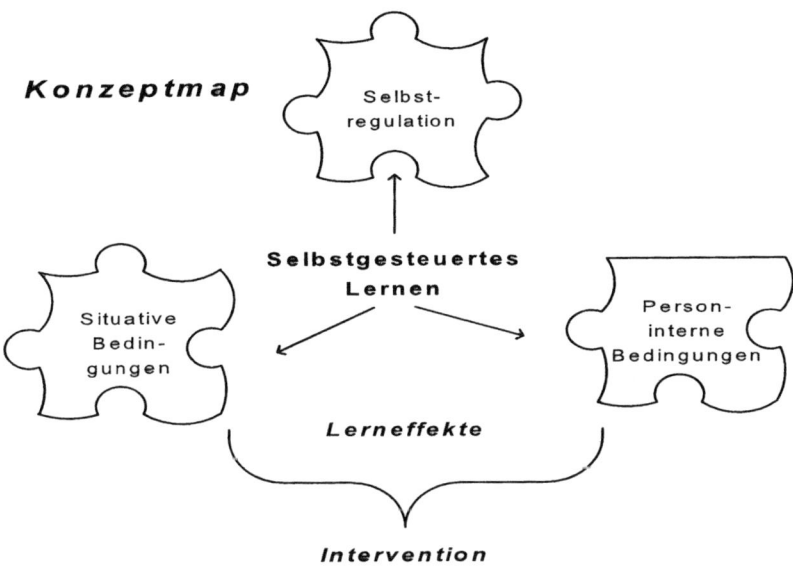

Abb. 18: Vereinfachtes Handlungsmodell

Eine in der vorgeschlagenen Weise skizzierte Variablenheuristik gestattet begründete Vorhersagen über Voraussetzungen und Konsequenzen von Selbststeuerung und Erleben von Autonomie in bestimmten Formen des Lernens. Darüber hinaus hat der Entwurf einen nicht zu unterschätzenden praktisch-psychologischen Wert: er lässt erkennen, wo mögliche Angriffspunkte und Einflussschneisen der Selbststeuerung auf Lern- und Leistungsresultate sowie Möglichkeiten für pädagogisch-psychologische Interventionen sind (siehe Abbildung 18)

In Kapitel 6 richtet sich das Augenmerk zunächst auf Überlegungen und Hypothesen zu Zusammenhängen zwischen Selbststeuerung und Facetten der Lernleistung. Danach werden Möglichkeiten der empirischen Untersuchung des selbstgesteuerten Lernens (siehe Kapitel 7) thematisiert.

Teil II

Lernleistung

Kapitel 6 Selbstgesteuertes Lernen und Lernleistung: Ist selbstgesteuertes Lernen auch erfolgreich?

Die Frage, wie Selbststeuerung oder Facetten dieses Konstrukts mit Aspekten der Leistung verbunden sind, ist von theoretischer und praktischer Bedeutung. Aus theoretischer Sicht wäre zu erwarten, dass Personen, die über eine Vielzahl selbststeuerungsbezogener Kompetenzen verfügen, auch zu besseren Lernresultaten gelangen und ein vermehrtes Lernengagement an den Tag legen. Aus praktischer Perspektive liegt die Relevanz des Zusammenhangs von Selbststeuerung und Lernleistung/Lernaufwand darin, dass eine Förderung selbststeuernder Fertigkeiten und Verhaltensweisen nur dann Sinn hätte, wenn diese sich tatsächlich günstig auf Aspekte der Leistung und des Lernverhaltens auswirken (Schiefele & Pekrun, 1996).

Beobachtungen aus dem *Alltag* sprechen für enge Verbindungen zwischen strategischem, selbstgesteuertem Lernen und Lernerfolg (Weinert, 1984).

Ein Schüler, der sich auf den Unterricht konzentriert, Mitschriften anfertigt, bei Unklarheiten stutzig wird und entsprechend nachfragt, der am Nachmittag liest oder mit Freunden den Unterrichtsstoff diskutiert, der sich Unklares von Eltern oder älteren Geschwistern erklären lässt, der Textstellen unterstreicht, sich durch stilles Wiederholen wichtige Informationen einprägt und der sich vergewissert, dass er auch wirklich den Stoff für die nächste Klassenarbeit beherrscht, dessen Leistung sollte sich in guten Noten widerspiegeln. Ob sich diese auf den ersten Blick nahe liegende Verbindung zwischen Selbstinitiative und Lernerfolg tatsächlich empirisch bestätigen lässt, soll nun genauer betrachtet werden: Für relevante Aspekte der Selbststeuerung soll nach Zusammenhängen und Effekten für unterschiedliche Indikatoren der Lernleistung gesucht werden. Das Augenmerk richtet sich im Kern auf die Bedeutung der in diesem Buch betrachteten *Ebenen des selbstgesteuerten Lernens:*

○ Besonderheiten der Lernsituation,
○ Merkmale der Person sowie
○ Elemente der Selbstregulation (siehe Abbildung 19).

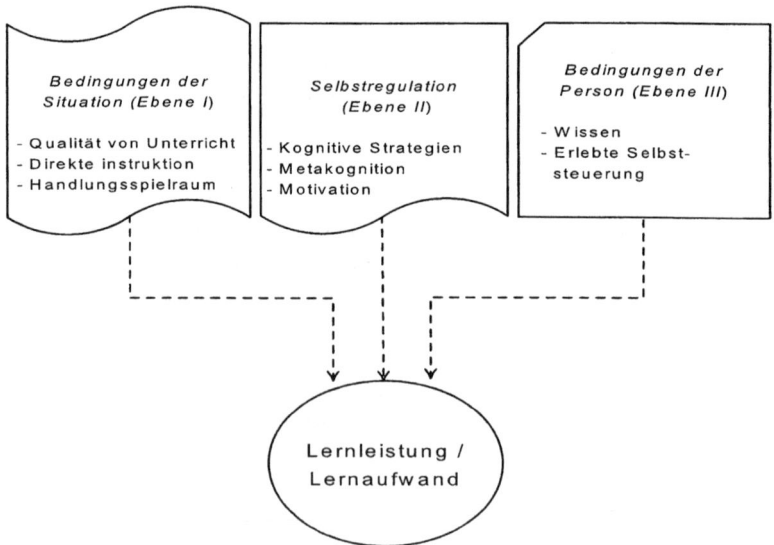

Abb. 19: Determinanten von Lernleistung und Lernaufwand

6.1   Lernsituation und Lernleistung (Ebene I)

Bei der Betrachtung der Lernsituation liegt das Augenmerk in erster Linie auf der Organisation des Lernkontextes sowie auf der Lernwirksamkeit von direkter Instruktion und offenem Unterricht. Nach heutigem Kenntnisstand muss Selbststeuerung beim Lernen durch Situationen stimuliert werden, die den Lernenden Freiheitsgrade für eigene Entscheidungen einräumen bzw. eigene Entscheidungen und Verantwortungsübernahme von ihnen verlangen (etwa für die Bestimmung von Zielen und Teilzielen; Azevedo et al., 2002). Damit in Einklang hat eine wachsende Anzahl von Studien bedeutsame Assoziationen zwischen *Autonomieunterstützung* seitens der Lehrperson und wahrgenommener Kompetenz, intrinsischer Motivation und schulischer Leistung nachgewiesen.

Belege dafür kommen etwa von Midgley und Kollegen (1989, zit. nach Wong, Wiest & Cusick, 2002), die unterschiedliche Lernsettings miteinander verglichen haben: Wurden Schüler von einem Unterricht, der sich durch ein hohes Ausmaß an Lehrerunterstützung auszeichnete, einem anderen Unterricht zugewiesen, in dem die Lehrerunterstützung geringer war, so zeigten sie vermindertes Interesse an den Lerninhalten und zunehmend negative Einstellungen gegenüber dem Unterricht.

In dieselbe Richtung zielen die Befunde von Goodenow (1993), die nahe legen, dass die wahrgenommene Lehrerunterstützung signifikant positiv sowohl mit schulischer Anstrengung als auch mit den Leistungsmaßen von Schülern (Junior-High-School) verbunden war. Ergänzend dazu verweist eine Untersuchung von Wentzel (1997) auf die Bedeutung von lehrervermittelten Handlungsspielräumen für das Interesse am Unterricht. Auf weitere Belege trifft man in Studien aus der Tradition der *sozial-kognitiven Lerntheorien* und in multikulturellen Vergleichen (Purdie et al., 1996). Hier zeigt sich deutlich, dass der Lernerfolg ebenso wie die verwendeten Lernstrategien von der Offenheit des jeweiligen Lernkontextes bestimmt werden. Hinweise auf die Bedeutung einer ebenfalls offen gestalteten konstruktivistischen Lernumgebung finden sich bei Hendricks (2001). Gegenstand der Studie war der Vergleich abstrakter Instruktion (lehrergelenkter Unterricht) und situierter Konstruktion (kognitive Meisterlehre) bei 220 Schülern. Die Ergebnisse bestätigen Vorteile konstruktiver Lernformen für Lernmotivation und -zufriedenheit. Unterschiede im Lerntransfer konnten dagegen nicht nachgewiesen werden. Ausführlicher soll die Studie von Grolnick und Ryan (1987) beleuchtet werden.

Die Autoren haben die These aufgestellt, dass autonomieunterstützende im Vergleich zu kontrollierenden Lernumgebungen die Bereitschaft zu einer Tiefenverarbeitung des Lernstoffs erhöhen und deshalb ein stärker integriertes Wissen und ein insgesamt höherer Kompetenzgrad erworben wird. Die empirische Überprüfung dieser Annahme erfolgte über den Vergleich dreier situativer Bedingungen.

① Bei der nicht *direktiven Bedingung* (erste Gruppe) sollten die Schüler eine Textpassage lesen, um anschließend lediglich zu berichten, wie interessant sie den Text fanden.

② Im Rahmen einer *ersten direktiven Lernbedingung* (zweite Gruppe) verhielten sich die Lehrer autonomieunterstützend und zeigten den Schülern, dass sie persönlich an ihrem Lernfortschritt interessiert waren.

③ In einer *zweiten direktiven Lernbedingung* (dritte Gruppe), verhielten sich die gleichen Lehrer kontrollierend, indem sie den Schülern jeweils zu Anfang mitteilten, dass sie die Lernergebnisse prüfen und benoten würden.

Nach der Lektüre des Textes wurden alle Schüler getestet. Die Ergebnisse zeigten, dass die kontrollierende Lernumgebung (dritte Gruppe) verglichen mit den beiden anderen hinsichtlich des konzeptuellen (verständnisvollen) Lernens die mit Abstand schwächsten Leistungen erbrachte. Gemessen am auswendig gelernten Wissen erzielten zwar die Schüler dieser Gruppe ebenso wie die Schüler aus der autonomieunterstützenden Lernumgebung (zweite Gruppe) bessere Leistungen als die Schüler der nicht-direktiven Gruppe, aber die Vergessensrate war hier auch am höchsten: Der längerfristige Lernerfolg der kontrollierten Gruppe lag nach mehreren Wochen nur noch auf dem Niveau der nicht angeleiteten Lerngruppe. Am erfolgreichsten erwies sich die Lernbedingung „Autonomieunterstützung" (Gruppe 2). Die Schüler dieser Gruppe erzielten die besten konzeptuellen Lernergebnisse und zeigten die höchste längerfristige Behaltensleistung.

Aufschluss über die Bedeutung der Lernsituation geben auch Interventionsstudien zum effektiven Lehren und Lernen. Hier haben in der Vergangenheit unterschiedliche Paradigmen Bedeutung erlangt.

Das so genannte *Prozess-Produkt-Paradigma*, welches die von Gage (1979) noch getrennte experimentelle Effektivitätsforschung (Produkt-Paradigma) mit dem deskriptiven Ansatz der Unterrichtsbeobachtung

(Prozess-Paradigma) systematisch verknüpft, ist über Jahre hinweg zum konzeptiellen Kern der anglo-amerikanischen Unterrichtsforschung geworden. Zu den wesentlichen Erkenntnissen dieser Forschungslinie, die sich von der Suche nach globalen Persönlichkeitseigenschaften der Lehrperson abgrenzt, zählt der Nachweis beobachtbarer Prozessmerkmale des Lehrerhandelns, die für eine angemessene Unterrichtsgestaltung und - organisation unerlässlich sind.

So wird erfolgreiche Lehre in hohem Maße davon abhängig gemacht, ob es dem Lehrer gelingt, durch sein Verhalten die Lernenden zu *aktivieren,* zu eigenen Denkanstrengungen zu ermutigen, sie bei der produktiven Überwindung von Schwierigkeiten und Fehlern zu unterstützen und ihnen beim Aufbau einer wohlorganisierten Wissensbasis behilflich zu sein (Weinert & Helmke, 1997). Als weitere Beispiele für effektives Lehrerverhalten gelten: Klarheit des Ausdrucks, methodisch-didaktische Variabilität, Enthusiasmus und Kritik, die Verwendung indirekter Lehrstrategien, das Schaffen von Lerngelegenheiten, die Strukturierung des Unterrichts und die Variation des Anspruchsniveaus bei Fragen und Darbietungen (Klauer & Leutner, 2007).

Die prominente Münchener Grundschulstudie („Scholastik"; Weinert, 1996) berichtet im Hinblick auf die Unterrichtsorganisation ähnliche Ergebnisse: Ein unterstützender lehrergeleiteter Unterricht („direct Instruction") steht nicht nur in positivem Zusammenhang mit Lernzuwächsen, sondern führt auch zu positiven Lerneinstellungen und aufgabenorientiertem Aufmerksamkeitsverhalten. Außerdem zeichnet sich der erfolgreiche lehrergeleitete Unterricht durch eine störungspräventive, unterbrechungsarme Klassenführung, und damit eine hohe Ausnutzung der im Unterricht zur Verfügung stehenden Lernzeit aus. Wie es scheint, kann ein lehrergeleiteter Unterricht speziell auf die Probleme schwächerer Schüler eingehen. Das in offenen Lernsituationen mehrfach beobachtete relativ schlechtere Abschneiden dieser Schüler hinsichtlich fachlicher Lernziele wird von vielen Autoren (zum Beispiel Dubs, 2005) darauf zurückgeführt, dass Lernaufgaben im offenen Unterricht für viele Schüler nicht klar genug definiert sind. Es sei zu vermuten – so die Skeptiker –, dass insbesondere lernschwächere Schüler mit der Offenheit der Lernsituation überfordert sind und die zur Verfügung stehende Lernzeit nicht optimal nutzten.

Diese These findet in erfahrungswissenschaftlichen Studien überwiegend Anerkennung: Empirisch belegt sind positive Effekte der direkten Instruktion vor allem bei jüngeren Kindern und bei Lernanforderungen, die sich durch eine deutliche Hierarchie der Lernziele auszeichnen (z.B. Mathematik und Naturwissenschaften). Darüber hinaus können lernschwache Schüler von dieser Form der Unterrichtsgestaltung profitieren. Solche empirischen Befunde zur Thematik des „direct teaching" oder des „structured teaching" münden in der aktuellen Diskussion fast zwangsläufig in ein Plädoyer für eine methodische *Monokultur* des lehrerzentrierten Unterrichts (Helmke, 2003). Entsprechend wird Anhängern offener Lernformen empfohlen, Lernende schrittweise an das offene Lernen heranzuführen, um Nachteile des offenen Lernens im fachlichen Bereich zu verhindern (Gruehn, 1998).

Zweifel sind angesichts solcher Vereinfachungen mehr als angebracht, zumal nicht wenige Erkenntnisse zur „direct instruction" auf einer methodisch unangemessenen Vorgehensweise beruhen. So verdient die einseitige Konzentration der Forschung auf lehrerzentrierte Methoden wie Lehrervortrag (Forschungsschwerpunkt: Informationsdarbietung) und Unterrichtsgespräch (Forschungsschwerpunkt: Fragetechnik und Lehrerreaktion) im Bereich der Handlungsmuster und das völlige Fehlen der Reflexion von Wechselwirkungen mit Schüler- und Stoffmerkmalen eine kritische Betrachtung.

Unangemessen erscheint ferner der Versuch, das Unterrichtsmuster des „direct instruction" – über den ursprünglich untersuchten Kontext hinaus – zu verallgemeinern und zu einem Allheilmittel gegen den Leistungsverfall an den Schulen zu erklären. Die forschungsmethodischen Überlegungen von Dichariz und Zahorik (1986, S. 305) decken sich mit dieser Einschätzung:

① Die meisten Untersuchungen sind Korrelationsstudien, die Gründe und Ergebnisse aus Korrelationen beziehen. Diese Verfahren sind nach wie vor riskant, weil sie von eindimensionalen Beziehungen im Unterricht ausgehen und damit die Komplexität der Lehr-Lern-Prozesse erheblich vereinfachen.

② Der größte Teil der Untersuchungen basiert auf standardisierten Leistungstests, die nur für ganz bestimmte Typen des Lernens entwickelt wurden, die vielleicht im untersuchten Unterricht nur eine geringe Rolle gespielt haben. Soziales Lernen, Lernen in affektiven Bereichen und in komplexen Zusammenhängen wurden nicht erhoben oder systematisch variiert.

③ Fast alle Studien sind Querschnittsstudien, keine Langzeiterhebungen. Bis heute kann nicht gesagt werden, ob die bei direkter Instruktion erreichten Lernziele auch noch nach einem Jahr beobachtet werden können.

④ Schließlich ist auf Grenzen bezüglich der Auswahl der Forschungsfelder zu verweisen: Sowohl bei der Forschung zur „direct instruction" wie auch bei der Erforschung von „effective schools" ist zu bedenken, dass sie überwiegend auf Untersuchungen zum Lese- und Rechenunterricht auf der Elementarstufe basiert.

Ergänzt werden die genannten Argumente durch Hinweise, die darauf schließen lassen, dass „direct instruction" seine Vorteile am ehesten bei Kindern aus Familien mit niedrigem Sozialstatus ausspielen kann. Insofern wird vor Generalisierungen auf andere Bereiche und/oder Stufen des Bildungswesens gewarnt.

Eine weitere Forschungsströmung hat die Wirksamkeit offener Lernumgebungen speziell unter dem Gesichtspunkt des *kooperativen Lernens* analysiert (Konrad, 2005, 2006a). Für die Vorzüge kooperativer Lernformen sprechen nicht zuletzt sozio-kulturelle Argumente (Vygotsky, 1978). „Vygostkians assert that SRL has its roots in socially regulated learning-initially, other people (i.e., teachers, parents) help children learn by setting goals for a learning activity, keeping their attention focused on the learning task, suggesting effective learning strategies, monitoring progress towards goals, etc. " (Azevedo et al., 2002, S. 5)

In der Auseinandersetzung mit anderen Personen können Unklarheiten beseitigt, Wissen vertieft und neue Bedeutungen des Lerninhalts erschlossen werden. Voraussetzung dafür ist nicht zuletzt die verteilte Expertise, die eine erfolgreiche Problembearbeitung und damit Wissenserwerb ermöglicht. Die Interaktion mehrerer Personen mit unterschiedlichem Wissensstand eröffnet gute Chance den Wissenserwerb zu fördern. Nach heutigem Kenntnisstand basieren Lernen und Wissenserwerb in kooperativen Lernsettings – und damit verteilte Expertise – im Wesentlichen auf drei Erfahrungen:

① der wechselseitigen Vermittlung und Aushandlung von Wissen,

② der gemeinsamen Elaboration und Vertiefung dieses Wissens und

③ der Veranschaulichung sowie der Anwendung neuer Kenntnisse in verschiedenen sozialen Kontexten (multiple Kontexte, multiple Perspektiven).

Bezugnehmend auf die genannten Charakteristika des Lernens in Gruppen hebt Friedrich (2002) als ersten positiven Effekt für das selbstgesteuerte Lernen hervor, dass diese Art des Lernens häufig anregender sei als Einzellernen, da durch die unterschiedlichen Ansichten, Vorkenntnisse und Ideen der verschiedenen Gruppenmitglieder eine höhere Kreativität und bessere Leistungen beim Problemlösen erzielt würden. Weitere Aspekte der Kooperation sind nicht weniger wichtig:

○ Das Gruppengeschehen erzwingt die aktive Beteiligung des einzelnen Lernenden durch Argumente und Diskussionsbeiträge. Hierzu muss man sein Wissen explizit machen, es strukturieren und organisieren. Dies trägt zur Klärung und Stabilisierung des eigenen Wissens bei.

○ In Gruppen sieht jedes Individuum, wie andere sich verhalten, welche Problemlösungen sie anbieten und lernt dementsprechend durch Beobachtung.

○ Eine gute Lerngruppe kann durch die soziale Unterstützung, die sie bietet, die Lern- und Durchhaltemotivation steigern (Friedrich 2002, S. 9): „Kooperativ Lernende sind (...) eher bereit, sich gegenseitig zu helfen". Dadurch, dass Lernende andere häufig überzeugen oder ihnen etwas erklären müssen, werden außerdem sehr gut die Anwendung und der Abruf des Wissens geübt.

Die soziale Interaktion ist nach alledem als eine wichtige Komponente selbstgesteuerten Lernens anzusehen, die sich sehr positiv auf den Lernerfolg auswirken kann (Konrad, 2005).

Nimmt man die Ergebnisse zur Bedeutung der Lernsituation zusammen, so zeichnet sich ein Konsens dahingehend ab, dass Lehr-Lern-Prozesse suboptimal sind, wenn sie ausschließlich auf rezeptives oder selbstorganisiertes Lernen setzen (Weinert, 1997). Vor allem Arbeiten aus der Problemlöse-, Trainings- und Transferforschung lassen vermuten, dass bei eingeschränkter Eigenaktivität der Lernenden die Wahrscheinlichkeit der Ausbildung „trägen Wissens" steigt (Renkl, 1996).

Diese Gefahr scheint geringer, wenn auf instruktionale Erklärungen zugunsten einer Anregung von Selbsterklärungen möglichst verzichtet wird und wenn Lernende – etwa durch die Anknüpfung an eigene Erfahrungen

oder durch die Vorgabe authentischer Probleme – vom Sinn und Nutzen zu erwerbender Prozeduren überzeugt werden können (Aebli & Ruthemann, 1987). Darüber hinaus scheint es unter Transfergesichtspunk-
ten vorteilhaft, wenn Lernende durch die Konfrontation mit multiplen
Perspektiven und wechselnden Aufgabenstellungen die Generalisierbar-
keit bzw. Aufgabenspezifität von Wissen erkennen können. Was den direkten Vergleich offener versus geschlossener Unterrichtsformen anbelangt, ist eine widersprüchliche Befundlage festzustellen. Exemplarisch
lässt sich dies illustrieren an stellenweise erheblich divergierenden Ergebnissen zu differenziellen Effekten methodischer Grundentscheidungen
im kaufmännischen und gewerblich-technischen Bereich der beruflichen
Erstausbildung. So ermittelten beispielsweise Sembill und Mitarbeiter für
die kaufmännische Erstausbildung bei mehreren Untersuchungen jeweils
Vorteile für in selbstorganisationsoffenen Lernumgebungen unterrichte-
ten Klassen gegenüber Klassen, die in Form des herkömmlichen fragend-
entwickelten Frontalunterrichts unterrichtet wurden (z. B. Sembill, Wolf,
Wuttke, Santjer & Schumacher, 1998). Positive Effekte selbstorganisa-
tionsoffener Lernumgebungen in gewerblich-technischen Domänen sind
auch für Prozessuntersuchungen bekannt geworden (siehe z. B. Schelten,
Riedl & Geiger, 2003). Dagegen konnte die Forschergruppe um Nickolaus
die eindeutige Unterlegenheit einer direktiv-steuernden Vorgehensweise
für die gewerblich-technische Berufsausbildung nicht feststellen (siehe z.
B. Nickolaus & Bickmann, 2002).
Eine hilfreiche Differenzierung kommt in diesem Zusammenhang von Rosenshine und Stevens (1986). Diese Autoren weisen ausdrucklich darauf
hin, dass die direkte Instruktion besonders für die Vermittlung *hoch-
strukturierter Gegenstandsbereiche*, die sich gut in Einzelschritte unter-
gliedern lassen, geeignet ist und speziell den Bedürfnissen von Anfängern
bzw. lernschwachen Schülern entgegenkommt. Niedrigstrukturierte Gegenstandsbereiche (so genannte „ill-structured domains") dagegen lassen
sich weniger gut mit der Methode der direkten Instruktion vermitteln.
Hier bieten sich erarbeitende Lehrverfahren an, die im Gegensatz zum leh-
rergeleiteten Unterricht das Ziel verfolgen, bestimmte Denkoperationen
beim Schüler zu aktivieren bzw. Kompetenzen schrittweise aufzubauen
(Rosenshine & Stevens, 1986).

Alles in allem sprechen die präsentierten Befunde dafür, dass die wahrgenommene Unterstützung seitens der Lehrperson als ein signifikanter Prädiktor der wahrgenommenen Kompetenz, Motivation und akademischen Leistung der Kinder und Jugendlichen angesehen werden kann (Wong et al., 2002). Darüber hinaus sprechen vorliegende Befunde dafür, dass eine multikriteriale Zielerreichung vor allem dann realisiert werden kann, wenn die zur Verfügung stehende Unterrichtszeit effektiv genutzt wird („time on task") und es dem Lehrer gleichzeitig gelingt, die für ein individuelles Eingehen auf Schüler mit unterschiedlichen Leistungsvoraussetzungen erforderlichen Handlungsspielräume zu schaffen. Hinsichtlich der Wirksamkeit offener versus geschlossener Unterrichtsformen lässt sich derzeit keine generelle Über(Unter)legenheit feststellen. Hier entscheiden die jeweils gegebenen personalen und situativen Randbedingungen. Unterrichtsqualität und Unterrichtserfolg entstehen im Zusammenspiel unterschiedlicher didaktischer Strategien und methodischer Grundformen.

6.2   Selbstregulation und Lernleistung (Ebene II)

Selbstreguliertes Lernen beschreibt das Zusammenspiel zwischen kognitiven, metakognitiven und motivationalen Determinanten des Lernens (siehe Abschnitt 2.1). Wie diese Regulationskomponenten die Lernleistung beeinflussen, soll nachfolgend veranschaulicht werden.

(1) Was die *kognitiven Strategien* anbelangt, zeichnet sich auf den ersten Blick ein einheitlicher Trend ab. Berichtet wird die zwar variierende, aber insgesamt doch *substanzielle Rolle kognitiver Strategien* für die Leistung in verschiedenen Schultypen (Helmke & Weinert, 1997). So zeigen die von Pintrich (1989) durchgeführten Studien, dass Studienleistungen insbesondere durch Wiederholungsstrategien (z. B. Auswendiglernen von Wortlisten), Organisationsstrategien (z. B. Hauptgedanken identifizieren) und metakognitive Strategien (z. B. Ziele vor dem Lernen identifizieren) sowie Zeitplanung und Lernaufwand gefördert werden. Pintrich (1989), Pintrich et al. (1993) und Pintrich und Garcia (1993) berechneten Korrelationen zwischen den Lernleistungen von College- und Universitätsstudenten auf der Basis des Motivated Strategies for Learning Questionnaires (MSLQ) und den angewandten Lernstrategien. Die weit verbreitete Annahme, nach der tiefergehende Lernstrategien eher mit besseren Lernleistungen zusammenhängen als oberflächliche, konnte interessanterweise nicht nachgewiesen werden (siehe Tabelle 2).

Tabelle 2: Korrelationen zwischen Lernstrategien (MSLQ) und Lernleistungen (Noten)

	Pintrich (1989)	Pintrich & Garcia (1993)	Pintrich et al. (1993)
Wiederholung	.23**	.05	.05
Elaboration	.02	.18*	.22*

Andere Autoren bestätigen ebenfalls die Relevanz des Strategiekonzepts. Bei Artelt und Schellhas (1996) konnte die Leistung von Schülern der 8. Klasse im Fach Deutsch durch Tiefenstrategien erklärt werden. Zimmerman und Martinez-Pons (1986) haben nachgewiesen, dass die schulischen Leistungen in Englisch und Mathematik in systematischer Weise aus der Nutzung selbstregulierter Lernstrategien (Selbstbewertung, Planung, Zielsetzung usw.) vorhergesagt werden können. Bouffard und Mitarbeiter (1995) prüften Zusammenhänge zwischen (mit dem „Selfregulation Questionnaire" (SRQ) erfassten) Teilbereichen der Selbstregulation (z. B. kognitive Strategien, metakognitive Strategien, Motivation) und der schulischen Leistung bei Collegestudenten. Die Zusammenhänge für kognitive Strategien sind durchweg signifikant und variieren zwischen $r = .18$ (bei Frauen) und $r = .29$ (bei Männern).

Einen anderen Zugang zur Diagnostik von Lernstrategien wählten Schmitz und Wiese (1999). Im Rahmen einer vierzehntägigen Verlaufsstudie wurde die tägliche Vorbereitung von Auszubildenden auf eine Prüfung untersucht. Dabei erwiesen sich der Einsatz von Lernstrategien – jeweils postaktional gemessen mittels einer Kurzfassung des LIST („Inventar zur Erfassung von Lernstrategien") – sowie die Lernzeit als wichtige Prädiktoren des prozessualen, subjektiven Lernerfolgs. In der Tat zeigten sich, kumuliert über alle Messzeitpunkte, signifikante Zusammenhänge zwischen Lernzufriedenheit und Lernstrategien ($r = .19$), zwischen Lernzufriedenheit und Lernzeit ($r = .32$) sowie zwischen Lernstrategien und Lernzeit ($r = .22$).

Die Konsequenzen solcher Erkenntnisse für die Möglichkeit, selbstgesteuert zu lernen, liegen auf der Hand: In dem Maße, wie der Lernende sein Strategie- und Methodenrepertoire festigt und erweitert, wächst nicht nur die Qualität seines Lernerfolgs, sondern auch seine Selbstregulationsfähigkeit. Wer gelernt hat, strategisch geschickt zu agieren, sollte umso besser in der Lage sein, das Lerngeschehen eigenständig zu planen, zu gestalten, zu reflektieren und zu bewerten (Friedrich & Mandl, 1992).

Allerdings teilen nicht alle Studien diese positive Einschätzung. Gerade im Hinblick auf die Wirksamkeit tiefenorientierter Lern- und Organisationsstrategien zeichnet sich ein keineswegs einheitlicher Forschungsstand ab (Baumert, 1993). So fanden Hsu (1997) für die (mit dem MSLQ („Motivated Strategies for Learning Questionaire") erfasste; siehe Abschnitt 7.1.1.2) Strategie des Ressourcenmanagements keine signifikanten Wirkungen für schulische Leistungen. Baumert und Köller (1996) berichten ebenfalls nur schwache Korrelationen zwischen Lernstrategien (gemessen mithilfe des LIST) und den Ergebnissen in einer 10 Wochen später geschriebenen Statistikklausur. In der Analyse konnte nicht ein Zusammenhang zwischen der Leistung und den Angaben im LIST als bedeutsam ausgewiesen werden.

Gerade die aus quantitativ orientierten Feldstudien resultierenden Korrelationsmuster zwischen Indikatoren des Lernerfolgs (z. B. Noten in Zwischen- und Abschlussprüfungen) und der Ausprägung spezifischer Lernstrategien fallen teilweise eher enttäuschend aus (Wild, 2000). Der Zusammenhang liegt nicht selten nahe Null und überschreitet auch in methodisch anspruchsvolleren Untersuchungen selten den Wert von $r = .30$. Differenziertere Einsichten liefern Studien von Pintrich (1989), die vermuten lassen, dass Lernerfolg insbesondere durch Wiederholungs-, Organisations- und metakognitive Strategien sowie Zeitplanung und Anstrengungsmanagement gefördert werden. Weniger bzw. keinen Einfluss scheinen dagegen elaborative Strategien, die Gestaltung des Lernortes und das Hilfesuchen bei anderen Personen auszuüben. Nach Schiefele und Pekrun (1996) ist der geringe Effekt von elaborativen Anreicherungen im ersten Moment zwar überraschend, aber dadurch erklärbar, dass diese Merkmale in an Faktenwissen orientierten akademischen Prüfungen nicht zum Tragen kommen.

Der Gedanke liegt nahe, dass die Beziehung zwischen Strategie und Lernerfolg eng mit der jeweiligen Aufgabenstellung zusammenhängt. Lernziele, die auf das Verstehen eines Sachverhaltes abzielen, sollten eher durch Tiefenstrategien erreicht werden. Im Gegensatz dazu sollten Lernziele, die auf Auswendiglernen oder das Erinnern von Fakten rekurrieren, eher durch Oberflächenstrategien erreicht werden. Hieraus ergibt sich eine nahe liegende Konsequenz: Sollen die erzielten Noten als Kriterium zur Beurteilung der Effektivität von Strategien verwendet werden, sollte auch die Art der Anforderungen, welche in Prüfungen gestellt werden, berücksichtigt werden (Artelt, 1998). In diese Richtung argumentiert Baumert (1993, S. 348), der einräumt, dass „die individuelle Lernkultur – gleichgültig ob sie durch Wiederholungs- oder Tiefenverarbeitungsstrategien geprägt ist – für den Schulerfolg nur nachgeordnete Bedeutung hat". Eine weitere mögliche Ursache für die nicht durchgehend nachweisbare Relevanz von Lernstrategien hat mit den gewählten Erhebungsmethoden zu tun: So handelt es sich bei den etwa mit dem MSLQ (siehe Abschnitt 7.1.1.2) ermittelten Lernstrategien um generelle strategische Präferenzen. Gemeint sind Disposition oder Prädispositionen, die zwar mit dem aktuellen Lernverhalten nicht unbedingt gleichzusetzen sind, aber tendenziell doch Stärken und Schwächen im jeweiligen Lernen widerspiegeln. Mit anderen Worten: Die Erhebung via Fragebogen setzt voraus, dass Lernstrategien – von konkreten Anwendungsbedingungen abstrahiert – in ihrer Nützlichkeit beziehungsweise ihrer Anwendungshäufigkeit beurteilt werden können.

Entgegen der Vorstellung genereller strategischer Präferenzen scheint es allerdings so zu sein, dass effektive Lernstrategien häufig an klar definierte Disziplinen oder Aufgaben gekoppelt sind. Belege dafür finden sich etwa bei Doljanac (1994), der enge Beziehungen zwischen Anstrengungsregulation und Lernerfolg nur für den Biologieunterricht nachweist. Lompscher (1996a) betont, dass Lernstrategien auf die Realisierung von Lernzielen gerichtet und diese immer gegenstands- und anforderungsspezifisch sind. Andere Autoren unterstreichen die Bedeutung bereichsbezogen erhobener kognitiver Strategien für die Lernleistung. „Entscheidende Strategien sind solche, die nach Situation und Leistungsanforderung flexibel eingesetzt werden können" (Guldimann, 2003, S. 5).

(2) Auch *metakognitive Prozesse* kommen als Bedingungen der Lernleistung in Frage. Spätestens seit der Metaanalyse von Schneider (1985) besteht kein Zweifel mehr an der Existenz positiver Zusammenhänge zwischen Metakognition und Lernleistung. Schneider ermittelte für die damaligen Publikationen eine mittlere positive Korrelation von $r = .41$ zwischen den beiden Parametern. Weitere Studien konnten diesen Befund für viele verschiedene Wissensdomänen (z. B. für den Bereich der Statistik) und unterschiedliche Lernformen (z. B. für das Lernen mit Hypertext) grundsätzlich bestätigen (Bannert, 2003).

In einer Untersuchung von Pintrich (1989) betragen die Korrelationen (r) der Metakognitionen mit diversen Indizes der studentischen Leistung .31, .29, .19 und .31. Bei Pintrich und De Groot (1990) reicht die Bandbreite von Zusammenhängen zwischen metakognitiven Strategien und verschiedenen Formen der Lernleistung (z. B. Noten, Examenspunkte) von r = .07 bis r = .36, mit einer mittleren Korrelation von r = .21. Die von O'Neil und Abedi (1996) für mathematische Leistungen verschiedener Stichproben mitgeteilten Koeffizienten bewegen sich zwischen r = .15 und r = .36 und decken sich mit diesen Befunden.

Metakognitionen sind nicht nur an Lernprodukten, sondern auch an der Ablaufsteuerung einer Handlung in vielfältiger Weise beteiligt. So scheint empirisch gesichert, dass ein Mangel an metakognitiven Fertigkeiten zu einer ineffektiven Nutzung instruktionaler Hilfestellungen beitragen kann. Fällt es Lernenden schwer, ihr Lernen metakognitiv zu überwachen, so sind sie nur eingeschränkt in der Lage, effektive Entscheidungen hinsichtlich der erforderlichen Unterstützung zu treffen. Anders ist die Sachlage bei Personen, die ihr Lernen und Verstehen fortlaufend diagnostizieren. Ihnen gelingt es sehr viel besser, Lernhilfen zu ihrem Vorteil, das heißt zur Optimierung der eigenen Leistungen zu nutzen (Young, 1996).

Eine herausragende Bedeutung muss dem Self-Monitoring zuerkannt werden. Hervorzuheben ist, dass allein durch das Monitoring bereits positive Effekte ausgelöst werden können. So kommen Webber, Scheuermann, McCall und Coleman (1993) auf der Grundlage einer Meta-Analyse von 27 Studien zu dem Ergebnis, dass bereits das Self-Monitoring ausreicht, um die Aufmerksamkeit, positives Verhalten im Unterricht und soziale Skills zu fördern. Als mögliche Erklärung führen Metakognitionsforscher zum einen das Bewusstmachen des Verhaltens an, zum anderen vermuten sie, dass neben der reinen Beobachtung des Verhaltens meist auch schon ein Vergleich mit eigenen Maßstäben einhergeht.

Gut belegt ist auch die Lernwirksamkeit weiterer Facetten der metakognitiven Kontrolle. Gemeint ist die Planung und Regulation des Lernens. Azevedo et al. (2004) untersuchten die Zusammenhänge zwischen der Veränderung mentaler Modelle („A mental model is an internal mental representation of some domain or situation that supports understanding, problem solving ... Azevedo et al., 2004,S. 95) beim Umgang mit komplexen (Hypermedia)Systemen und Facetten der Metakognition. Generell zeigte sich, dass Schüler, die positive Veränderungen ihres konzeptuellen Verstehens erkennen ließen, ihr Verhalten besser planten, wirksamere Strategien nutzten und das Lerngeschehen effektiver überwachten.

Vergleichbare Befunde berichten etwa Hollingworth und McLoughlin (2001) sowie Gama (2005), die günstige Wirkungen metakognitiver Kontrollstrategien sowie der Bewusstheit über das eigene Denken und Handeln für erfolgreiches Lernen bestätigen. So untersuchte Gama (2005) die Bedeutung von Metakognitionen im Rahmen einer computerunterstützten interaktiven Lernumgebung („interactive learning environment" (ILE)), deren Kernanliegen in der Förderung der Reflexion der Lernenden bestand. Eine Untersuchung bei 27 Bachelorstudierenden („undergraduate students"), brachte für Personen, die ihr Lernen reflexiv gestalteten, mehrere Vorteile zu Tage: (a) sie widmeten sich intensiver den jeweiligen Aufgaben; (b) sie gaben seltener auf, wenn sie sich mit Schwierigkeiten konfrontiert sahen und (c) sie lösten Probleme signifikant häufiger als eine Kontrollgruppe.

Weniger positiv fielen die Ergebnisse einer Studienreihe von Konrad (2005) aus: Im Hinblick auf das oberflächliche und tiefgehende Verarbeiten von Textinformationen waren für Metakognitionen eher erwartungskonträre Wirkungen zu konstatieren. So zeigten sich für die metakognitive Planung und Evaluation negative korrelative Zusammenhänge sowohl hinsichtlich der oberflächlichen als auch der tiefen Verarbeitung von aus Fachtexten gewonnenen Informationen. Erwartungskonform waren allein die positiven Korrelationen von metakognitiver Planung und Orientierung mit – aus „concept maps" gewonnenen – Aspekten des strukturellen Wissens (Konrad, 2005, S. 215).

Eine Abhängigkeit vom Untersuchungszeitpunkt der metakognitiven Strategien konstatieren Pokay und Blumenfeld (1990). Zu Beginn des von diesen Autoren untersuchten Kurses besaßen die fachspezifischen Strategien die größte prädiktive Validität, metakognitive Strategien wirkten sogar negativ auf die Kursleistung, die ebenfalls in den ersten Semesterwochen gemessen wurde. Am Ende des Kurses drehte sich dieses Muster um: Die Nutzung der metakognitiven Strategien wirkte sich nun positiv auf die aktuelle Kursleistung aus; fachspezifische Strategien hatten keinen Einfluss mehr auf das Kursergebnis. Der Zusammenhang zwischen Strategie(n) und Lernerfolg wurde damit vom Zeitpunkt der Erhebung beeinflusst: Die Wirksamkeit metakognitiver Strategien zahlte sich erst nach der Aneignung gewisser fachspezifischer Fertigkeiten aus.

(3) Welche Beziehungen zur Lernleistung zeigen sich für motivationale Facetten der Selbstregulation? Es herrscht Einigkeit darüber, dass oftmals Motivationsprobleme dafür verantwortlich sind, wenn konkretes

Lernverhalten weniger strategisch ausfällt als es aufgrund der vorhandenen (Meta)Kognitionen möglich wäre (Hasselhorn, 1992). Aspekte der
Lernmotivation werden demzufolge als notwendige Bedingungen für die
Wahl, Intensität und persistente Realisierung curricularen Lernens angesehen. Sie dürften nicht nur die skalaren Merkmale des Lernverhaltens
beeinflussen, sondern auch qualitative Besonderheiten solcher Handlun-
gen (z. B. jeweils eingesetzten Lernstrategien und Techniken; Pekrun &
Schiefele, 1996; Corno & Kanfer, 1993). In der Tat zeigen sich bei Verwendung von Selbstberichtmaßen regelmäßig positive korrelative Bezie-
hungen (Pekrun, 1993; Wild & Krapp, 1995).
Als gut bestätigt gilt die Erkenntnis, dass Aspekte der Motivation mit
Testleistungen in Beziehung gesetzt werden können. Zum Beispiel haben
O'Neil, Sugrue und Baker (1995/1996) erkannt, dass das Ausmaß der
Anstrengung bei Schülern der 8. und 12. Klassenstufe statistisch über-
zufällig mit den Lernfortschritten dieser Schüler in Beziehung steht (r =
.24 und r = .22). Wolf und Smith (1995) berichten gleichfalls signifikante
Korrelationen zwischen Motivation und Testleistung. Für Schüler, deren
Testergebnisse Konsequenzen für die Schullaufbahn hatten, betrug die
Korrelation r = .35. Waren diese vermeintlichen Konsequenzen nicht gegeben, lag der Zusammenhang bei r = .23. Karmos und Karmos (1984)
weisen schließlich Zusammenhänge zwischen den motivationalen Einstellungen von Schülern und ihren Ergebnissen in Stanford-Leistungstests
nach.
Aussagekräftige Hinweise auf die Relevanz motivationaler Orientierungen für die Lernleistung liefern auch Metaanalysen zu diesem Themenbereich. Nach Schiefele und Schreyer (1994) lassen bislang vorliegende
Studien den Schluss zu, dass (a) intrinsische Lernmotivation konsistent
positiv mit Lernleistungen von Schülern und Studierenden zusammenhängt (durchschnittliche Korrelation: r = .23) und dass (b) intrinsische
Lernmotivation vor allem mit dem Einsatz von Strategien zur Förderung
einer tiefergehenden Informationsverarbeitung korreliert (durchschnittliche Korrelation: r = .44), kaum hingegen mit oberflächlicher Verarbeitung.
Zu einer vorsichtigeren Einschätzung kommen die Überblicksanalysen von
Fraser, Walberg, Welch und Hattie (1987): Diese Studien ermittelten
einen durchschnittlichen Zusammenhang zwischen Motivation und Leistung von r = .12. Ähnlich unerwartete Befunde berichtet O'Neil et al.
(1995/1996).

Im Rahmen eines Kontrollgruppendesigns mit vier per Zufall ausgewählten treatment-Gruppen ging bei Schülern der 8. Klasse eine wachsende Motivation mit einer Verminderung der Testleistungen einher. Hilfreich für die Bewertung der vergleichsweise niedrigen Korrelationen zwischen Motivation und schulischer Leistung ist vor allen Dingen der Tatbestand, dass die in einer empirischen Studie jeweils erfasste Form der Motivation nur einen Teilaspekt der Lernmotivation (z. B. motivationsrelevante Zielorientierungen und Motive) von Schülern und Studierenden darstellt. Zu bedenken sind des Weiteren die vielen inneren und äußeren Bedingungen, die die Wirkung einer hohen Lernmotivation abschwächen können.

Zu den zentralen Bestimmungsstücken nicht nur der Motivation, sondern auch der Lernleistung zählen in kognitionspsychologischer Sicht Kontroll- und Kompetenz- bzw. Wirksamkeitserwartungen. Bei lernbezogenen Selbstwirksamkeitsüberzeugungen handelt es sich um eine Art des Selbstvertrauens, nämlich um das Vertrauen, über jene Fähigkeiten und Fertigkeiten zu verfügen, die erforderlich sind, um eine Lernaufgabe zu lösen (siehe Abschnitt 4.1.1.1). Zahlreiche Arbeiten räumen dem Vertrauen in die eigene Wirksamkeit eine zentrale Position ein (Zimmerman, 2000; Moriarty, Douglas, Punch & Hattie, 1995; Friedrich, 2002). So setzen sich Lernende, die in hohem Maße von ihren Lernfertigkeiten überzeugt sind, anspruchsvollere Ziele, beschäftigen sich angesichts erkennbarer Schwierigkeiten ausdauernder und hartnäckiger mit anstehenden Lernaufgaben, zeigen eine bessere Kontrolle ihrer Arbeitszeit, erweisen sich flexibler bei der Überprüfung von Lernstrategien und erreichen ein höheres Leistungsniveau als Lernende, die sich ihrer Wirksamkeit nicht sicher sind. Gut bestätigt ist außerdem (z. B. Pintrich et al., 1993), dass hohe Selbstwirksamkeitsüberzeugungen mit einer häufigeren Verwendung tiefenverarbeitender und metakognitiver Strategien sowie mit hoher Ausdauer beim Lernen einhergehen.

Vergleichbare Befunde existieren für eine zweite Komponente des Wirksamkeitskonzepts; gemeint sind die Handlungs-Ergebnis- oder Kontrollerwartungen (siehe Abschnitt 4.1.1.1). Lernende, die an ihre Einflussmöglichkeiten glauben, sind im Gegensatz zu jenen, die dies nicht tun, in der Lage, mit der vorhandenen Zeit und dem aktuellen Lernstoff effektiver umzugehen. Auch der Lernerfolg wird durch die Kontrollüberzeugung nachhaltig und direkt beeinflusst. Zusammen mit dem Vertrauen in die eigenen Ressourcen scheint die Beeinflussbarkeit von Handlungsergebnissen eine maßgebliche Voraussetzung für die Bewährung in Schule und

Hochschule zu sein. Dazu passt, dass Garner (1990) Selbstwirksamkeits-
und Kontrollerwartungen für die Nichtanwendung von effektiven Strategien beim Lesen (mit)verantwortlich macht. Wie wichtig das Vertrauen
in die eigene Lernfähigkeit und in den Erfolg eigener Anstrengungen ist,
zeigt sich demzufolge nicht erst in der konkreten Lernsituation, sondern
bereits im Vorfeld, da bei einer niedrigen Bewertung der eigenen Fähigkeiten sowie der Möglichkeiten, Lernergebnisse durch eigenes Handeln
erreichen zu können, entsprechend erst gar keine Bemühungen unternom-
men werden, die eigenen Kompetenzen zielbezogen einzusetzen.

Eine differenzierte Sicht dieser Zusammenhänge gibt eine Studie von Zimmerman, Bandura und Martinez-Pons (1992). Dort findet man Indizi-
en für die moderierende Funktion der perzipierten Lernwirksamkeit: Der
günstige Einfluss (meta)kognitiver Aspekte der Selbstregulation auf den
Lernerfolg wird demnach in beträchtlichem Maße durch die wahrgenommene Wirksamkeit vermittelt.

Was die motivationalen Aspekte der Selbstregulation anbelangt, bleibt
als Fazit festzuhalten:

Die Zusammenhänge zwischen Formen der selbstbestimmten Motivation und Facetten der Lernleistung sind überwiegend positiv. Im Regelfall
dürften Emotion/ Motivation einerseits und Lernen andererseits in viel-
fältigen Rückkoppelungen stehen. Klar scheint ferner zu sein, dass sich
die Zusammenhänge zwischen dynamischen Aspekten der Selbstregulation und subjektiven sowie objektiven Komponenten der Lernleistung
weder linear noch in jeder Situation identisch verhalten.

Vielmehr muss man – und theoretische Modelle sprechen dafür (Helmke,
2003) – diesen Zusammenhängen Bedingungseffekte *unterschiedlicher
Kausalrichtungen* (z. B. Motivationseffekte auf Leistungen, Leistungsef-
fekte auf die Motivationsentwicklung) zuerkennen. Der Stellenwert einzelner Variablen in diesem Funktionsgeflecht – so auch der Facetten der
Selbststeuerung – muss dementsprechend mit multiplen Methoden auf-
gewiesen werden.

6.3   Personmerkmale der Selbststeuerung und Lernleistung (Ebene III)

Die Betrachtung der Personmerkmale des selbstgesteuerten Lernens
zielt auf drei Schwerpunkte: Wissen, Kontrollüberzeugungen und erlebte
Selbststeuerung.

1. Wissen

Deutliche Hinweise auf die *Bedeutung des Wissens* für die Lernleistung
liefert das interaktive kompensatorische Modell („interactive compensatory model of learning"; ICML) nach Schraw und Brooks (2000).
Hauptsächliches Anliegen dieses kompensatorischen Modells ist die Bereitstellung eines theoretischen Rahmens, der das Lernen im Unterricht
verständlich machen und unterstützen soll. Obwohl spekulativ, kann das
Modell auf eine breite Basis an empirischen Befunden zurückgreifen. Abbildung 20 zeigt ein schematisches Diagramm des ICML.
Wie zu sehen ist, setzt selbstgesteuertes Lernen beim lernenden Individuum die Verfügbarkeit eines umfassenden Repertoires von Wissen und
Strategien voraus. Der wesentliche Ertrag der hier gesammelten Studien
zur Entwicklung sowie zur Förderung von selbstgesteuertem Lernen ist
insgesamt darin zu sehen, dass

O der Lernerfolg in hohem Maße vom kognitiven Ausgangsniveau und
von der jeweiligen Lernstrategie bzw. der Motivation abhängt; die
allgemeine Intelligenz spielt demgegenüber eine geringere Rolle,

O sowohl positive als auch negative Ausprägungen bestimmter Lernstrategien oder motivationaler Überzeugungen durch die Ausprägung anderer Lernstrategien moderiert werden können.

Von hervorgehobener Bedeutung im Rahmen des „ICML" ist das Wissen. Jede Aufgabe, mit der wir uns auseinandersetzen, hängt von unserem
(Vor)Wissen ab. Ohne eine hinreichende Basis von Kenntnissen ist es uns
nicht möglich, eine Aufgabe zu verstehen, geschweige denn zu bearbeiten
(Schraw & Brooks, 2000). Wie die Lernforschung der letzten Jahrzehnte
nachhaltig bestätigt, hängen dauerhaft gute Leistungen in einem Hand-
lungsfeld von einer Bandbreite von Wissensbeständen ab (Guldimann,
2003):

① Erfolgreiche Lernerinnen und Lerner verfügen über ein differenziertes, gut organisiertes bereichsspezifisches Wissen. Es ist weniger
die Menge des im Gedächtnis gespeicherten Wissens, sondern die
Organisation dieses Wissens, das Experten auszeichnet. Sie sind
aufgrund dieses Wissens in der Lage, neue Informationen schnell in
ihr Vorwissen zu integrieren.

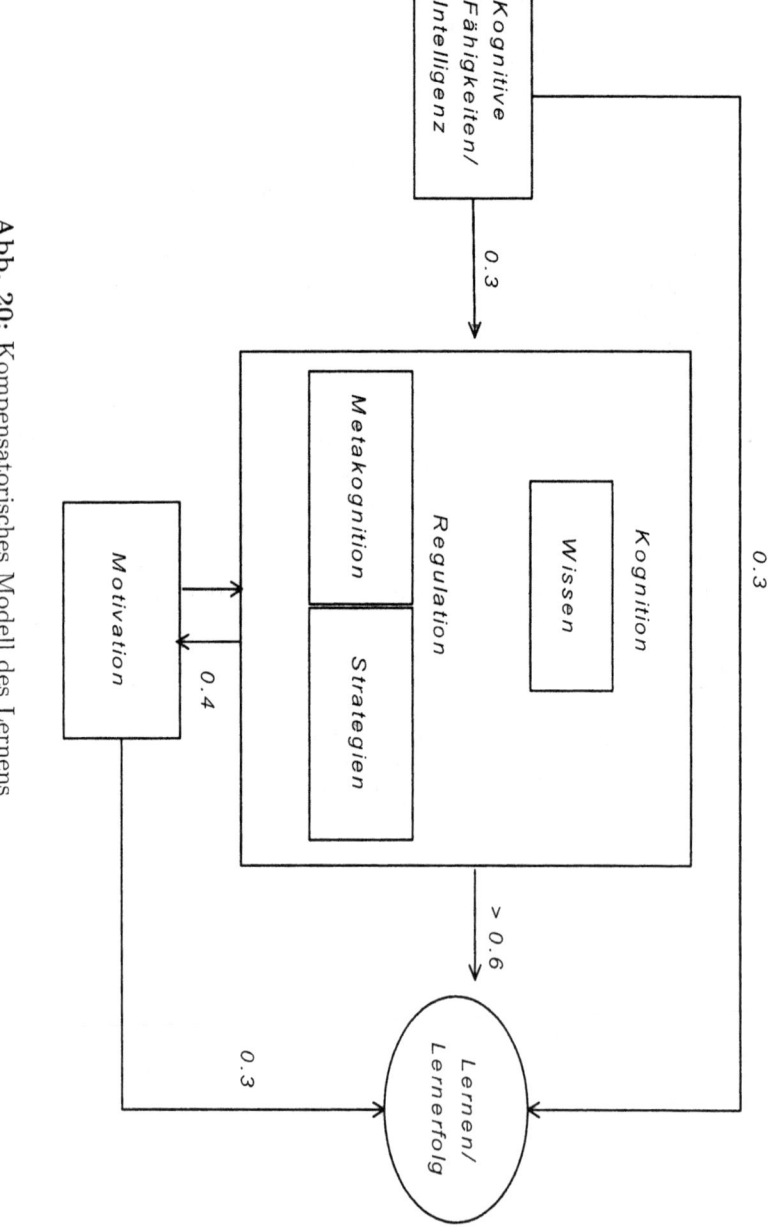

Abb. 20: Kompensatorisches Modell des Lernens

② Erfolgreiche Lernerinnen und Lerner verfügen über allgemeines und spezifisches Strategiewissen und sind in der Lage, dieses auch wirksam einzusetzen. Zahlreiche Lernforscher (z. B. Friedrich & Mandl, 1992; Friedrich, 2002) betonen den Einfluss von Strategiewissen und Strategieanwendung auf die Lernleistung.

③ Erfolgreiche Lernerinnen und Lerner verfügen über ein breites metakognitives Strategiewissen und können dieses auch wirksam einsetzen. Hilfreich ist hier die Unterscheidung zwischen deklarativem und prozeduralem Wissen:

- Metakognition im deklarativen Sinne bezeichnet das Sachwissen, das Lernende über ihr eigenes Wissen haben. Dazu gehört zum Beispiel auch ihr Wissen über das eigene Gedächtnis, über Lernanforderungen und Aufgabensituationen.
- In ihrer prozeduralen Bedeutung beschreiben Metakognitionen das Wissen darüber, wie das Denken geplant, gesteuert und kontrolliert wird.

Metakognitives Strategiewissen beantwortet mithin die Frage nach den Bedingungen der Strategieanwendung: Welche Strategien wie, wann und wo verwendet werden sollten und wie dadurch das Lernen durch die Lernenden selbst überwacht werden kann (Guldimann, 2003).

Die Expertiseforschung lässt keinen Zweifel daran, dass (mehr oder weniger) bereichsspezifische Kenntnisse der wichtigste Einzelbaustein für wirksames Lernen darstellen; sie erweisen sich vielfach als bedeutsamer als Intelligenz („cognitive ability") und andere Komponenten des kompensatorischen Modells (Ericsson, 1996).

2. Generalisierte Kontrollüberzeugungen

Das Konzept der internen und externen Kontrollüberzeugungen (IEC) wurde von J. B. Rotter (1966) in die lerntheoretische Persönlichkeitspsychologie eingeführt, um das zielgerichtete Verhalten von Personen nicht ausschließlich als Funktion eines spezifischen Bedürfnisses zu erklären (siehe Abschnitt 4.2.3). Als zentrale unabhängige Variable zur Erklärung von Handlungen bzw. Entscheidungen kann dabei die Erwartung der Konsequenzen des eigenen Verhaltens angesehen werden.

In zahlreichen Umfragen stellen die Persönlichkeitskonstrukte der internen und externen Kontrollüberzeugung wichtige erklärende Variablen dar, wenn mehr oder weniger starke Zusammenhänge zwischen dem persönlichen Verhalten und Ereignissen in der Umwelt vermutet werden, zum Beispiel im medizinisch-soziologischen Forschungsbereich für das Verhalten unter Unsicherheit oder für präventives Verhalten (Jacob, 1995). Neuere Forschungsarbeiten aus dem Kontext der Problemlöseforschung weisen nach, dass internal kontrollüberzeugte Probanden ein besseres Informationsmanagement sowie eine höhere Problemlösegüte aufweisen als external Kontrollüberzeugte, wobei Kontrollüberzeugungen in Bezug auf die Problemlösegüte die Rolle einer Moderatorvariable einnehmen (Spering, 2001).

Ähnlich positive Befunde lassen sich einer Längsschnitt-Studie von Konrad (1994) entnehmen. Gegenstand der Untersuchung war die Analyse der prognostischen Bedeutung interner und externer Kontrollüberzeugungen für die Beschäftigung Jugendlicher mit dem Computer. Für erfahrene Computerbenutzer konnten enge (und jeweils signifikante) korrelative Zusammenhänge zwischen internalen Kontrollüberzeugungen und der zeitlichen Inanspruchnahme des Computers (R = 0.59, F = 2.12) sowie der Auseinandersetzung mit Fachliteratur (R = 0.61, F = 2.32) nachgewiesen werden.

3. Erlebte Selbststeuerung

Im Rahmen der Person-Dimension spielt auch die erlebte Selbststeuerung eine große Rolle. Trotz der großen Aufmerksamkeit, die der Differenzierung und Erfassung selbstgesteuerten Lernens entgegengebracht wird, existieren bislang nur wenige Studien, die mögliche Zusammenhänge zwischen dem Erleben von Selbststeuerung und Aspekten der Lernleistung bzw. des Lernaufwands empirisch geprüft haben (Schiefele, Wild & Winteler, 1995; Guglielmino, Guglielmino & Long, 1987).

Vorliegende Befunde konzentrieren sich im Wesentlichen auf die „Self-Directed Learning Perception Scale" (Bryan & Schulz, 1995), für die allerdings nur teilweise konsistente Zusammenhänge mit unterschiedlichen Leistungsparametern nachgewiesen wurden (z. B. Notendurchschnitt; Bryan & Schulz, 1995). Die Befunde von Guglielmino und Mitarbeitern (1987) legen enge Beziehungen zwischen Selbststeuerungsbereitschaft und Kreativität sowie Problemlösefertigkeiten nahe.

Eine jüngere Studie von Konrad (2005) liefert eine differenzierte Sicht auf das Zusammenspiel zwischen erlebter Selbststeuerung und Facetten der Lernleistung: Zum einen bleiben die Zusammenhänge zwischen erlebter Selbststeuerung und Prozessen des Wissenserwerbs hinter den Erwartungen zurück. Lediglich für Aktivitäten der Planung sind konsistent positive Korrelationen mit perzipierter Selbststeuerung zu verzeichnen. Andererseits zeigen sich hinsichtlich diverser Wissensmaße (z. B. konzeptuelles Wissen, Tiefenverstehen) die erwarteten Zusammenhänge.

Kerngedanken

Insgesamt räumt der aktuelle Forschungsstand Person-Merkmalen im Rahmen des selbstgesteuerten Lernens einen hohen Stellenwert ein.

In diesem Beitrag stehen drei Konzepte im Zentrum: Eine organisierte Wissens-Basis, das Erleben von Selbststeuerung sowie subjektive Kontrollüberzeugungen.

(Vor)Wissen ist für jegliches Lernen entscheidend. Jede Aufgabe, mit der wir uns auseinandersetzen, hängt von unseren (Vor)Kenntnissen ab. Dieser Tatbestand wird gerade in der Schulpraxis (vor allem verglichen mit der Motivation) häufig unterschätzt.

- Erfolgreiche Lernerinnen und Lerner verfügen über ein gut organisiertes bereichsspezifisches Wissen.

- Sie können außerdem auf allgemeines und spezifisches Strategiewissen zugreifen und sind in der Lage, dieses auch wirksam einzusetzen.

Neben dem Wissen gewinnen Kontrollüberzeugungen (z. B. generalisierte Kontroll- und Wirksamkeitserwartungen) für das selbstgesteuerte Lernen Bedeutung.

Was die Bedeutung personaler Einflussgrößen anbelangt, bleibt folgendes festzuhalten:

Kerngedanken (Fortsetzung)

1. Effektives Lernen basiert auf einem dynamischen Wechselspiel verschiedener kognitiv-metakognitiver Fertigkeiten und motivationaler Orientierungen.

2. Keine der genannten Komponenten kann für sich genommen für selbstgesteuertes Lernen verantworlich gemacht werden oder diese Lernform erklären.

3. Jede personale Komponente leistet einen wichtigen Beitrag für das Lernen.

4. Den meisten Lernenden sollte es gelingen, Schwächen in einem Bereich durch Stärken in einem anderen Bereich zu kompensieren.

5. Es ist möglich, alle genannten Personmerkmale im Unterricht zu optimieren.

Fragen zur Reflexion

1. Welche überraschenden Befunde liefert die Forschung bezüglich der Zusammenhänge zwischen Motivation und Lernleistung? Wie lassen sich diese plausibel erklären?

2. In welchen Situationen und bei welchen Schülern kann selbstgesteuertes Lernen zum Schulerfolg beitragen?

3. Welche Kernaussagen lassen sich dem kompensatorischen Modell der Wissenskonstruktion nach Gregory Schraw entnehmen?

4. Welche Rolle spielen Vorkenntnisse und Motivation in diesem Modell?

Wie Abbildung 21 veranschaulicht, standen drei Erkenntnisinteressen im Zentrum des letzten Kapitels. Besonders wichtig war die Klärung der Beziehungen zwischen situativen, personalen und prozessbezogenen Aspekten der Selbststeuerung einerseits und Lernleistung sowie Lernaufwand andererseits.

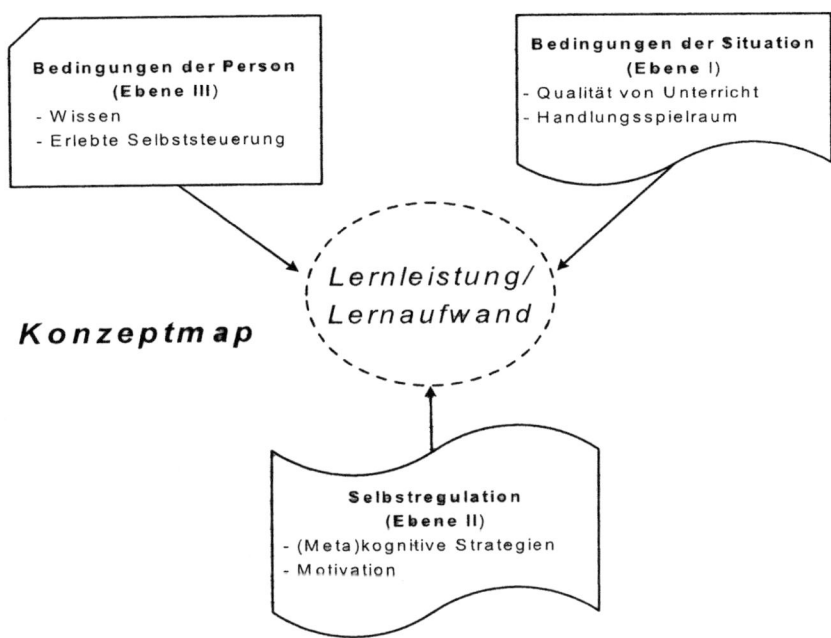

Abb. 21: Determinanten von Lernleistung/Lernaufwand

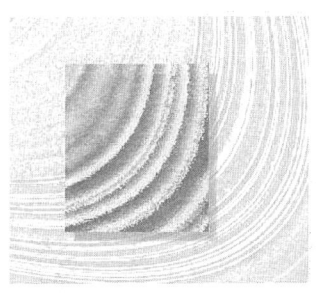

Teil III

Diagnose

Kapitel 7 Empirische Projekte: Wie kann selbstgesteuertes Lernen diagnostiziert und erforscht werden?

7.1   Analyse selbstgesteuerter Lernformen – Forschungsstrategien und Forschungsmethoden

Ausmaß und Intensität des selbstgesteuerten Lernens können in einer Bandbreite von pädagogisch-psychologischen Handlungsfeldern – wie Mathematik, Fremdsprachen oder Naturwissenschaften – erfasst und dokumentiert werden. Dabei hat der Forscher die Wahl zwischen einer Vielzahl von Erhebungsmethoden, von denen jede spezifische Stärken und Schwächen aufweist. Hervorzuheben sind Prozessanalysen, Beobachtung, mündliche sowie schriftliche Befragung, Feldexperimente und Laborexperimente.

Für die dem selbstgesteuerten Lernen besonders nahestehenden Metakognitionen unterteilt Veenmann (2005) die verfügbaren Messmethoden in prospektive, simultane und retrospektive Ansätze.

① *Prospektive Maße* werden eingesetzt, um entweder metakognitive
Strategien im Allgemeinen zu erfassen, oder um metakognitive Aktivitäten vor einer spezifischen Lernaufgabe zu ermitteln. Auch
wenn sich prospektive Methoden auf vergangene Erfahrungen der
Lernenden beziehen, werden die metakognitiven Prozesse doch vor
dem Bearbeiten einer Aufgabe erfasst. Beispielsweise sind habituelle Lernstrategiefragebögen (etwa der MSLQ (Motivated Strategies of Learning Questionnaire)) eine Möglichkeit, um metakognitive Prozesse oder Lernstrategien im Allgemeinen zu erfassen.

② *Simultane Methoden* messen im Gegensatz dazu die metakognitiven Aktivitäten während der Bearbeitung einer Aufgabe. Eine gerade von Kognitionspsychologen hoch geschätzte Möglichkeit zur
simultanen Erfassung von Lernstrategien ist die Methode des lau-
ten Denkens (Veenman, 2005). Dabei verbalisieren die Probanden
während der Bearbeitung einer Aufgabe ihre Gedanken und werden bei Schweigen vom Versuchsleiter angehalten, dies weiterhin zu
tun. Dieses Vorgehen gewährleistet in hohem Maße den konkreten
Bezug der Aussagen zu einer Handlung (etwa zur Anwendung von
Lernstrategien). Zugleich ist klar, dass das Verbalisieren ein kognitiver Prozess darstellt, der die laufenden Lernprozesse begleitet und
diese verändern oder sogar stören kann.

③ *Retrospektive Ansätze* werden nach der Aufgabenbearbeitung eingesetzt. Fragebögen und Interviews können auch unmittelbar im Anschluss an die Lernaktivität, die sich auf die Bearbeitung einer spezifischen Aufgabe bezieht, eingesetzt werden. Die Items bzw. Fragen
müssen sich dann auf den unmittelbar vorgenommen Strategieein-
satz beziehen. Ebenfalls großer Anerkennung als Erhebungsmetho-
de erfreuen sich Lernjournale, welche in standardisierter Form eine
handlungsnahe Erfassung von Lernstrategien ermöglichen.

Zunehmend mehr Forschungsprogramme präferieren eine Kombination
der genannten Vorgehensweisen und damit multiple Methoden bei der
Überprüfung von selbstgesteuertem Lernen.
Wie unterschiedliche Erhebungsmethoden sinnvoll kombiniert werden
können, veranschaulichen beispielsweise Endedijk, Vermunt, Brekelmans und Brok (2006), die komplexe Lernumgebungen mit Hilfe von
vier (parallel eingesetzten) Instrumenten erforschen: Portfolio, Portfolio-
Interview, Fragebogen und (Tiefen)Interview. In der vorliegenden Arbeit

sollen zwei unterschiedliche Forschungsansätze zur Diagnose selbstgesteuerter Lernformen näher betrachtet werden: Fragebogenstudien (prospektiv) und Prozessuntersuchungen (simultan).

7.1.1   Fragebogenstudien

In den Fragebogenstudien der letzten Jahrzehnte wurden Erkenntnisse und Methoden *zweier Forschungsparadigmen* zusammengeführt, die sich relativ unabhängig voneinander entwickelt haben, sich zunehmend aufeinander zu bewegen und sich wechselseitig ergänzen können. Gemeint ist das *kognitiv-psychologische* auf der einen Seite und das *kulturhistorisch* und tätigkeitstheoretisch orientierte auf der anderen. Beide Forschungslinien sehen sich bei der Erhebung von Lernstrategien mit mehreren gravierenden Voraussetzungen konfrontiert. Ob und wie es gelingt, von Jugendlichen oder Erwachsenen eines bestimmten Alters verwertbare Aussagen über ihre Lernstrategien zu erhalten, hängt wesentlich ab

○ vom Niveau ihrer kognitiven und sprachlichen Entwicklung,

○ von ihren Erfahrungen mit entsprechenden Lernanforderungen,

○ von ihrer Fähigkeit, Fragen zu Strategien auf Lernanforderungen und Lernerfahrungen zu beantworten und auf dieser Grundlage Entscheidungen zu treffen,

○ von ihrer Bereitschaft, die eigenen Erfahrungen unter dem Strategieaspekt zu analysieren,

○ von ihren Einstellungen zu Lernanforderungen und -bedingungen,

○ von der Beziehung zwischen bewussten und unbewussten Strategien und

○ dem Niveau von Reflexionsprozessen der antwortenden Personen.

Bei der Erforschung des selbstgesteuerten Lernens haben insbesondere zwei Fragenbogeninstrumente auf sich aufmerksam gemacht, die nachstehend näher behandelt werden sollen.

7.1.1.1 Learning and Study Strategies Inventory (LASSI)

Ausgehend von der in Abschnitt 4.1.2 besprochenen Konzeptualisierung entwickelten Weinstein, Palmer und Schulte (1987) den „Learning and Study Strategies Inventory" (LASSI), der unter der Bezeichnung „Wie lerne ich?" (WLI) von Metzger auf die Bedingungen des deutschen Sprachraums angepasst wurde (Metzger, Weinstein & Palmer, 1994; Straka, 2005).
Theoretischer Hintergrund des LASSI ist ein *kognitives Modell* des Lernprozesses, in dem vier Phasen unterschieden werden:

① Selektion, Konstruktion, Erwerb und Integration. Die Selektionsphase umfasst das aktive Richten der Aufmerksamkeit auf bestimmte Umweltreize bzw. Informationen sowie den Transfer (nur) dieser Informationen in das Arbeitsgedächtnis.

② In der Konstruktionsphase werden Beziehungen zwischen den einzelnen Informationseinheiten im Arbeitsgedächtnis hergestellt, zum Beispiel im Sinne mentaler Repräsentationen oder Schemata.

③ Die Erwerbsphase betrifft den aktiven Transfer der Lerninformation vom Arbeits- in das Langzeitgedächtnis, und

④ Integration bezeichnet schließlich die Verknüpfung der neuen Information mit dem Vorwissen.

Von diesem Lernprozessmodell ausgehend, postulieren Weinstein und Mayer *drei übergeordnete Lernstrategiegruppen*, nämlich kognitive und metakognitive Strategien sowie Ressourcenstrategien (siehe Tabelle 3). Auf einer zweiten Ebene werden diese Gruppen dann weiter ausdifferenziert. Kognitive Lernstrategien sind auf die Verarbeitung der Lerninformation gerichtet, was theoretisch durch die Elaboration, Organisation und Wiederholung des Lernstoffs geschehen kann. Metakognitive Lernstrategien gelten der Kontrolle des Lernprozesses und umfassen die Komponenten Planung, Überwachung und Regulation. Ressourcenstrategien schließlich optimieren das Lernen, indem sie interne und externe Lernressourcen aktivieren, zum Beispiel die eigene Anstrengung oder die Hilfe anderer Personen. Diese Lernstrategien, so nehmen Weinstein und Mayer weiter an, können zwar prinzipiell in jeder Phase des Lernprozesses angewendet werden, in bestimmten Phasen sind jedoch bestimmte Strategien besonders wichtig.

Tabelle 3: LASSI: Skalenübersicht

(Kognitive) Lernstrategien im engeren Sinne	
Kognitive Lernstrategien sind auf die Verarbeitung der Lerninformation gerichtet, was theoretisch durch die Elaboration, Organisation und Wiederholung des Lernstoffs geschehen kann.	
Informationsverarbeitung	Ich versuche, Beziehungen zwischen dem, was ich gerade lerne und dem was ich bereits weiß, herzustellen.
Kerngedanken erfassen	Es fällt mir schwer, zu entscheiden, was ich in einem Text unterstreichen soll.
Prüfstrategien	Beim Verfassen von Essays überprüfe ich, ob meine Argumentation die Kerngedanken des Textes widerspiegelt.
Affektiv-motivationale Lernermerkmale	
Ressourcenstrategien optimieren das Lernen, indem sie interne und externe Lernressourcen aktivieren, zum Beispiel die eigene Anstrengung oder die Hilfe anderer Personen.	
Prüfungsangst	Ich befürchte, dass ich die Schule verlassen muss, wenn ich in der nächsten Prüfung schlecht abschneide.
Lernmotivation	Wenn die Arbeit zu schwierig wird, gebe ich auf oder wende mich einfacheren Aufgaben zu.
Einstellungen	Ich bin in der Lage, auch jene Themen zu lernen, die mich weniger interessieren.
Metakognitive Selbstregulation	
Metakognitive Lernstrategien gelten der Kontrolle des Lernprozesses und umfassen die Komponenten Planung, Überwachung und Regulation.	
Konzentration	Es fällt mir leicht, meine Konzentration im Laufe des Unterrichts aufrechtzuerhalten
Zeitplanung	Es fällt mir schwer, mich an einem klaren Zeitplan zu orientieren.

Tabelle 3: LASSI (Fortsetzung)

Studienhilfen	Existieren zu meinem Lehrbuch ergänzende Websiten, so verwende ich die dort bereit gestellten Informationen, um mir das Material gründlicher anzueignen.
Selbstbefragung	Wenn ich mich auf eine Prüfung vorbereite, überlege ich mir Fragen, von denen ich annehme, dass sie in der Prüfung behandelt werden.

Das LASSI gibt in umfassender Weise Auskunft darüber, wie die Einstellungen, Fertigkeiten und Überzeugungen von Lernenden beschaffen sind. Das Hauptaugenmerk richtet sich auf drei Bereiche:

○ *Fertigkeits-Komponente:* Informationsverarbeitung, Kernideen oder Prüfstrategien wählen

○ *Willens-Komponente:* Einstellung, Motivation, Angst

○ *Selbstregulations-Komponente:* Konzentration, Zeitmanagement, Selbstüberprüfung, soziale Unterstützung.

Auffällig ist, dass eine Passung zwischen Inventar und theoretischer Konzeption des Fragebogens bislang nicht angestrebt oder erreicht wurde. Es steht zu vermuten, dass der LASSI vor allem pragmatischen Zielen verpflichtet ist, indem er nach seiner Auswertung Lehrkräften ermöglichen soll, begründet Fördermaßnahmen einzuleiten, die beispielsweise nachweislich zur Verkürzung der Studienzeiten beitragen können (Straka, 2005).

7.1.1.2 Motivated Strategies for Learning Questionnaire

Basierend auf der Klassifikation der Lernstrategien von Weinstein und Mayer (1986) sowie einem allgemeinen sozial-kognitiven Motivationsmodell wurde der „Motivated Strategies for Learning Questionnaire" (MS-LQ) entwickelt (Pintrich et al., 1993). Mit dem Instrument werden 15 Komponenten gemessen, die den drei Dimensionen: Kognition, Motivation und Strategien des Ressourcenmanagements zuzuordnen sind (VanderStoep & Pintrich 2003; Straka, 2005):

Tabelle 4: MSLQ: Skalenübersicht

Kognition

Die kognitive Dimension zielt auf die Verarbeitung der Lerninformation. Neben der Übung und der Elaboration gewinnen das Strukturieren sowie das kritische Denken Bedeutung. Auch Facetten der Metakognition werden diesem Bereich zugeordnet.

Üben	Beim Lernen sage ich mir das Lernmaterial so lange vor, bis ich es mir merken kann.
Elaborieren	Beim Lernen bringe ich Informationen aus verschiedenen Quellen miteinander in Verbindung (z. B. Diskussion, Lektüre).
Strukturieren	Beim Lernen unterstreiche ich wichtige Lerninhalte, um meine Gedanken besser zu ordnen.
Kritisches Denken	Ich stelle oft fest, dass ich Lerninhalte anzweifle, um so entscheiden zu können, ob sie mich wirklich überzeugen.
Metakognition	Ich stelle mir Fragen, um sicherzustellen, dass ich die Lerninhalte tatsächlich verstehe.

Motivation

Die motivationale Dimension umfasst eine Bandbreite von motivationalen und emotionalen Erfahrungen und Überzeugungen. Bedeutung erlangt die Bereitschaft, sich etwas aufgrund interner (intrinsisch) oder externer Impulse bzw. Belohnungen (extrinsisch) zu erarbeiten. Auch das Ausmaß, mit dem Herausforderungen als interessant, wichtig, nützlich und wertvoll angesehen werden, ist hier relevant.

Intrinsische Motivation	Ich bin sehr zufrieden, wenn es mir gelingt, die Lerninhalte so gründlich wie möglich zu verstehen.
Extrinsische Motivation	Eine gute Note zu bekommen, ist im Augenblick das Wichtigste für mich.
Aufforderungsgehalt einer Aufgabe	Die Unterrichtsinhalte sind zentral für meinen späteren Beruf.

Tabelle 4: MSLQ (Fortsetzung)

Kontrollüber- zeugung	Wenn ich in der Schule Erfolg habe, kann das nur Zufall sein.
Testangst	Prüfungen gehe ich aus dem Weg, weil ich Angst habe, zu versagen.

Ressourcen-Management

Das Ressourcenmangement fokussiert die wirksame und wirtschaftliche Nutzung interner und externer Ressourcen. Dazu gehören die Wahl der geeigneten Zeit sowie des passenden Orts zum Lernen ebenso wie das beharrliche Zurechtkommen mit schwierigen Herausforderungen und der Kontakt zu kompetenteren Personen.

Zeitplanung	Ich nutze meine Zeit in diesem Kurs sehr effektiv.
Anstrengungs- regulierung	Sogar wenn Lernmaterialien stumpfsinnig und uninteressant sind, schaffe ich es, weiterzuarbeiten, bis ich meine Aufgabe erledigt habe.
Lernen mit Peers	Ich erkläre die Lerninhalte häufig einem Freund oder Klassenkameraden.
Hilfe in Anspruch nehmen	Ich bitte den Lehrer, mir Inhalte zu erklären, die ich nicht verstehe (VanderStoep & Pintrich, 2003).

Festzuhalten bleibt, dass sich die via Fragebogen in einer Vielzahl von Untersuchungen erfassten Lernstrategien auf die Reflexion des Handelns beziehen. Lernende haben Aussagen über verwendete Strategien mit Bezug auf ihre Lernerfahrungen zu werten. Dies ist nicht identisch mit *dem Einsatz von Lernstrategien* in konkreten Anforderungssituationen. Es ist deshalb nicht zu erwarten, dass die auf dieser Ebene gewonnenen Ergebnisse einen hohen Grad an Übereinstimmung mit Ergebnissen aufweisen, die auf der Handlungsebene gewonnen werden: Konkretheit, Situations- und Anforderungsabhängigkeit und Verbindlichkeit von Strategie-Aussagen und -Anwendung unterscheiden sich wesentlich. Gerade deshalb ist ein Vergleich zwischen beiden Ebenen von Interesse, um in beiden Richtungen Verabsolutierungen zu vermeiden und um Zusammenhänge zwischen den Ebenen aufzudecken (Lompscher, 1996b).

7.1.2   Untersuchung von Lernprozessen: Monitoring

Auch wenn die aufgeführten Fragebogeninstrumente Aufschluss über
wichtige subjektive Einschätzungen und Reflexionen der Lernenden geben (können), bleiben doch grundlegende Fragen (z. B. wie dieses Lernen
abläuft, welche Prozesse dabei stattfinden und was als Erfolg selbstgesteuerten Lernens zu bezeichnen ist) davon unberührt. Wie können solche
Lernprozesse thematisiert werden?
In der Vergangenheit haben sich *zwei Perspektiven* als hilfreich herauskri-
stallisiert. Lernereignisse werden betrachtet (1) als individuelle Prozesse
im Lerngeschehen, die kognitiv bei den Lernenden stattfinden und als (2)
soziale, partizipatorische Prozesse. Wie Anderson, Greeno, Reder und Simon (2000) betonen, sind diese beiden Betrachtungsweisen miteinander
nicht unvereinbar, sondern vielmehr komplementär.
Unterschiede zwischen den Perspektiven manifestieren sich unter anderem darin, wie der Lernerfolg operationalisiert wird: Während kognitive
Modelle des Lernens einen primären Fokus auf Wiedergabe und Tiefen-
verständnis legen, schreiben situierte Ansätze dem Kontext aus Werkzeugen, Begriffen und Personen, in dem das Lernen stattfindet, eine große
Bedeutung zu.
Gemeinsam ist beiden Entwürfen, dass zur Analyse der Lernprozesse
meist der gesprochene oder geschriebene Diskurs der Lernenden analysiert wird. Als Instrumente zur Erfassung solcher Diskussions- oder Lernprozesse fungieren in verschiedenen Studien Monitoringverfahren, wobei
Portfolio und Lerntagebuch besondere Aufmerksamkeit erfahren.

(1) Portfolio

Portfolio bezeichnet die zielgerichtete Sammlung von Arbeiten eines /
einer Lernenden, welche die Anstrengung, den Lernfortschritt und die
Leistungsresultate auf einem oder mehreren Gebieten zeigen. Die Sammlung schließt die Beteiligung des / der Lernenden bei der Auswahl der
Inhalte, Kriterien für die Auswahl und zur Beurteilung sowie selbstrefle-
xive Gedanken ein (Lissmann, 2000).

Was sind die Besonderheiten eines Portfolios?

Portfolios (Arbeitsmappen) haben wenigstens zwei Zwecksetzungen oder
Funktionen:

① *Dokumentation* von Lernprozess und/oder Ergebnis (z.B. ein er-
stelltes Produkt) für sich selbst und/oder für andere: In Einklang
mit lernpsychologischen Postulaten wird angenommen, dass man
nur wirklich lernt, wenn man versucht, das Gelernte anzuwenden
und darüber zu reflektieren. Portfolios sollen Gelegenheit geben,
Anwendung und Reflexion von neu Erlerntem zu praktizieren. Die
primäre Rückmeldung zum Portfolio sollte durch einen Lernpartner erfolgen. Die Lehrperson kann darüber hinaus auf ausgewählte
Punkte eingehen.

② *Evaluation* von Lernprozess und/ oder Ergebnis für sich selbst und/
oder für andere: Portfolios sind zwar aufwändiger zu bewerten als
Klausuren und Multiple Choice-Tests, aber in vielen Fällen wesentlich aussagekräftiger. Bei einer klaren Strukturierung sind sie auch
ebenso „objektiv" wie andere Verfahren.

Wie soll ein Portfolio aussehen?

○ Grundsätzlich soll das Portfolio einen klaren äußeren Rahmen aufweisen, der sich an bestimmten Regeln orientiert. Seine Inhalte hingegen können alle erdenklichen Formen haben, je nachdem was die
jeweilige Aufgabenstellung erfordert. Auch Handschriftliches und
Werkstücke, die keine Schriftform haben (z.B. Videos, Tonkasset-
ten, Bilder) können dabei sein.

○ Zu dem klaren Rahmen gehört vor allem, dass ein Portfolio ebenso
wie jedes Teilprojekt ein Deckblatt hat (siehe Tabelle 5).

○ Das Portfolio muss vollständig sein, das heißt es muss alle Lernprodukte beinhalten. Es empfiehlt sich, die Lernprodukte durchzu-
nummerieren; die Nummer muss mit dem Portfolio-Deckblatt über-
einstimmen.

Tabelle 5: Beispiel: Deckblatt für ein Portfolio

Deckblatt für eine Einlage des Portfolios	
Kurs:	
Datum:	
Name:	
Titel der Einlage /des Teilprojekts: Art der Aufgabe, die bearbeitet wurde:	
Warum ich diesen Leistungsnachweis für das Portfolio ausgewählt habe: Was meiner Ansicht nach daran gut gelungen ist: Was meiner Ansicht nach daran weniger gut gelungen ist: Was ich anhand dieses Leistungsnachweises gelernt habe:	

Wie ein Portfolio insgesamt aussehen kann, lässt sich aus Tabelle 6 entnehmen.

Tabelle 6: Beispiel eines Portfolios

Nachname:	Emmerich
Vorname:	Wolfgang
Kurstitel	Einführung in die Pädagogische Psychologie
	Portfolio: Einzelarbeit Nr. 4
Titel der Einzelarbeit	Was ist Lernen? Wie kann die Lehrperson das Lernen fördern?

Tabelle 6: Beispiel eines Portfolios (Fortsetzung)

Beschreibung	Studierende des Seminars stellen ihre jeweiligen Aktivitäten zum Themenfeld „Lernen" gegen Ende des Semesters zusammen, um sich untereinander auszutauschen. Das Portfolio subsumiert ferner unterrichtspraktische Beispiele, die in eigens dafür geplanten Veranstaltungen mit den Ausbildungslehrerinnen und -lehrern diskutiert werden. Die Ziele des Projektes bestehen zum einen darin, die eigenen Erfahrungen in diesem Bereich zu reflektieren, auszuwerten, ggf. Alternativen zu entwickeln. Zum anderen sollen die erfahrenen Kolleginnen und Kollegen Anregungen erhalten, alternative Lernkonzepte in ihren Fächern zu realisieren.

(2) Lerntagebuch

Ein Lerntagebuch weist eine klare Struktur auf. Exemplarisch soll hier die Organisation nach Schmitz (2001) präsentiert werden, da sie sich für Schule und Hochschule gleichermaßen eignet:

A. Teil A soll jeweils unmittelbar vor der täglichen Lerneinheit ausgefüllt werden und enthält vier Segmente.

   ① Der erste Bereich von Teil A beinhaltet Fragen nach allgemeinen aktuellen Daten: Teilnehmercode, Datum, Uhrzeit und der Lernabsicht für diesen Tag.

   ② Das zweite Segment von Teil A enthält Fragen zur momentanen emotionalen Befindlichkeit. Zur Erfassung von Stimmung/Emotion vor dem Lernen werden zehn Emotionsitems verwendet.

   ③ Das dritte Segment von Teil A beinhaltet Skalen im Hinblick auf die metakognitive Bewusstheit des Lerngeschehens.

   ④ Das vierte Segment von Teil A besteht aus Items zum Bereich der aktuellen Motivation.

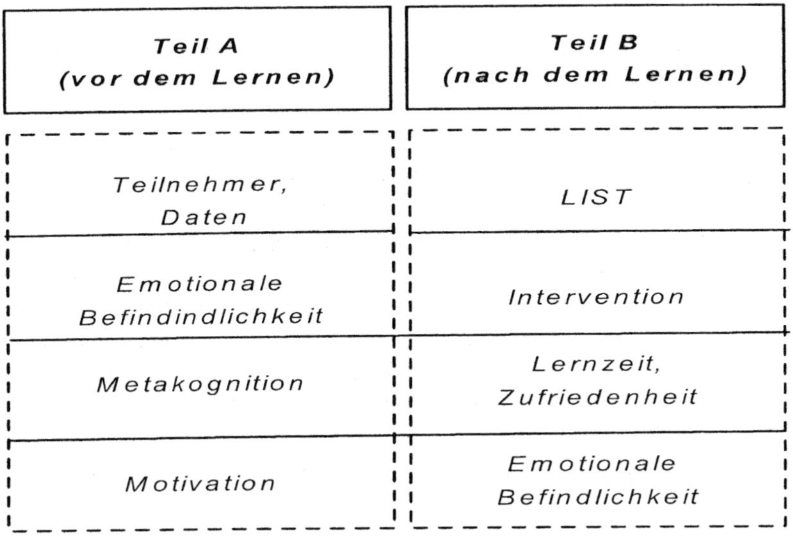

Teil A (vor dem Lernen)	Teil B (nach dem Lernen)
Teilnehmer, Daten	LIST
Emotionale Befindindlichkeit	Intervention
Metakognition	Lernzeit, Zufriedenheit
Motivation	Emotionale Befindlichkeit

Abb. 22: Beispiel eines Lerntagebuchs

B. Teil B soll nach der täglichen Lerneinheit ausgefüllt werden. Auch dieser Teil des Lerntagebuchs umfasst vier Segmente.

① Das erste Segment von Teil B beinhaltet insgesamt sechs ausgewählte, auf zwei Items verkürzte Skalen des LIST von Wild und Schiefele (1994) und zwei volitionale Skalen.

② Das zweite Segment von Teil B dient der Abfrage der Inhalte der Schulung oder des Trainingsprogramms (z. B. „Ich habe mir heute die Zeit eingeteilt").

③ Das dritte Segment von Teil B erfasst Lernzeit und Ergebnisvariablen: gesamte Lernzeit und effektive Lernzeit (je ein Item), Zufriedenheit mit dem heutigen Lernergebnis, Prozent des am Lerntag bewältigten Lernstoffs. Weiterhin wird erfragt: Verstehensgrad der zuvor in Teil A festgelegten thematisch gegliederten Lernteile.

④ Das vierte Segment von Teil B beinhaltet Fragen nach der emotionalen Befindlichkeit (z.B. „Ich fühle mich (un)sicher").

Lernjournale oder Lerntagebücher fungieren im Rahmen von (Schul) Reformen häufig als Instrumente zur Förderung des selbstgesteuerten Lernens. Im Zentrum steht die Anleitung der Lernenden, ihre Denk- und *Arbeitsprozesse zu reflektieren* und aus den Ergebnissen dieser Reflexion Konsequenzen für weiteres Handeln ziehen zu können. In der Praxis zeigen sich nicht selten interessante Diskrepanzen in der Beurteilung dieser Instrumente. Während Schüler oder Studierende das Lernjournal vielfach ablehnen oder es für unwichtig halten, erkennen Lehrkräfte darin ein wichtiges Instrument zur Förderung individueller Lernfortschritte und der Anregung der kritischen Reflexion des eigenen Lernens und Arbeitens. Aus der Sicht der Lehrperson haben Monitoring-Instrumente sowohl instruktionale als auch diagnostische Ziele:

Tabelle 7: Instruktionale und diagnostische Ziele

Instruktionale Ziele	*Diagnostische Ziele*
• Förderung von selbstgesteuertem Lernen	• Erfassung von Lernprozessen
• Aktive Konstruktion von Wissen	• Dokumentation von Entwicklungsverläufen
• Reflexion des eigenen Lernens (z. B. Metakognition)	• Bewertung von Lernprozessen und Lernergebnissen
• Entwicklung individueller Lernstrategien	

Möglichkeiten zur Erforschung des selbstgesteuerten Lernens sollen nun weiter veranschaulicht werden. Das nachfolgend skizzierte Forschungsprojekt beschreibt die Durchführung einer Fragebogenstudie. Hauptsächliches Anliegen ist die Klärung der Bedingungen und Konsequenzen des selbstgesteuerten Lernens.

7.2 Beispiel einer Fragebogenstudie: Bedeutung von Selbststeuerung für Lernleistung und Lernaufwand

Selbstgesteuertes Lernen soll in dieser Studie in seiner *Ganzheit* und im Kontext natürlicher Alltagssituationen erfasst werden. Daraus resultiert zum einen die Anforderung, dieses Lernen als miteinander interagierende (meta)kognitive, motivational-affektive und systemseitige bzw. situative Faktoren zu erforschen (Howard, McGee, Hong & Shia, 2000); zum zweiten gilt es, Bedingungen, Verläufe und Konsequenzen der Selbststeuerung nicht in künstlichen Trainings- oder Experimentalsituationen, sondern weitestgehend in der Alltagsrealität zu untersuchen. Wie die Untersuchungsstrategie dieser Studien beschaffen ist und welches Untersuchungs-Design gewählt wird, soll zunächst berichtet werden.

7.2.1 Untersuchungs-Design

Kernstück des Designs ist die methodisch variable Analyse verschiedener Facetten der Selbststeuerung im Bereich der Hochschule. Das Gesamt-Design lässt sich wie folgt zusammenfassen:

Tabelle 8: Untersuchungs-Design im Überblick

Zeitpunkt	Handlungs-feld	Ziel	Stichprobe
zweimalig (17 Wochen)	Hochschule 1	Effekte / Wechselwirkungen	Studierende (N=277)
zweimalig (17 Wochen)	Hochschule 2	Effekte / Wechselwirkungen	Studierende (N=198)

Wie zu sehen ist, erfolgten die empirischen Erhebungen zu unterschiedlichen Zeitpunkten an verschiedenen Hochschulen. Die Studierenden (71 Männer und 206 Frauen; 42 Männer und 156 Frauen im Alter zwischen 19 und 42 Jahren) besuchten im Erhebungszeitraum Lehrveranstaltungen zu unterschiedlichen Themengebieten.

Ihre Teilnahme an der Untersuchung war freiwillig und anonym. Die Anonymität betraf sowohl die Teilnehmer selbst als auch die Lehrkräfte, die ihre Veranstaltungen zur Verfügung gestellt hatten.

Die Präzisierung konkreter Fragestellungen und die schrittweise Erarbeitung empirischer Erhebungsmethoden erfolgte in einem mehrstufigen Prozess. Dieser mündete in die Auswahl relevanter Variablen bzw. Aspekte der Selbststeuerung und die Formulierung darauf bezogener Forschungsfragen.

7.2.2 Ausgewählte Variablen und Fragestellungen

Abbildung 23 fasst die interessierenden Variablen zusammen. Die Ziffern in der Abbildung entsprechen den nachstehend genannten Fragestellungen. Wie zu sehen ist, stehen drei Erkenntnisinteressen im Zentrum:

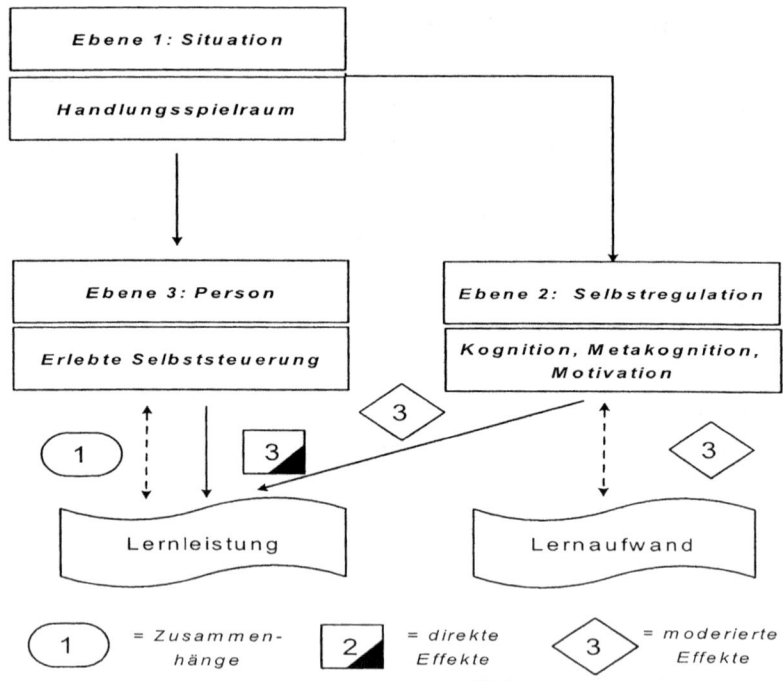

Abb. 23: Forschungsmodell und Forschungsinteressen

1) Welche Zusammenhänge bestehen zwischen erlebter Selbststeuerung, (meta)kognitiven und emotional-motivationalen Komponenten der Selbstregulation und wahrgenommenen Handlungsspielräumen einerseits und Lernleistung sowie Lernaufwand andererseits?

2) Gehen von Selbstregulation, erlebter Selbststeuerung und perzipierten Handlungsspielräumen nachhaltige Effekte auf Aspekte der Lernleistung sowie des Lernaufwands aus?

3) In welchem Maße werden die Beziehungen zwischen in der Lernsituation gewährten Handlungsspielräumen und Lernleistung/Lernaufwand durch erlebte Selbststeuerung und / oder Selbstregulation moderiert?

Ausgehend von den skizzierten Fragekomplexen lassen sich nun spezifische Forschungshypothesen formulieren und einer empirischen Überprüfung zuführen.
Eine erste Hypothese hat einfache korrelative Zusammenhänge im Blick:

Hypothese 1:   *Zwischen erlebter Selbststeuerung, Komponenten der Selbstregulation und perzipierten Handlungsspielräumen einerseits und Indikatoren der Lernleistung bzw. des Lernaufwands andererseits bestehen substanzielle Zusammenhänge.*

Hypothese 2 zielt auf die direkten Effekte der beteiligten Modellkomponenten:

Hypothese 2:   *Motivational-affektive und (meta)kognitive Aspekte der Selbstregulation, wahrgenommene Handlungsspielräume und erlebte Selbststeuerung nehmen unmittelbar Einfluss auf Lernleistung und Lernaufwand.*

Eine dritte Hypothese rückt die moderierende Bedeutung der Selbstregulation sowie der erlebten Selbststeuerung ins Zentrum:

Hypothese 3:   *Aspekte der Selbstregulation sowie der erlebten Selbststeuerung fungieren als Bindeglied zwischen Lernsituation und Lernleistung; sie vermitteln die Wirkungen von Handlungsspielräumen auf die Indikatoren der Lernleistung sowie des Lernaufwands.*

7.2.3 Methode

Die folgenden Abschnitte gehen auf die methodischen Besonderheiten der präsentierten Studien ein. Zur Sprache kommen in erster Linie die Verfahren der Datenerhebung und deren Gütekriterien.

7.2.3.1 Datenerhebung

Aufgabe der Datenerhebung ist es, die Kernelemente des Arbeitsmodells zur Geltung zu bringen. Entsprechend orientiert sich die Auswahl der Items an den im Handlungsmodell (siehe Kapitel 5) ausgewiesenen theoretischen Dimensionen der Selbststeuerung und kann als *theoriegeleitet* bezeichnet werden. In Einklang mit diesem Modell erfolgt auch die Auswahl der Analysegegenstände, die allesamt mit bekannten Instrumenten erfasst wurden (z. B. „Inventar zur Erfassung von Lernstrategien im Studium" (LIST), und „Motivated Strategies for Learning Questionnaire" (MSLQ)):

① Lernumwelt

② Selbstregulation

③ Personvariable

④ Lernleistung und Lernaufwand.

Die Variablen der Untersuchung können nun im Zusammenhang präsentiert werden.

Ebene 1: Lernumwelt

Tabelle 9 informiert über die Indikatoren der Lernumwelt.

Tabelle 9: Beispielitems zur Lernumwelt

Nr.	Konstrukt	Antwort-format
	Handlungsspielraum (7 Items) *In dieser Veranstaltung*	
01	sind die Erklärungen gut verständlich	1 – 5
02	kann ich mit dem Dozenten jederzeit reden	1 – 5
	Lerninhalt (2 Items) *In dieser Veranstaltung*	
01	sind die Lerninhalte sehr komplex	1 – 5
	Lernorganisation	
01	Besuchte Lehrveranstaltung	Vorlesung Sem./Üb.

Ebene 2: Selbstregulation

Beispielitems für die in unserer Untersuchungsreihe zentralen handlungsbezogenen Konstrukte sind in der nachstehenden Tabelle 10 zusammengefasst.

Tabelle 10: Beispielitems für die handlungsbezogenen Konstrukte

Nr.	Konstrukt	Antwort-format
	Organisation (8 Items)	
01	Ich fertige Tabellen, Diagramme oder Schaubilder an, um den Stoff der Veranstaltung besser strukturiert vorliegen zu haben	1 – 5
02	Ich mache mir kurze Zusammenfassungen der wichtigsten Inhalte als Gedankenstütze	1 – 5
	Elaboration (8 Items)	
01	Ich versuche, Beziehungen zu den Inhalten verwandter Lerngebiete herzustellen	1 – 5
02	Zu neuen Konzepten stelle ich mir praktische Anwendungen vor	1 – 5

Tabelle 10: Beispielitems (Fortsetzung)

Nr.	Konstrukt	Antwort-format
Intrinsische Motivation	(6 Items)	
01	Ich finde das Arbeiten und Lernen richtig spannend	1 – 5
02	Ich erlebe mich beim Lernen als neugierig und wissbegierig	1 – 5
Metakognitives Wissen	(9 Items)	
01	Ich kann günstige und ungünstige Lösungen eines Lern-Problems auseinanderhalten	1 – 5
02	Mir ist klar, mit welchen Gedanken und Vorstellungen ich mir das Lernen erleichtere oder erschwere	1 – 5
Planung	(8 Items)	
01	Ich versuche mir vorher genau zu überlegen, welche Teile eines bestimmten Themengebiets ich lernen muss und welche nicht	1 – 5
02	Ich überfliege neues Lernmaterial erst mal, um festzustellen, was wichtig ist	1 – 5
Regulation	(8 Items)	
01	Wenn ich einen schwierigen Text vorliegen habe, passe ich meine Lerntechnik den höheren Anforderungen an (z. B. durch langsameres Lesen)	1 – 5
02	Wenn ich während des Lesens eines Textes nicht alles verstehe, versuche ich, die Lücken festzuhalten und den Text daraufhin noch einmal durchzugehen	1 – 5
Überwachung	(8 Items)	
01	Ich stelle mir oft Fragen, um sicherzustellen, dass ich den Stoff verstanden habe, den ich in einer Lehrveranstaltung gehört habe	1 – 5
02	Ich versuche herauszufinden, welche Themenbereiche ich noch nicht genügend verstanden habe	1 – 5

Tabelle 10: Beispielitems (Fortsetzung)

Nr.	Konstrukt	Antwort-format
	Valenz (8 Items) Wie bewerten Sie die unten angeführten Ziele?	
01	Mein Lerntempo selbst bestimmen	-2 – +2
02	Selbst entscheiden, mit wem ich zusammenarbeite	-2 – +2
	Kontrolle (8 Items) Glauben Sie, dass Sie diese Ziele durch Ihre momentanen Lern-Tätigkeiten erreichen können?	
01	Mein Lerntempo selbst bestimmen	1 – 5
02	Selbst entscheiden, mit wem ich zusammenarbeite	1 – 5
	Kompetenz/Wirksamkeit (8 Items) Stehen Ihnen Fähigkeiten und Kenntnisse zur Verfügung, die es Ihnen ermöglichen, die unten genannten Ziele zu erreichen?	
01	Mein Lerntempo selbst bestimmen	1 – 5
02	Selbst entscheiden, mit wem ich zusammenarbeite	1 – 5
	Emotionale Befindlichkeit (6 Items) Wie fühlen Sie sich in der aktuellen Veranstaltung?	
01	unruhig vs. ruhig	1 – 5
02	desinteressiert vs. interessiert	1 – 5
	Situationsbezogene Selbststeuerung (8 Items) *In dieser Veranstaltung*	
01	habe ich die Möglichkeit, durch eigenes Tun, etwas vertiefend zu bearbeiten	1 – 5
02	muss ich mich an von außen vorgegebenen Inhalten und Plänen orientieren	1 – 5

Ebene 3: Personvariablen

Tabelle 11: Beispielitems zu Personmerkmalen

Nr.	Konstrukt	Antwort-format
	Generalisierte Selbststeuerung (8 Items)	
01	Beim Lernen habe ich das Gefühl, das zu tun, was ich selber tun will	1 – 5
02	Beim Lernen erlebe ich mich als unabhängig und selbstbestimmt	1 – 5

Ebene 4: Lernleistung und Lernaufwand

Tabelle 12 fasst anhand von Beispielen die zu Lernleistung und Lernaufwand erfragten Informationen zusammen.

Tabelle 12: Beispielitems für Lernleistung und Lernaufwand

Nr.	Konstrukt	Antwort-format
	Klausurleistung	
01	Ergebnisse einer Klausur	P-zahl
	Abschlussnote	
01	Zum Ende des Semesters erwarte ich eine Abschlussnote ...	1 – 4
	Note im Hauptfach	
01	Meine derzeitigen Leistungen im Hauptfach liegen...	1 – 4
	Lernaufwand	
01	Zeit der Nachbereitung von Lehrveranstaltungen	Std. tägl
02	Selbstbeteiligung in diesem Seminar / Vorlesung	1 – 5
	Anstrengung (8 Items)	
01	Ich gebe nicht auf, auch wenn der Stoff sehr schwierig oder komplex ist	1 – 5

7.2.3.2 Güte der Forschungsinstrumente

Die Validierung und Reliabilitätsprüfungen der hier verwendeten Skalen sowie einzelner Vorstufen erfolgte in mehreren Voruntersuchungen. Insgesamt kann man für die verwendeten Skalen zufriedenstellende Gütemaße konstatieren. Dies trifft in erster Linie für die Konsistenzen der kognitiven Lernstrategien, der erwartungs-wert-theoretischen Kernvariablen und der intrinsischen Motivation zu. Die Retest-Reliabilitäten $(0.18 < r(1,2) < 0.50)$ als Maße der Übereinstimmung zwischen Erst- und Wiederholungsbefragung sind dagegen auf einem niedrigen Niveau angesiedelt. Zieht man jedoch die zu erwartenden Lernprozesse im Untersuchungszeitraum in Betracht, erscheinen die Koeffizienten insgesamt als ausreichend hoch, um die zugrunde liegenden Variablen als brauchbare Erhebungsinstrumente für Forschungsfragen bezeichnen zu können.

7.2.4 Darstellung der Ergebnisse

Im Zentrum der empirischen Erkenntnisinteressen steht die Klärung der Zusammenhänge zwischen erlebter Selbststeuerung, den handlungsbezogenen Komponenten der Selbstregulation, perzipierten Handlungsspielräumen und Lernleistung bzw. Lernaufwand. Die Darstellung der Befunde erfolgt in drei Schritten:

① Überprüfung einfacher *korrelativer* Zusammenhänge zwischen Aspekten der Selbststeuerung und Lernleistung

② Analyse funktionaler Beziehungen zwischen Aspekten der Selbststeuerung und Lernleistung

③ Analyse moderierter Effekte.

7.2.4.1 Zusammenhänge zwischen Selbststeuerung und Lernerfolg (Stichprobe I und II: Querschnittanalysen)

Ziel der zunächst durchgeführten Querschnittanalysen ist die *Klärung einfacher Zusammenhänge*. Es geht darum, erste Hinweise auf das postulierte Wirkungsgefüge der interessierenden Konstrukte zu geben, wobei reziproke und moderierte Effekte in diesem Querschnitt-Design nicht unterstellt werden.
Ein vereinfachtes Wirkungsgefüge wird auf der Basis des präsentierten Modells (siehe Kapitel 5) wie folgt postuliert:

> *Hypothese 1:* *Zwischen erlebter Selbststeuerung, Komponenten*
> *der Selbstregulation und perzipierten Handlungs-*
> *spielräumen einerseits und Indikatoren der Lern-*
> *leistung bzw. des Lernaufwands andererseits be-*
> *stehen substanzielle Zusammenhänge.*

Zur Prüfung dieser Annahme werden Produkt-Moment-Korrelationen
zwischen den relevanten Dimensionen berechnet (siehe Tabelle 13).

Tabelle 13: Produkt-Moment-Korrelationen (Stichprobe I und II)

	Abn	Hpn	Sbt	Anst	ZeitS	ZeitP
	Stichprobe I (n = 277, 2. Messung)					
Anstrengung	0.14*	0.16*	0.01	1.00	0.11	0.12*
Organisation	−0.03	0.00	−0.08	0.45*	0.01	−0.03
Elaboration	−0.03	0.00	−0.09	0.46*	0.01	−0.02
Imotivation	−0.04	0.08	−0.11	0.32*	−0.04	−0.03
Wiederholung	−0.02	0.06	−0.05	0.10	−0.03	0.00
Planung	0.34	0.27*	0.12	0.35*	0.11	0.10
Regulation	0.03	0.00	−0.01	0.32*	0.03	−0.02
Überwachung	−0.04	0.10	−0.10	0.36*	−0.01	−0.05
Valenz	0.03	0.09	−0.13	0.21*	−0.07	−0.07
HEE	0.10	0.03	−0.06	0.24*	−0.03	−0.10
SHE	0.15*	0.14*	−0.01	0.34*	0.01	−0.01
Befindlichkeit	0.02	0.07	−0.03	0.35*	0.02	−0.04
HSpielraum	0.11	0.14*	0.03	0.33*	0.04	0.05
Sitsgl2	0.04	0.11	0.10	0.24*	0.07	0.09
AllgSgl2	−0.02	0.04	−0.06	0.19*	−0.04	−0.06
	Stichprobe II (n = 198, 2. Messung)					
Organisation	0.38*	0.26*	0.11	0.70*	0.56*	0.31*
Elaboration	−0.05	−0.07	−0.03	0.22*	0.07	0.02
Imotivation	0.30*	0.33*	0.08	0.58*	0.46*	0.25*
Lernbewusst.	0.23*	0.31*	0.27	0.48*	0.46*	0.26*
Planung	0.37*	0.26*	−0.04	0.58*	0.44*	0.24*

Tabelle 13: Produkt-Moment-Korrelationen (Fortsetzung)

	Abn	Hpn	Sbt	Anst	ZeitS	ZeitP
Regulation	−0.05	−0.08	−0.04	0.20*	−0.05	−0.08
Ueberwachung	0.37*	0.26*	−0.04	0.71*	0.43*	0.23*
Valenz	−0.06	−0.02	0.20*	−0.06	0.05	−0.03
HEE2	−0.05	0.03	0.14*	−0.04	0.39*	0.25*
SHE2	−0.08	0.08	0.06	−0.06	0.14*	0.23*
Befindlichkeit	0.27*	0.17*	−0.05	0.45*	0.44*	0.32*
HSpielraum	0.37*	0.25*	−0.04	0.46*	0.57*	0.41*
Sitsgl2	0.41*	0.28*	−0.03	0.50*	0.62*	0.46*
AllgSgl2	0.37*	0.25*	−0.04	0.71*	0.43*	0.22*

Anmerkungen. Abn = erwartete Abschlussnote; Hpn = aktuelle Note im Hauptfach; Sbt = Selbstbeteiligung; ZeitS = Zeit zum Selbststudium; ZeitP = Zeit zur Prüfungsvorbereitung; Anst = Anstrengung; HEE = Handlungs-Ergebnis-Erwartung; SHE = Situations-Handlungs-Erwartung; * $p < .05$.

Wie ersichtlich, liegen die Korrelationen der emotional-motivationalen und (meta)kognitiven Konstrukte mit Aspekten der Lernleistung/des Lernaufwands auf einem niedrigen oder allenfalls mittleren Niveau. Die in *Hypothese 1* formulierten Erwartungen finden damit nur partiell Bestätigung. Eindeutig hypothesenkonforme Befunde sind für situationsspezifische Selbststeuerung (Note im Hauptfach), Regulation (Zeit der Prüfungsvorbereitung, Anstrengung) und Planung (Anstrengung) erkennbar. In Stichprobe II sind enge Zusammenhänge für Lernbewusstheit (Anstrengung) und Wiederholung (Zeit der Prüfungsvorbereitung) festzustellen. Kognitive Strategien (Organisation, Elaboration) weisen hier besonders enge Beziehungen zur Anstrengung sowie zum zeitlichen Engagement auf. Wie sich anhand der positiven Vorzeichen ablesen lässt, liegen zwischen Metakognitionen (Lernbewusstsein, Überwachung und Planung) und der Note im Hauptfach sowie zur Abschlussnote hypothesenkonträre Korrelationen vor.

7.2.4.2 Funktionale Beziehungen zwischen erlebter Selbststeuerung, Komponenten der Selbstregulation, perzipierten Handlungsspielräumen und Aspekten der Lernleistung sowie des Lernaufwands

> *Hypothese 2: Motivational-affektive und (meta)kognitive Aspekte der Selbstregulation, wahrgenommene Handlungsspielräume und erlebte Selbststeuerung nehmen unmittelbar Einfluss auf Lernleistung und Lernaufwand.*

Die daran anschließende Analyse funktionaler Beziehungen zwischen Selbstregulation, Person- sowie Situationsmerkmalen der Selbststeuerung und Lernerfolg erfolgt mit Hilfe von Regressionsgleichungsmodellen. Im Unterschied zur symmetrischen Korrelation ist die Regression asymmetrisch angelegt. Ziel der Regression ist die Beschreibung der Beziehung zwischen einer abhängigen Variablen y und einer oder mehreren unabhängigen Variablen.

In den folgenden linearen Regressionsanalysen werden die Funktion und das Bestimmtheitsmaß (R^2) – als Maß für die Übereinstimmung der Funktion mit den Messwerten – sowie die partiellen Korrelationen mitgeteilt.

Tabelle 14 informiert über die Bedeutung der Modellkomponenten für alle Maße der Lernleistung (multiple Streuung) in der 1. Stichprobe.

Tabelle 14: Funktionale Zusammenhänge mit Lernleistung und Lernaufwand (Stichprobe I, n = 277)

Streuungsquelle	gener. Streuung	Wilks Lambda	Korrel Koeff.	F-Wert	df
Gesamtstreuung	0.32				
Fehlerstreuung	0.04				1445
alle unabh. Var. zus.	0.27	0.14	0.49	3.75*	156

Tabelle 14: Funktionale Zusammenhänge (Fortsetzung)

Streuungsquelle	gener. Streuung	Wilks Lambda	Korrel Koeff.	F-Wert	df
		1. Messung			
Organisation1	0.02	0.93	0.25	2.72*	6
Elaboration1	0.02	0.95	0.21	2.02*	6
Imotivation1	0.02	0.95	0.21	2.01*	6
Wiederholung1	0.01	0.97	0.16	1.08	6
Planung1	0.01	0.96	0.19	1.60	6
Regulation1	0.03	0.92	0.27	3.22*	6
Überwachung1	0.01	0.97	0.17	1.24	6
Valenz1	0.01	0.97	0.15	0.96	6
HEE1	0.00	0.99	0.08	0.27	6
SHE1	0.01	0.97	0.16	1.15	6
Befindlichkeit1	0.01	0.97	0.14	0.91	6
AllgSgl1	0.01	0.97	0.16	1.11	6
		2. Messung			
Organisation2	0.00	0.98	0.12	0.68	6
Elaboration2	0.00	0.98	0.13	0.77	6
Imotivation2	0.00	0.98	0.12	0.62	6
Wiederholung2	0.01	0.96	0.17	1.34	6
Planung2	0.01	0.79	0.45	10.63*	6
Regulation	0.01	0.96	0.17	1.26	6
Überwachung2	0.02	0.94	0.22	2.25*	6
Valenz2	0.02	0.95	0.20	1.87	6
HEE2	0.00	0.98	0.13	0.75	6
SHE2	0.02	0.95	0.22	2.10*	6
Befindlichkeit2	0.04	0.91	0.29	3.77*	6
HSpielraum2	0.08	0.84	0.39	7.53*	6
SitSgl2	0.09	0.82	0.42	8.80*	6
AllgSgl2	0.00	0.97	0.14	0.83	6

Anmerkungen. HEE = Handlungs-Ergebnis-Erwartungen; SHE = Situations-Handlungs-Erwartungen; SitSgl = situationsspezifische Selbststeuerung; AllgSgl = generalisierte Selbststeuerung; * $p < .05$.

Wie zu sehen ist, erreichen die Koeffizienten des Gesamtmodells ein signi-
fikantes Niveau. Was die Einzelkomponenten anbelangt, erweisen sich zu
t1 kognitive Strategien (Organisation, Elaboration) sowie die intrinsische
Motivation als bedeutsam. Zu t2 spielen emotional-motivationale Konzepte (Wirksamkeit und Befindlichkeit), Handlungsspielräume sowie die
situationsbezogene Selbststeuerung eine besondere Rolle. Abbildung 24
gibt Auskunft über die Relevanz einzelner Regressionskoeffizienten. Präsentiert werden die (signifikanten) Effekte („standardisierte Regression")
hinsichtlich der Leistungsvariable „Anstrengung".

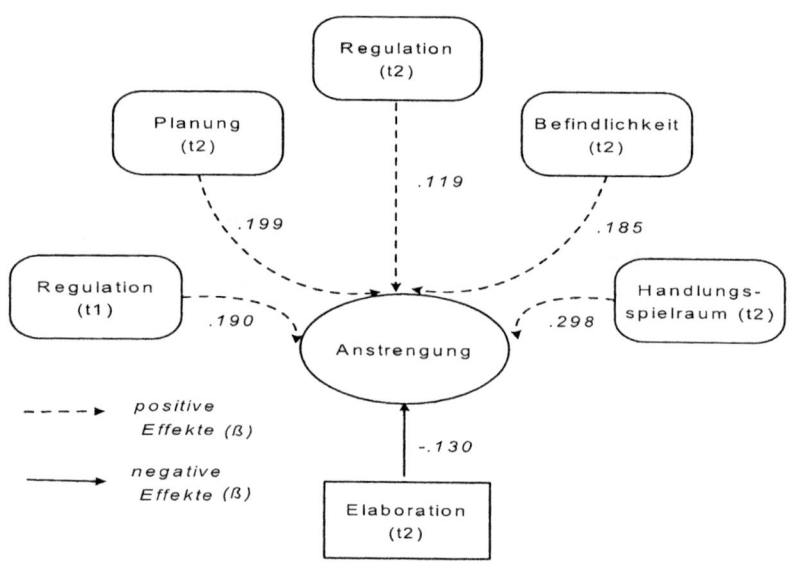

Abb. 24: Effekte für die Anstrengung

Statistisch fassbare Effekte für die Anstrengung gehen in erster Linie
von vorhandenen Handlungsspielräumen sowie von metakognitiven Kon-
trollprozessen aus. Auch die emotionale Befindlichkeit scheint wichtig für
aktives Lernen zu sein.
Was das Ausmaß der Beschäftigung mit Prüfungsinhalten (siehe Abbildung 25) anbelangt, können sowohl kognitive als auch metakognitive
Strategien ihre Bedeutung unter Beweis stellen. Darüber hinaus gehen
von der situationsspezifischen Selbststeuerung günstige Effekte aus.

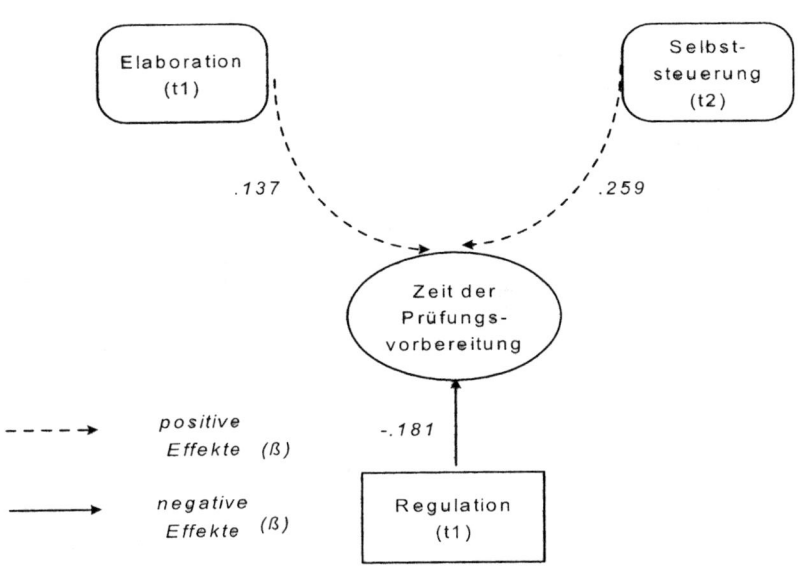

Abb. 25: Effekte für die Prüfungsvorbereitung

Unerwartete Befunde sind für einzelne metakognitive Kontrollprozesse festzustellen. So scheint die Regulation das Ausmaß der häuslichen Beschäftigung mit dem Studium eher zu behindern.
Direkte Effekte werden auch für die 2. Stichprobe postuliert. Wie in Stichprobe I sind für das Gesamtmodell signifikante Befunde zu verzeichnen ($R = 0.60$; $F = 4.28$; $p < 0.05$). Besonders aussagekräftig ist die Tragweite der zu Zeitpunkt 1 erfassten Dimensionen für die Ausprägung der später erfassten Leistungsparameter. Motivationale Aspekte (Befindlichkeit, Selbstwirksamkeit, intrinsische Motivation) machen sich hinsichtlich Lernleistung und Lernaufwand günstig bemerkbar (z. B. intrinsische Motivation: $R = 0.55$, $F = 12.01$; $p < 0.05$). Im Zuge der zweiten Messung kommt darüber hinaus (meta)kognitiven Kontrollstrategien und metakognitiver Bewusstheit eine besondere Bedeutung zu. Hervorzuheben sind beispielsweise die Planung, Regulation und Organisation des Lernens.

Daran anschließend berechnete univariate Regressionsanalysen geben
Auskunft über signifikante Effekte einzelner Dimensionen des selbstgesteuerten Lernens. Welche Erkenntnisse resultieren daraus für die Anerkennung oder Ablehnung der *2. Hypothese*? Entsprechende Anhaltspunkte liefert die Abbildung 26, die die strukturellen Beziehungen für
das Ausmaß des häuslichen Selbststudiums veranschaulicht.

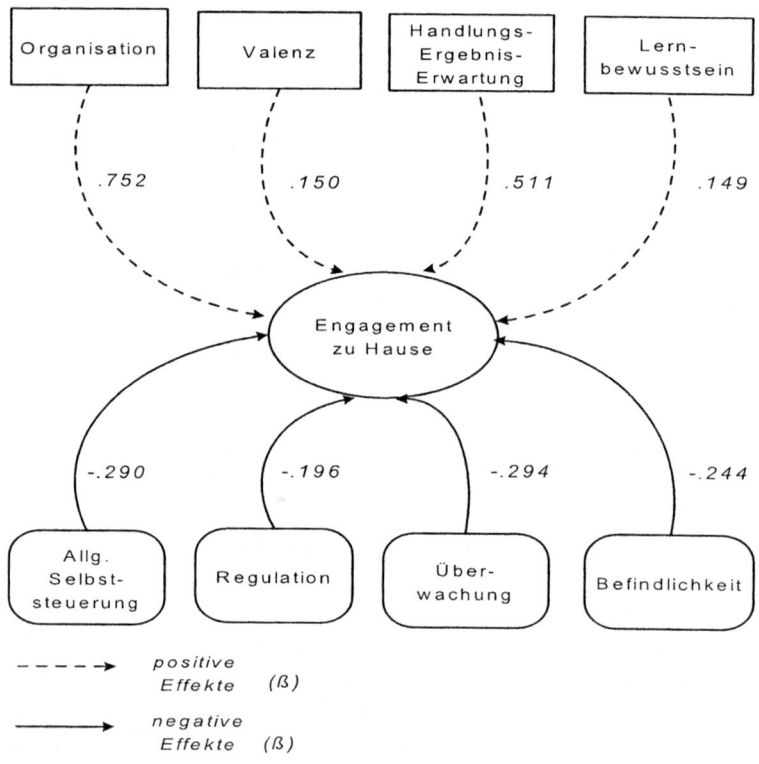

Abb. 26: Effekte für das häusliche Engagement

Hinsichtlich der Selbstbeteiligung halten sich positive und negative Effekte die Waage. Während sich generalisierte Selbststeuerung sowie metakognitive Kontrollprozesse (z. B. Regulation und Überwachung) negativ
bemerkbar machen, haben motivationale Überzeugungen und die Organisation des Lernens positive Wirkungen auf das Ausmaß der Selbstbeteiligung und damit auf das aktive Engagement im Studienalltag.

Wie die Wirkungen hinsichtlich des häuslichen Engagements für das Studium verteilt sind, veranschaulicht die Abbildung 27. Es zeigen sich überwiegend positive Effekte, sowohl der Kontrollüberzeugungen als auch der Lernorganisation und des Lernbewusstseins. Allein die Regulation kognitiver Prozesse macht sich ungünstig bemerkbar. Wie bei der Selbstbeteiligung scheinen allzu viele regulative Aktivitäten einem intensiven Engagement eher im Wege zu stehen. Die differenzierenden Hinweise zur Wirkung von Metakognitionen von Weinert (1984) scheinen sich hier zu bestätigen.

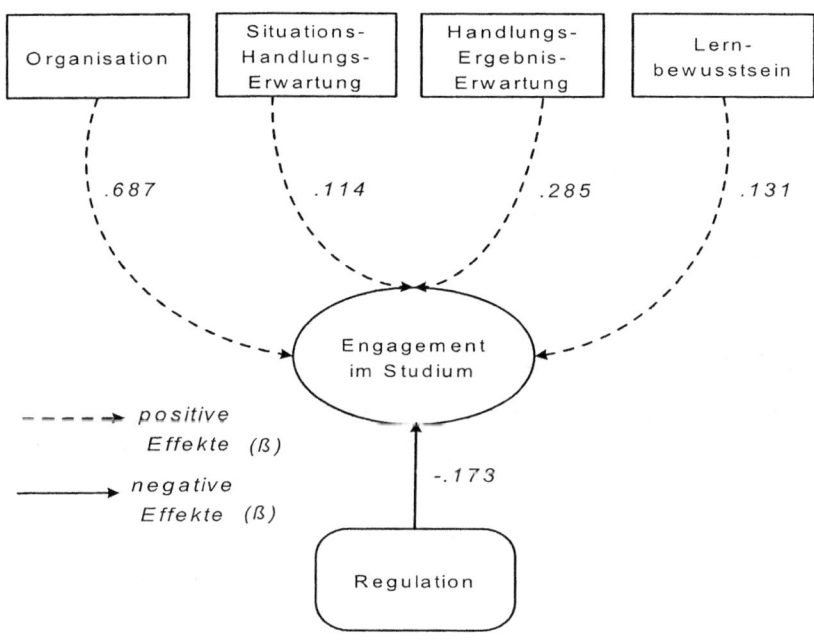

Abb. 27: Effekte für das Engagement im Studium

Fasst man die Vielzahl der hier analysierten Beziehungen zusammen, so bleibt festzuhalten: Über den gegebenen Zeitraum von 17 Wochen hinweg existieren nur schwache Beziehungen zwischen den berücksichtigten (meta)kognitiven und emotional-motivationalen Komponenten der Selbstregulation (Organisation, Elaboration, Intrinsische Motivation) sowie der erlebten Selbststeuerung einerseits und Aspekten der Lernleistung/des Lernaufwands andererseits. Für die zeitgleich erhobenen Facetten der

Selbststeuerung zeigen sich dagegen überwiegend die erwarteten Zusammenhänge. Dies gilt insbesondere hinsichtlich des häuslichen Engagements für Studium und Prüfung.

7.2.4.3 Mediatoreffekte in den Stichproben I und II

Hypothese 3: Die Wirkung von Handlungsspielräumen auf Lern-
leistung/Lernaufwand wird zum einen durch Elemente der Selbstregulation und zum anderen durch
die erlebte Selbststeuerung vermittelt.

Hypothese 3 unterstellt, dass die Wirkung der Lernsituation bzw. der darin wahrgenommenen Handlungsspielräume auf die Lernleistung sowohl von der Qualität der Selbstregulation als auch von der erlebten Selbststeuerung vermittelt werden kann.

Die Überprüfung dieser Annahme erfolgte in zwei Schritten, zum einen mit Hilfe von Partialkorrelationen und zum zweiten unter Anwendung von Pfadanalysen.

1. Partialkorrelationen

Partielle Korrelationen geben den linearen Zusammenhang zweier Variablen an, aus dem der lineare Einfluss einer dritten Variablen eliminiert wurde (hier Selbstregulation oder erlebte Selbststeuerung; siehe Abbildung 28).

Damit einher geht eine vermutlich realistischere Interpretation des vorliegenden Variablengefüges. Übereinstimmend mit dem aktuellen Kenntnisstand wird davon ausgegangen, dass es keineswegs einen direkten, eindeutigen Zusammenhang zwischen Lernsituation und Lernleistung bzw. Lernaufwand gibt, sondern komplexe intrapsychischen Prozesse vermittelnd wirksam werden. Sollen solche personinternen Vermittlungsprozesse (d. h. Mediatoren-Effekte) analysiert werden, müssen allerdings strenge Voraussetzungen beachtet werden (Schiefele et al., 1995; Krapp, 1996):

① Der Prädiktor (hier: Handlungsspielraum) muss signifikant mit Kri-
    terium (hier: Lernleistung) und Mediator (hier: erlebte Selbststeue-
    rung und Selbstregulation) korrelieren;

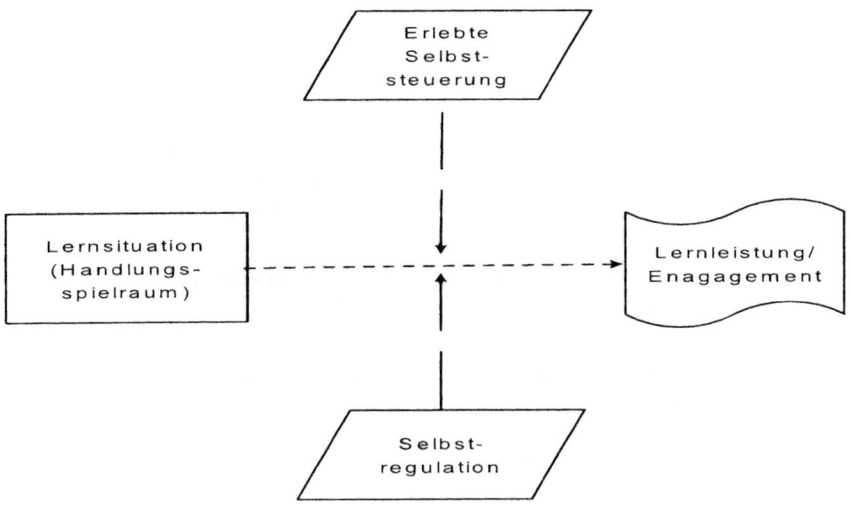

Abb. 28: Partialkorrelation: Analyse moderierender Variablen

② Der Mediator muss signifikant mit dem Kriterium korrelieren. Die auf dieser Basis realisierten Partialkorrelationen sprechen eine deutliche Sprache: Werden Aspekte der Selbstregulation sowie der erlebten Selbststeuerung auspartielliert, verlieren Handlungsspielräume an Bedeutung. Erlebte Selbststeuerung und Selbstregulation kommen damit als die aktuelle Lernsituation moderierende Größen in Frage. In der Lernsituation bereitgestellte Handlungsspielräume werden für das Lernen in erster Linie dann wirksam, wenn sie (meta)kognitiv angemessen verarbeitet werden. Der in der Psychologie schon lange vertretene Gedanke des *reziproken Determinismus* zwischen Person, Verhalten und Umwelt (Bandura. 1986) findet hier Anerkennung.

2. Pfadanalysen

Zusätzlich berechnete Pfadanalysen sollten die vermittelnde Bedeutung vor erlebter Selbststeuerung und Selbstregulation bestätigen. Die Pfadanalyse ist eine Methode, mit deren Hilfe eine Korrelationsmatrix von

Variablen in ein rekursives Kausalmodell überführt wird. In der Pfadanalyse ist es üblich, jene Variablen, die am Anfang der Reihung stehen, ihrerseits also nicht mehr durch andere Modellvariablen bestimmt werden,
als Input- oder *exogene* Variablen zu bezeichnen. Die übrigen Variablen
sind dann *endogene* Variablen.

Als exogene Variablen gingen die jeweiligen Leistungsparameter in die
Analysen ein. Endogene Variablen waren die Aspekte von erlebter Selbststeuerung, Selbstregulation sowie Handlungsspielraum. Annahme war,
dass Handlungsspielräume Aspekte der Selbstregulation sowie der erlebten Selbststeuerung beeinflussen und diese ihrerseits die Lernleistung
determinieren. Die Abbildungen 29 und 30 informieren über die Ergebnisse der Pfadanalysen in Stichprobe I. Dargestellt sind die direkten und
indirekten Effekte der Modellkomponenten und ihre Abhängigkeit von
perzipierten Freiräumen.

Aus Abbildung 29 geht hervor, dass neben den Handlungsspielräumen
auch kognitive und metakognitive Strategien sowie die emotionale Befindlichkeit die Anstrengung günstig beeinflussen.

Wie vermutet, gehen von Handlungsspielräumen direkte und indirekte
(über die Befindlichkeit sowie die kognitive Strategie „Wiederholung")
Pfade auf die Lernleistung aus. Wiederholung wie auch das Erleben von
Selbststeuerung wirkt negativ auf die Anstrengung.

Im Hinblick auf das Engagement (siehe Abbildung 30) zeigt sich zweierlei: Positive Pfade gehen sowohl von den Handlungsspielräumen als
auch von der situationsspezifischen Selbststeuerung aus. Darüber hinaus
wird engagiertes Studieren durch die emotionale Befindlichkeit günstig
beeinflusst. Im Hinblick auf die hier anstehende Fragestellung ist hervorzuheben, dass die Wirkung der Handlungsspielräume sowohl durch
das Erleben von Selbststeuerung als auch durch das emotionale Befinden
moderiert wird.

Die präsentierten Befunde lassen ein eindeutiges Muster erkennen: Hand-
lungsfreiräume determinieren die emotionale Befindlichkeit, die kognitive
Strategie der Wiederholung und das Erleben von Selbststeuerung. Diese
Konstrukte sind ihrerseits mehr oder weniger mit einzelnen Leistungsparametern verknüpft. Entgegen den vorgefassten Erwartungen existieren
mehrere Aspekte der Selbstregulation, die unabhängig von perzipier- ten
Handlungsspielräumen die Lernleistung beeinflussen. Hervorzuheben ist,

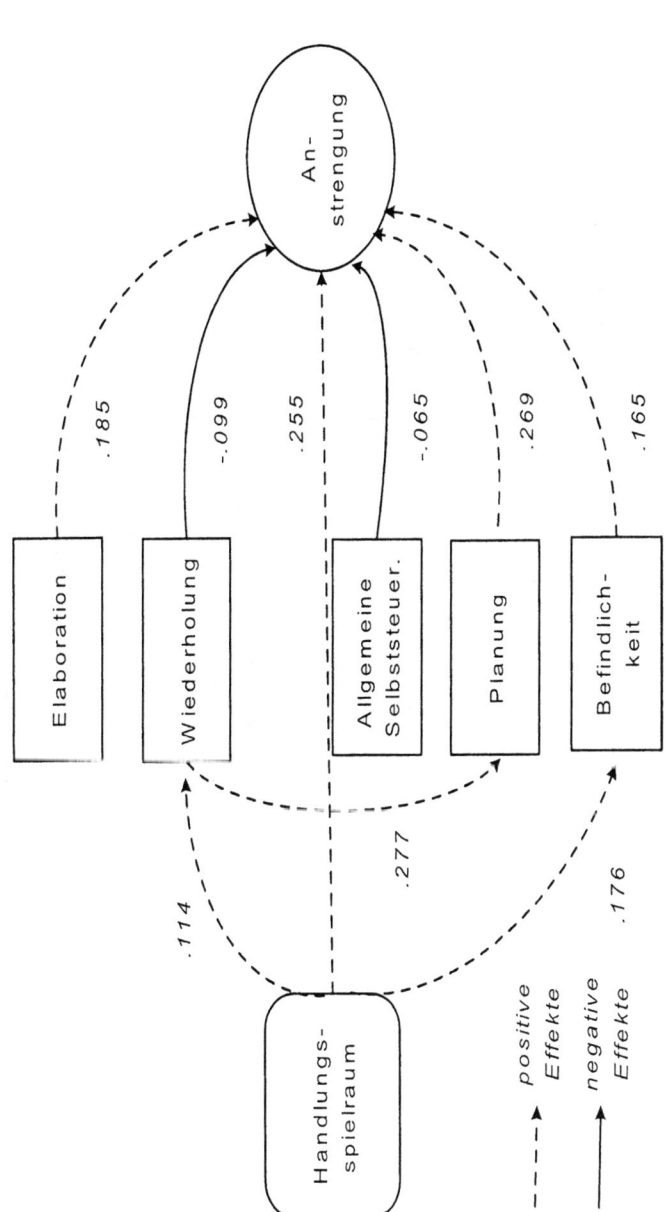

Abb. 29: Pfadmodell für die Anstrengung

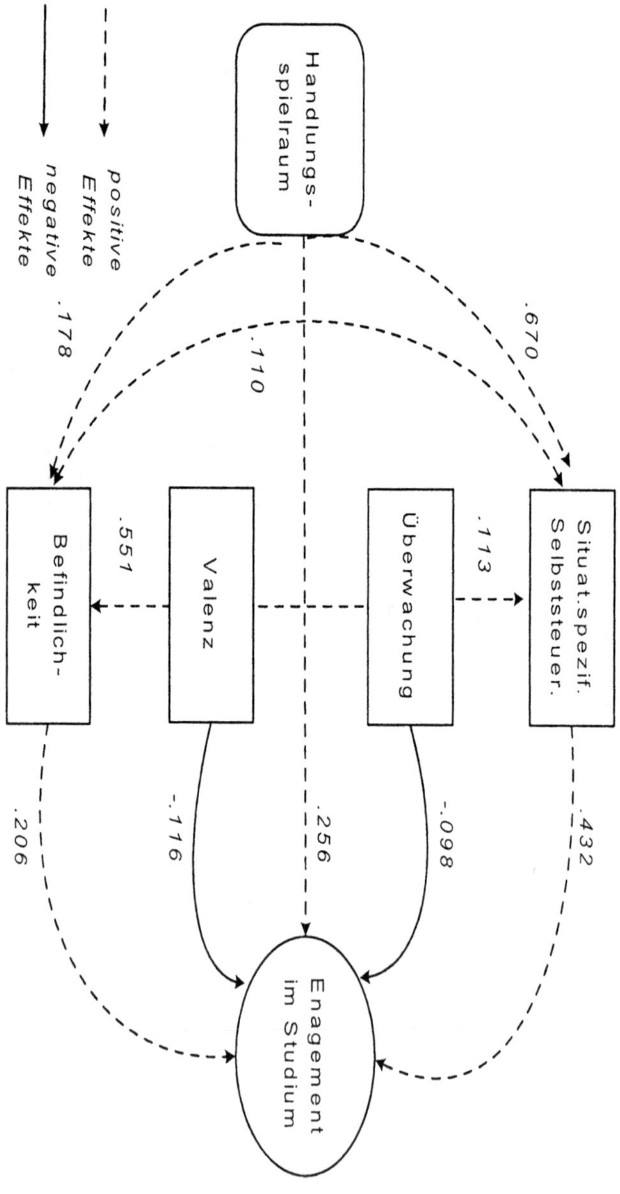

Abb. 30: Pfadmodell für das Engagement im Studium

dass es sich dabei sowohl um kognitive (z. B. Wiederholung) und metakognitive (z. B. Planung und Überwachung) Strategien als auch um
motivationale Orientierungen (z. B. Selbstwirksamkeit) handelt.

7.2.5 Diskussion der Befunde

Die empirische Annäherung an das Konstrukt Selbststeuerung erfolgte
mit Hilfe der Befragungsmethode. Bereichsspezifische Konzepte mit einem *mittleren Auflösungsgrad* und mittelfristiger zeitlicher Reichweite
wurden auf der Reflexionsebene untersucht. Insgesamt 475 Studierende
hatten Aussagen über das Lernen mit Bezug auf ihre Lernerfahrungen
und Einstellungen zu werten.
Im Zentrum standen drei Hypothesen, die auf die Klärung der Determinanten von Lernleistung, Lernaufwand und Wissenserwerb abzielten.

> *Hypothese 1:* Zwischen erlebter Selbststeuerung, Komponenten
> der Selbstregulation und perzipierten Handlungs-
> spielräumen einerseits und Indikatoren der Lernlei-
> stung bzw. des Lernaufwands andererseits bestehen
> substanzielle Zusammenhänge.

Korrelationsanalysen *zeigen positive, aber insgesamt mäßig hohe Beziehungen* zwischen (meta)kognitiven und motivationalen Variablen und
dem Ausmaß von Lernleistung und Lernaufwand. Der aktuelle Leistungs-
stand geht nur ausnahmsweise mit Elementen der Selbststeuerung einher (z. B. situationsspezifisch erlebte Selbststeuerung). Befunde etwa von
Baumert (1993) oder Schunk und Zimmerman (2001) werden damit in
der Tendenz bestätigt. Bezogen auf die weiteren Kriterienvariablen zeigt
sich ein anderes Bild: Besondere Beachtung verdienen die signifikanten
Korrelationen zwischen kognitiven und metakognitiven (z. B. Organisation, Planung und Regulation) Strategien und dem Umfang der Anstrengung. Dass die Zusammenhänge gerade hinsichtlich der Metakognitionen
insgesamt nur ein mäßig hohes Niveau erreichen, könnte mit Besonderheiten schulischer Aufgabenstellungen und insbesondere mit der Aufga-
benschwierigkeit zu tun haben. Weinert (1984) hat darauf hingewiesen,

dass der Einsatz von metakognitiven Strategien nur bei subjektiv mittelschweren Aufgaben sinnvoll ist. Bei zu schweren Aufgaben müsste adäquates metamemoriales Wissen nicht zur Lösung, sondern in vielen Fällen zur realistischen Einschätzung der Aussichtslosigkeit längerer Anstrengungen führen; bei zu leichten Aufgaben hingegen sind Metakognitionen irrelevant, da sie zur Bearbeitung einer Aufgabe nicht benötigt werden. Lernen geht hier zumeist automatisiert vonstatten.

> *Hypothese 2:* Motivational-affektive und (meta)kognitive Aspekte der Selbstregulation, wahrgenommene Handlungsspielräume und erlebte Selbststeuerung nehmen unmittelbar Einfluss auf Lernleistung und Lernaufwand.

Über einfache korrelative Zusammenhänge hinaus, sollte der Stellenwert einzelner Aspekte der Selbststeuerung für Lernleistung und Lernaufwand mit Hilfe von Regressions- und Pfadanalysen erhellt werden. Bereits an den korrelativen Beziehungen lässt sich ablesen, dass die per Fragebogen erfassten Komponenten des selbstgesteuerten Lernens für den (an Noten gemessenen) Lernerfolg nicht sonderlich aussagekräftig sind. Anders liegt der Sachverhalt hinsichtlich der Klärung des Ausmaßes, in dem Anstrengung, Selbstbeteiligung und zeitliches Engagement für das Studium zu dieser Lernleistung beigetragen haben. Gemessen an standardisierten Regressionskoeffizienten kommt der situationsspezifischen Selbststeuerung eine besondere Bedeutung zu.

> *Hypothese 3:* Aspekte der Selbstregulation sowie der erlebten Selbststeuerung fungieren als Bindeglied zwischen Lernsituation und Lernergebnis; sie vermitteln die Wirkungen von Handlungsspielräumen auf die Indikatoren der Lernleistung sowie des Lernaufwands.

Bestätigung erfährt die dritte Hypothese in erster Linie durch die Daten der ersten Stichprobe. Hier zeigt sich für die Kriterienvariablen „Anstrengung", „Selbstbeteiligung" und „zeitliches Engagement" die vermittelnde Rolle persönlicher Kontrollerfahrungen.

Neuere Befunde der Lernforschung werden damit unterstützt. Exemplarisch sei auf jüngere Studien der OECD verwiesen, die bei 15-jährigen Schülern in 26 Ländern nachhaltig das Wechselspiel zwischen Individuum und Lernumwelt unterstreicht (OECD, 2005). Danach hängt erfolgreiches Lernen nicht nur von einer guten Unterrichtsorganisation und den Angeboten der Lernumwelt ab, sondern auch davon, wie die Schüler Wissen speichern und beim Lernen vorgehen. Den in dieser Studie genannten Aspekten der Selbststeuerung kommt dabei eine zentrale Bedeutung zu. Es bleibt festzuhalten, dass Lernerfolg, Engagement und Zufriedenheit im Kontext komplexer Person-Situation-Wechselbeziehungen anzusiedeln sind. Zugleich muss man anerkennen, dass die in anderen Studien zur Erklärung der Lernleistung (Artelt et al., 2004; Konrad, 2005) berichtete Bedeutung emotional-motivationaler und (meta)kognitiver Variablen in dieser Studie allenfalls partiell (für Anstrengung, Selbstbeteiligung sowie zeitliches Engagement) Unterstützung findet. Wie ist es zu erklären, dass – gemessen an der Lernleistung – sowohl für die empfundene Selbststeuerung als auch für die handlungsbezogenen Komponenten der Selbstregulation nur relativ schwache Auswirkungen auf die Studienleistung (hier: auf der Basis von Schulnoten) nachweisbar waren? Zwei Gründe erscheinen plausibel:

① Erstens ist anzunehmen, dass in Schule und Hochschule primär *reproduktive, parzellierte* und nur kurzfristig verfügbare Leistungen honoriert werden (Schiefele et al., 1995; Konrad, 1997a; Entwistle et al., 1993). Gute Leistungen sind vor allem das Ergebnis intensiver Paukerei von Faktenwissen oder von Fleiß und Anstrengung und nicht die Folge eigenaktiven und selbstgesteuerten Verhaltens. Von daher erscheinen enge Zusammenhänge mit diesen Variablen eher unwahrscheinlich.

② Zweitens ist auf das im Zuge der Ausbildung üblicherweise anzutreffende Ressourcenmanagement (z. B. Zeitplanung) zu verweisen. Es ist anzunehmen, dass Lernleistungen in Schule und Studium hauptsächlich das Ergebnis *effektiven zielorientierten* Lernens sind.

Zusätzliche, über das Notwendige hinausgehende Lernanstrengungen werden üblicherweise vermieden. Führt man diese Argumentation weiter, so werden selbstgesteuertes Lernen und die damit vielfach verknüpfte tiefergehende Auseinandersetzung mit bestimmten Lerninhalten im Schul- bzw. Studienalltag von den Lernenden vermutlich als „Fehlinvestition" (Schiefele et al., 1995, S. 186) wertvoller Zeit betrachtet und als *nicht erfolgsrelevant* angesehen.

Welche Konsequenzen resultieren aus diesen Befunden für zukünftige empirische Analysen?

Nachfolgearbeiten müssen vermehrt der Frage Rechnung tragen, ob und in welcher Weise sich Formen des selbstgesteuerten Lernens in *natürlichen Unterrichtssituationen* mit Selbststeuerung als Methode erreichen lassen. Ein solcher Forschungsschwerpunkt erscheint umso dringlicher als bislang nur in Ansätzen transparent ist, wie ein Lernender, der noch nicht selbstgesteuert lernen kann, mit Selbststeuerung als methodischem Zugang zurechtkommt (Prenzel, 1993). Daraus ergeben sich verschiedene Teil-Fragen für Nachfolge-Arbeiten:

① Zu klären wäre, wie die Voraussetzungen für Selbststeuerung geschaffen werden können. Die Förderung situations- und aufgabenadäquater Lernstrategien ist hier an erster Stelle zu nennen. Kann eine entscheidende Veränderung des Unterrichts – nicht im Sinne eines isolierten Methoden- oder Strategietrainings, das erfahrungsgemäß wenig effektiv ist, sondern im Sinne einer engen und bewussten Verbindung von Inhalt und Methode (Methodenreflexion, Schaffung von Anwendungs- und Übertragungsmöglichkeiten, Bewusstmachung des Nutzens und der Bedingungen der Strategieanwendung etc.) Entwicklungseffekte bewirken?

② Von Fall zu Fall wäre auch zu prüfen, inwiefern dies effektiver mittels komplexerer Lehr-/Lernarrangements (Lernprojekte, Planspiele usw.), entdeckenlassender Lehr-/Lernverfahren oder mittels Reflexionstechniken zu erreichen ist.

③ Ausgehend von bereits erprobten Designs wird der Frage nach strukturellen Zusammenhängen zwischen Lernumwelt und individuellen Lernbedingungen nachgegangen werden müssen. Es gilt zu untersuchen, welche Auswirkungen verschieden gestaltete Lehr-/Lernarrangements bei unterschiedlichen Personengruppen auf selbstgesteuertes Lernen haben.

④ Dies setzt wiederum eine gründliche Analyse des jeweiligen Lerngegenstands und eine Orientierung auf langfristige Gestaltung/Veränderung der Lerntätigkeit in enger Zusammenarbeit mit den unterrichtenden Lehrern und Dozenten voraus. Unter solchen Bedingungen wären auch genauere Aussagen über Zusammenhänge zwischen der Erfahrung von Selbststeuerung, Selbstregulation und Lernleistung sowie Wissenserwerb zu erwarten.

Kerngedanken

Im Zentrum des Kapitels stehen Überlegungen zur empirischen Untersuchung von selbstgesteuertem Lernen im Kontext der Hochschule.

Im Hinblick auf die präsentierten Hypothesen sind zwei Befunde hervorzuheben:

- Zeitversetzte Effekte sind nicht im erwarteten Umfang auszumachen. Während es in Stichprobe I Elaboration, Organisation, Regulation und intrinsische Motivation sind, welche die Leistungsmaße zu t2 determinieren, gewinnen in Stichprobe II lediglich emotional-motivationale Größen Bedeutung (intrinsische Motivation, Befindlichkeit, Selbstwirksamkeit).

- Die erwarteten Moderatoreffekte konnten überwiegend bestätigt werden. Nach Auspartiellierung relevanter Aspekte der erlebten Selbststeuerung sowie der Selbstregulation verlieren die statistischen Effekte der Handlungsspielräume signifikant an Bedeutung. Pfadanalysen lassen darüber hinaus ein einheitliches Muster erkennen: Handlungsspielräume determinieren emotionale Befindlichkeit, die kognitive Strategie der Wiederholung und das Erleben von Selbststeuerung. Diese Variablen beeinflussen ihrerseits Lernleistung sowie Lernaufwand.

Fragen zur Reflexion

1. Mit welchen Erhebungsverfahren können selbstgesteuerte Lernformen angemessen analysiert werden?
2. Was bedeutet der Begriff „Triangulation"? Wie lässt sich dieses Anliegen im Forschungsprozess erreichen?
3. Welches waren die Stärken und Schwächen der hier präsentierten Studie?
4. Welche alternativen Forschungs- und/ oder Auswertungsmethoden wären angezeigt gewesen?

Die Erkenntnisinteressen dieser Studienreihe sind in der folgenden Konzeptmap zusammengefasst.

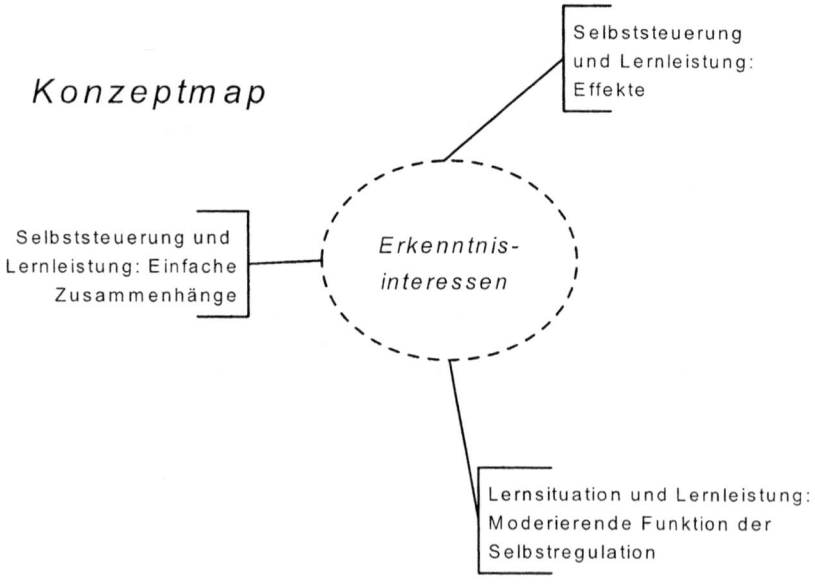

Abb. 31: Erkenntnisinteressen der Studienreihe

Teil IV

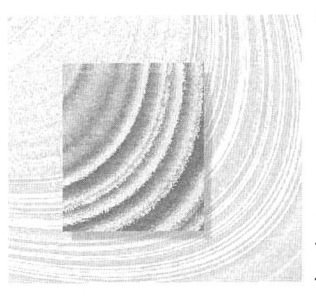

Förderung

Kapitel 8 Pädagogisch-psychologische Implikationen: Wie kann selbstgesteuertes Lernen gefördert werden?

8.1   Förderung selbstgesteuerten Lernens

8.2   Erfolgreiche Konzepte und Programme

Im Anschluss an die in diesem Buch präsentierten theoretischen Überlegungen und empirischen Analysen erhebt sich nun die Frage nach den Implikationen für die pädagogisch-psychologische Praxis.

○ Wie kann selbstgesteuertes Lernen gefördert werden?

○ Auf welche Weise lassen sich innovative Ansätze in Schule und Hochschule umsetzen?

○ Welche Methoden und Ansätze erscheinen hierfür besonders erfolgversprechend?

○ Warum sind diese Konzepte wirksam?

Als Ausgangspunkt für pädagogisch-psychologische Implikationen bieten sich zunächst Überlegungen zum präsentierten Handlungsmodell an. Eine vereinfachte Darstellung zeigt Abbildung 32.

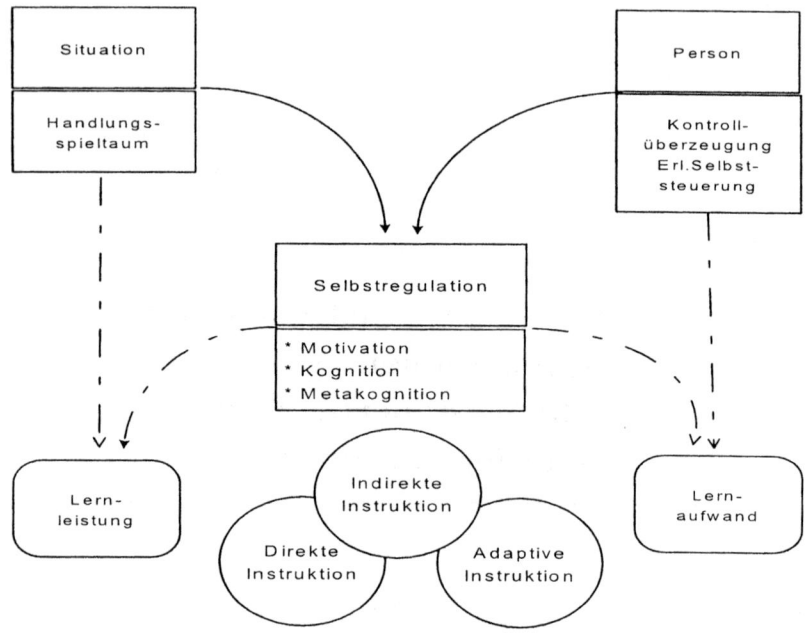

Abb. 32: Revidiertes Modell des selbstgesteuerten Lernens

Das präsentierte Variablengefüge eröffnet bezüglich der pädagogisch-psychologischen Förderung von selbstgesteuertem Lernen ein Spektrum von Möglichkeiten, die im Folgenden unter zwei Perspektiven betrachtet werden sollen. Ein *erster Gesichtspunkt* bezieht sich auf die Frage, inwiefern sich aus dem Arbeitsmodell allgemeine Richtlinien zur Förderung von Formen des selbstgesteuerten Lernens ableiten lassen. Der *zweite Gesichtspunkt* zeigt Methoden und Maßnahmen zur Unterstützung des selbstgesteuerten Lernens auf.

8.1 Förderung selbstgesteuerten Lernens – Leitlinien und Strategien

Nach dem aktuellen Kenntnisstand kann man dem Anliegen der Selbststeuerung, das heißt dem Zusammenspiel zwischen prozessualen, strukturellen und situativen Aspekten der Selbststeuerung auf drei eng mit-

einander verwobenen Ebenen entsprechen (Straka et al., 1996): Inhalts-
sowie Methodenvermittlung (direkte Instruktion), Gestaltung der Lernumwelt (indirekte Instruktion) und eine Mischform (adaptive Instruktion) beider Strategien.

8.1.1   Ebenen der Förderung der Selbststeuerung

Die in den folgenden Abschnitten referierten Programme und Verfahren
zur Förderung von selbstgesteuertem Lernen können nur einen *groben
Überblick* geben. Sie stehen für eine ganze Bandbreite von Maßnahmen,
die die Neuorientierung widerspiegeln, die seit einigen Jahren in der Lehr-
/Lern-Forschung zu verzeichnen ist.

Ebene 1: Direkte Instruktion: Inhaltsvermittlung und Training

Direkte Instruktion lenkt das Augenmerk auf die Förderung aller Schüler
und das Erzielen hoher Durchschnittsleistungen bei großer Homogenität
der Leistungen. Das hier präsentierte Handlungsmodell erlangt in diesem Prozess insofern Bedeutung als es einen Rahmen absteckt, in den
Inhaltsvermittlung, Training und Übung eingebettet sein können.
Folgende Merkmale des Lehrerhandelns sind charakteristisch für die „direkte Unterweisung" („direct instruction"):

○ klare Ziele vorgeben
○ den Unterrichtsstoff in kleine, überschaubare Einheiten zerlegen
○ das notwendige Wissen vermitteln
○ Fragen unterschiedlichen Schwierigkeitsgrades stellen
○ ausreichende Übung garantieren
○ Individual-, Gruppen- und Klassenlernen kombinieren
○ den Lernfortschritt einzelner Schüler ständig kontrollieren
○ Hilfen anbieten, um Lernprobleme zu vermeiden bzw. zu überwin-
  den.

In allen Vorstellungen zur direkten Instruktion spielt das lehrerzentrierte
Handeln eine zentrale Rolle. Es zeichnet sich aus durch

○ explizite Leistungserwartungen
○ systematische Unterstützung
○ strukturierter Unterricht
○ Überwachung des Lerngeschehens und
○ Verstärkung sowie informatives Feedback.

Bei der Umsetzung dieser Aktivitäten spielt die Zeit bzw. die Zeitorganisation im Unterricht eine entscheidende Rolle: Die Unterrichtsbemühungen eines Lehrers sind umso erfolgreicher, je größer der Anteil der insgesamt zur Verfügung stehenden Zeit ist, den er tatsächlich für das Unterrichten nutzt. Die Strukturierung dieser tatsächlichen Unterrichtszeit sollte, so die weitere Konsequenz, ganz in der Hand des Lehrers liegen, wobei er sich streng an akademischen Zielen (genauer: an der Wissens- und Fähigkeitsvermittlung) zu orientieren hat (Terhart, 1989). Tabelle 15 fasst in Anlehnung an Rosenshine (1976, S. 369f; Rosenshine & Stevens, 1986) die Elemente der „direct instruction" (sowie deren Gegenstück) zusammen.

Tabelle 15: Übersicht über die Elemente der „direct instruction"

Elemente	positiv (aus der Sicht der direct-instructon)	negativ (aus der Sicht der direct-instruction)
Zeit-organisation	Lehrer strukturiert die Zeit; viel Zeit wird für Rechnen und Lesen anhand der Schulbücher oder in sachbezogener verbaler Interaktion eingesetzt; hoher Anteil an Einzelarbeit der Schüler	Zeit wird für künstlerische, handwerkliche, spielerische oder erzählende Aktivitäten eingesetzt; viele spielähnliche Aktivitäten, verschiedene Interessenschwerpunkte, viele unterschiedliche, zeitlich parallele Aktivitäten
Gruppierung	Schüler arbeiten in vom Lehrer überwachten Gruppen	Freie Arbeitsgruppen, wenig Lehrerkontrolle
Anweisungen und Fragen des Lehrers	Lehrer steuert alle Aktivitäten; Schüler können weder wählen noch erfahren sie die Gründe für die Anweisungen des Lehrers; Lernprozess wird durch die Fragen des Lehrers organisiert; Lehrer stellt möglichst enge Fragen; auf Fragen des Lehrers gibt es nur eine richtige Antwort	Lehrer nimmt an Schüleraktivitäten teil; Schülerprobleme sind der Ausgangspunkt für den Lehrer; der Unterrichtsgegenstand wird indirekt und informell präsentiert; Lehrer ermutigt Schüler sich frei zu äußern; er erlaubt zusätzliche oder alternative Antworten

Tabelle 15: Elemente der „direct instruction" (Fortsetzung)

Elemente	positiv (aus der Sicht der direct-instructon)	negativ (aus der Sicht der direct-instruction)
Schüler-verhalten	Schüler geben zu einem hohen Prozentsatz richtige Antworten; sie werden ermutigt eine Frage versuchsweise zu beantworten (anstatt zu sagen: „Weiß' ich nicht")	Viele offene Fragen der Schüler; viele nicht-akademische Anweisungen oder offene Fragen des Lehrers; Schüler komentieren das Lehrerverhalten oder das anderer Schüler (einschließlich „Modeling" und „Coaching")
Rückmeldung des Lehrers	Lehrer gibt sofortige Rückmeldung hinsichtlich richtiger oder falscher Leistungen; Rückmeldungen beziehen sich nur auf den Inhalt; nach richtiger Schülerantwort nächste Lehrerfrage; Lehrer korrigiert selbst eine falsche Schülerantwort	Rückmeldung zu nicht-akademischen Aktivitäten (z. B. Spiel etc.); Schüler bieten sich wechselseitig Hilfen und Rückmeldung an

Die referierten Grundsätze werden nicht von allen Experten uneingeschränkt befürwortet. Insbesondere bleibt festzuhalten, dass die in der tabellarischen Übersicht zusammengefassten Elemente effektiven Unterrichtens überwiegend für ausgewählte Zielgruppen und Handlungsfelder bedeutsam sind: Für den Primarschulbereich, für Kinder aus Familien mit sozio-ökonomisch niedrigem Status sowie in den Fächern Deutsch (z. B. Lesen) und Mathematik. Ungeachtet ihrer beschränkten Reichweite erhebt sich die Frage, wie Prinzipien der „direkten Instruktion" für eine Bandbreite von Unterrichtsszenarien fruchtbar gemacht werden können. Aus der Perspektive der aktuellen Metakognitionspsychologie muss eine direkte Unterstützung („direct instruction") konstruktiver Aktivitäten sechs Bereichen gleichermaßen Beachtung schenken. Wie zu sehen ist, wird hier die Ebene der Selbstregulation besonders betont (siehe Abbildung 32):

○ *Motivation:* Die Lernenden zur aktiven Teilnahme an den Themenbereichen und den damit verbundenen Zielen und Inhalten motivieren; Methoden der Selbstmotivation anregen, um Handlungen auch angesichts bestehender Schwierigkeiten oder attraktiverer Alternativen realisieren zu können (Was ist zu tun? Wozu soll es getan werden? Wie kann ich mich selbst motivieren?)

○ *Planung:* Die Lernenden die Organisation und Ausführung der Aufgabe selbst planen lassen (Wie gehe ich vor? Welche Arbeitsschritte sind zweckmäßig? Wie und bis wann soll die Aufgabe gelöst sein? Wie kann eine sinnvolle Zeitplanung aussehen?)

○ *Handlungsausführung:* Die Lernaktivität gemäß der Entscheidung ausführen lassen (Welche Lernstrategien werden benötigt und führen zum Ziel? Welche Strategien, Techniken oder Taktiken müssen gefördert werden?)

○ *Regulation:* Die Lernenden bei der Analyse von Fehlern und Irrtümern unterstützen; angemessene regulative Reaktionen darauf fördern (Welche Veränderungen und/ oder Neuorganisation der Vorgehensweise sind sinnvoll und angebracht? Muss das strategische Verhalten an neue Gegebenheiten angepasst werden?)

○ *Bewertung:* Die Lernenden dazu ermutigen, das Handlungsergebnis selbst zu bewerten und zu reflektieren (Wurde die Planung eingehalten? Wie ist die Qualität des Ergebnisses?)

○ *Metakognitives Wissen über die eigene Person, die Aufgabe und das strategische Vorgehen:* Hier geht es um die Anregung von Selbstbeobachtung und Selbstreflexion etwa mit Hilfe von Lerntagebüchern oder in Lerntandems.

- Wie können Lernende zunehmend losgelöst von Steuerungs- und Regulationstätigkeiten des Lehrers oder Dozenten ihre eigenen Stärken und Schwächen beim Lernen kennenlernen sowie situations- und aufgabengerecht darauf reagieren?

- Erhalten sie Gelegenheit, über ihre eigenen Lernaktivitäten nachzudenken und daraus Konsequenzen für ihr weiteres Lernen zu ziehen?

- Ist es ihnen möglich, konkrete Lernsituationen zu analysieren und darauf richtig und ihren Voraussetzungen entsprechend zu reagieren (Dubs, 1993)?

Von der direkten Instruktion abzugrenzen ist eine *indirekte Förderung* selbstgesteuerter Lernformen, die ihr Augenmerk auf die Gestaltung des Unterrichts (genauer: der Lernumgebung) legt.

Ebene 2: Indirekte Instruktion: Gestaltung der Lernumwelt

Selbstgesteuertes Lernen – dies wird in nahezu allen bekannten Befunden bestätigt – setzt (insbesondere für kompetente Schüler) eine manipulierbare und offene Lernumwelt voraus (Zimmerman, 2001; Paris et al., 2001). Lehr-/Lernarrangements, die diesem Tatbestand Rechnung tragen wollen, müssen Freiräume schaffen, die die Festlegung der Lehr-/Lernziele (Durchschaubarkeit, Vorhersehbarkeit usw.), die Setzung der organisatorischen Lernbedingungen (Zeit, Ort usw.), die Kontrolle der Ergebnisse sowie die Sicherung des Erfolges betreffen. Das Ziel dieser instruktionalen Maßnahmen besteht in der Sicherung eigenregulierten, kreativen, selbstbestimmten Lernens bei hoher Ausprägung individueller Lern- bzw. Entwicklungsverläufe (Brügelmann, 1997). Während bei den Merkmalen der direkten Instruktion das Lehrerhandeln dominiert, findet bei der indirekten Instruktion eine stärkere Fokussierung des Schülerhandelns statt. Die Schüler oder Studierenden

○ sollen eigene Lernwege gehen

○ sich selbstbestimmt auf Inhalte und Gegenstände einlassen

○ sich als Persönlichkeit akzeptiert fühlen

○ inhaltliche Interessen entwickeln, die persönlich bedeutsam sind

○ selbst Lernziele, Lernmittel, Lernwege bestimmen

○ gemeinsame Lernaktivitäten organisieren

○ erreichte Lernergebnisse bewerten

○ selbst die Lehrerrolle übernehmen (reziprokes Lernen; siehe Abschnitt 8.2.3.2).

Einen hohen Stellenwert erhalten auch Gelegenheiten und *Spielräume zur Kooperation*, die Möglichkeiten zur sozialen Interaktion mit der Bewältigung einer Lernaufgabe verbinden (Konrad, 2006a). Dass Freiheitsgrade

- im Rahmen natürlicher Unterrichtssituationen – Anstrengung und Engagement der Lernenden begünstigen, konnte auch in der in Kapitel 7 präsentierten Studie nachhaltig bestätigt werden (Beispiel: Positive Effekte für Selbstbeteiligung und Anstrengung in Stichprobe I). Der Erfolg solcher Maßnahmen setzt allerdings voraus, dass der Lehrer oder Dozent seine Stellung als vorwiegend außenstehender Unterrichtsmanager oder bloßer Moderator von Lernprozessen verlässt und aktives, wenn auch durch seinen Expertenstatus deutlich ausgezeichnetes Mitglied der Verstehens- und Problemlösegemeinschaft wird.

In der Praxis betreffen solche Freiräume nicht zuletzt die Kommunikationsmöglichkeiten in der Lernsituation.

Sofern im Rahmen der vertikalen (zwischen Lehrer/in und Schülern) und horizontalen (zwischen Schüler und Schüler) Kooperationsbeziehungen Offenheit für Entwicklungen, für Bewertungen und für Entscheidungen hergestellt wird, gewinnen soziale Lernaktivitäten auch unter der Perspektive der *Generierung spezifischen Wissens* Bedeutung (Konrad, 2005).

Entsprechende Lernumgebungen, die handelnde Auseinandersetzung mit konkreten authentischen Aufgabenstellungen ermöglichen, bieten nicht zuletzt die Chance, das Problem des trägen Wissens zu vermeiden. Gerade in Schulen und Hochschulen, wo es im Interesse eines effektiven Studiums darum geht, besser nutzbares Wissen zu erwerben, können situations- und zielgruppenspezifisch eingesetzte Formen des situierten sowie des problemorientierten Lernens (wie sie in Abschnitt 8.2 beschrieben werden; siehe auch Mandl, Kopp & Dvorak, 2004) Bausteine sein, damit Schüler und Studierende sich Faktenwissen nicht nur passiv aneignen, sondern auch aktiv und selbstgesteuert nutzen und damit konditionalisieren.

Im Zuge der indirekten Förderung wird noch eine weitergehende Unterscheidung hinsichtlich der Optimierung der Lernsituation vorgenommen:

○ auf der *Mesoebene* geht es um die Form der didaktischen Gestaltung ganzer Curricula, Lernanwendungen, Unterrichtssituationen. Auch Lehr-/Lernformen wie entdeckendes Lernen oder sokratischer Dialog gehören zu dieser Gruppe.

○ Auf der *Mikroebene* werden die Lernmaterialen entsprechend anregend präpariert, beispielsweise durch das Versehen der Texte mit Fragen, neugierdeweckenden Überschriften oder durch den Einsatz von Modellen und Analogien.

Der hauptsächliche Vorteil der indirekten Förderung wird in der nahtlosen Einbeziehung der strategischen Aktivitäten in den Lernprozess gesehen. Es entsteht kein Widerspruch zwischen Inhalts- und Strategievermittlung, da die Inhaltsvermittlung eindeutig Vorrang hat. Auch das Problem des Transfers der gelernten Strategien wird automatisch umgangen. Ein Nachteil dieser Trainingsform darf jedoch nicht verschwiegen werden: Das Lernen und insbesondere die Anwendung von Lernstrategien erfolgt häufig *wenig bewusst* und unreflektiert.

Ebene 3: Adaptive Instruktion: Vernetzung von Individuum und Lernumwelt

Spätestens seit Lewin (1936) die Verhaltensgleichung V = f(P,U) vorschlug, gehört es zu einer Selbstverständlichkeit in der Psychologie, Verhalten als Produkt von Wechselwirkungen zwischen Merkmalen der Person und Merkmalen des situativen Kontextes aufzufassen. Der Gedanke des *reziproken Determinismus* zwischen Person, Verhalten und Umwelt wird bereits von Bandura (1986) elaboriert vertreten. Lehr-/Lernarrangements können in dieser Perspektive nur erfolgreich wirken, wenn sie ihre Entsprechung im „Können" und „Wollen" der Lernenden finden, also auf motivational-affektive und (meta)kognitive Kompetenzen („Selbstlerncharakteristika") treffen. Andernfalls kann das genaue Gegenteil des Angestrebten das Resultat sein: Überforderung, Orientierungslosigkeit und Motivationsprobleme seitens der Lernenden. Auf dieses Problem hat in jüngerer Zeit Dubs (2005) aufmerksam gemacht. Der Schweizer Forscher hebt hervor, dass Schüler mit der selbstgesteuerten Analyse und Bearbeitung komplexer Problemsituationen und bei der Anwendung von Meta-Strategien häufig *überfordert* sind. Gerade in offenen Lernumgebungen geht ein Teil der Verantwortung vom Lehrenden auf die Lernenden über. Sie sind nun primär selbst für die Auswahl, Reihenfolge und Tiefe der Auseinandersetzung mit den Materialien verantwortlich. Dies setzt strategische Kompetenzen und angemessene motivationale Überzeugungen zum selbstgesteuerten Lernen voraus, die häufig nicht gegeben sind. Nimmt man diese Bedenken ernst, so erscheint eine *Balance* zwischen Offenheit und Struktur, wie sie von gemäßigt konstruktivistischen Ansätzen empfohlen wird, eine sinnvolle Alternative zu sein. Es geht in dieser Perspektive um die Förderung eines aktiv-konstruktiven, kontextualisierten und sozialen Lernens, ohne auf die empirisch nachweisbaren Vorzüge traditioneller Unterrichtselemente zu verzichten.

Eines der Kernanliegen gemäßigt konstruktivistischer Lernumgebungen besteht in der Harmonisierung zwischen individuellen Differenzen in den Lernvoraussetzungen und unterrichtlichen Lernangeboten, das heißt in der Adaption von Lern- und Lehrprozessen im Unterricht. Zu diesem Zweck müssen Lehrerinnen und Lehrer Verstehens- und Lernprozesse im Unterricht in einer Weise arrangieren, dass sowohl materiale Verstehens- und Verhaltenskompetenzen (fachliches Wissen und Können) als auch im engeren Sinne persönlichkeitsbezogene Kompetenzen (kognitive und soziale Schlüsselqualifikationen wie Lern-, Denk- und Kommunikationsfähigkeiten) gefördert werden. Sie erreichen dies, indem sie

○ den Unterricht an die lernrelevanten Unterschiede zwischen den Lernenden anpassen

○ einzelne Schüler gezielt fördern

○ Instruktion und kooperatives Lernen kombinieren

○ eine vielfältige tutorielle Lernunterstützung sichern

○ hochgradig individualisierte Lernformen anbieten

○ durch Anleitung und Stützmaßnahmen zur Realisierung basaler Lernziele beitragen.

Die Effektivität dieser instruktionalen Impulse für Lernen und Lernerfolg ist gut bestätigt. Außerdem gilt es als gesichert, dass positive Lernleistungen nicht zuletzt von der

○ Klarheit und Strukturierung des Unterrichts

○ Effektivität der Klassenführung

○ Förderung aufgabenbezogener Schüleraktivität und

○ Variabilität in den Unterrichtsformen

○ Anregung reflexiven Lernens

○ Unterstützung kooperativer Lernformen

abhängen.

Zahlreiche Autoren heben hervor, dass die Wirkungen eines gemäßigt konstruktivistischen Instruktionsmodells wissenschaftlich besonders gut belegt sind. Exemplarisch sei auf die Befunde von Weinert und Helmke (1995) und Weinert (1996) verwiesen, die darauf aufmerksam machen, dass es bei schwierigen Lernaufgaben ohne kompetente Steuerung und Unterstützung des Lernenden durch Lehrende zu Defiziten im systematischen Aufbau des Wissens, im Abstraktionsniveau der gelernten Informationen, in der Korrektheit der angeeigneten Kenntnisse und im Erwerb effektiver Lernstrategien kommen kann.

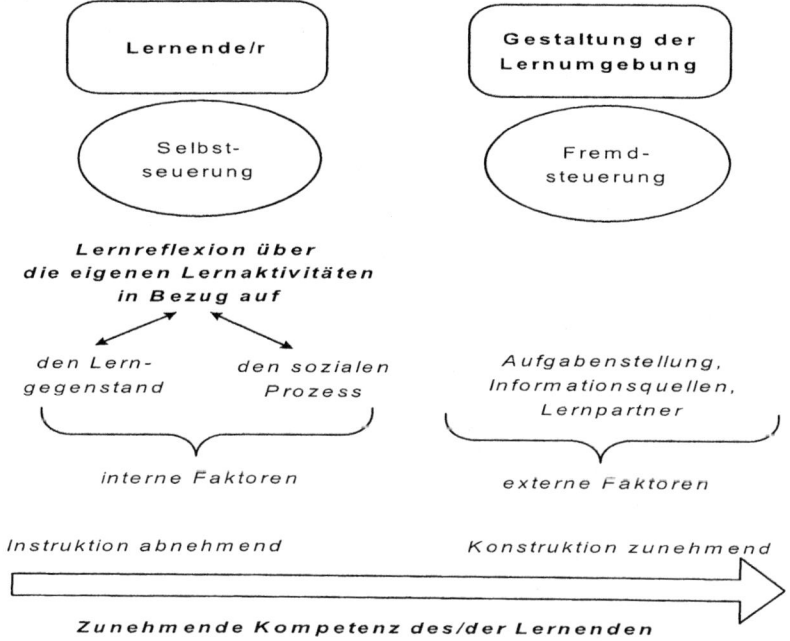

Abb. 33: Balance zwischen Instruktion und Konstruktion

Hier liegt der Ansatzpunkt für eine Optimierung der Praxis des Lehrens und Lernens. Abbildung 33 veranschaulicht diesen Gedanken. Wie zu sehen ist, gelingt gemäßigt konstruktivistischen Modellen eine geschickte Verknüpfung zwischen Fremd- und Selbststeuerung, wobei die Reflexion eigener Lernaktivitäten von herausragender Bedeutung ist.

Die Ansätze weisen Wege auf, Lernenden den Erwerb von Selbstlernkompetenz zu ermöglichen. Entscheidend ist dabei, dass sie das Augenmerk nicht allein auf Lernergebnisse lenken; vielmehr berücksichtigen sie vermehrt Lernaktivitäten und Lernprozesse.

Eine wichtige Rolle spielen in diesen und anderen Trainingsprogrammen die jeweils verwendeten Lernhilfen. Sowohl für komplexe als auch für strukturierte Selbstlernumgebungen führen Einsiedler, Neber und Wagner (1978) Untersuchungsergebnisse an, bei denen die Lernenden mit dem Einsatz von Lernhilfen signifikant bessere Behaltens- und Transferleistungen als ohne erzielt haben. Bemerkenswert erscheint hier die Erkenntnis, dass eindeutige Lernhilfen eines mittleren bis kleinen Grades (also max. mittlere Intervention) den besten Effekt brachten. Im Folgenden werden einige der von Einsiedler et al. (1978) vorgeschlagenen Lernhilfen zum selbstständigen Lernen (nicht nur in organisierten Lernprozessen) dargestellt:

O Unterstützung der Entwicklung von Alternativen

O Ermutigung, zur Untersuchung der Umwelt

O Anwendung selbst entwickelter Regeln

O Abbau zu großer Umweltkomplexität

O Bildung von „advance organizers" oder so genannten Ankerbegriffe, Ideengerüste, um neue Informationen besser in die vorhandene Wissensstruktur zu integrieren

O Führung von Gesprächen über Unterrichtsformen, über den Sinn schulischer Lehrziele und Lehrinhalte

O Bildung von „basic concepts" als generelle Ideen zur Anwendung auf vielfältige Probleme

O Bereitstellung von Sachgegenständen, mit denen aktiv umgegangen werden kann

O Vorstrukturierung von Lernmaterialien, wenn Strukturen entdeckt werden sollen

O Anregung zur Herstellung/Erstellung von Objekten, Dokumenten, Zeichnungen usw.

O Beachtung der Dimensionen der Verständlichkeit: Einfachheit, Gliederung /Ordnung, Kürze/Prägnanz.

Ein Beispiel eines adaptiven Trainingsprogramms präsentieren Pressley und Wharton-McDonald (2002). Die Autoren betonen die Integration strategischer Anweisungen in den Fachunterricht und unterscheiden dabei zwischen generellen und spezifischen Strategien. Während Lehrerinnen und Lehrer für gewöhnlich fachspezifische Strategien (z. B. die Schritte zum Lösen einer Textaufgabe) mit viel Engagement vermitteln und üben, meiden sie zugleich die Auseinandersetzung mit generellen Strategien. „General strategies usually are domain-independent heuristics and are described by terms such as help seeking, summarizing, paraphrasing, and positive self-talk" (Schraw, Brooks & Crippen, 2002, S. 8). Pressley und Wharton-McDonald (2002) ordnen das Strategietraining drei Phasen des Lernens zu: vor, während und nach der Lernepisode:

① *Vor dem Lernen* legt die lernende Person die Ziele fest; sie bestimmt den Umfang der zu lernenden Inhalte und sie formuliert Erwartungen darüber, wie und wofür die neuen Lerninhalte verwendet werden können;

② *Während des Lernens* identifiziert das Individuum zentrale Informationen; ferner überwacht, analysiert und interpretiert es Lernprozesse sowie Lerninhalte;

③ Im *Anschluss an die Lernepisode* blickt der oder die Lernende zurück; er / sie evaluiert und reflektiert das Lerngeschehen.

Wie Lernforscher nahezu einhellig betonen, ist es der strategische Gebrauch, und keinesfalls der bloße Besitz von Kenntnissen, der das Lernen optimiert. Ein weiterer Punkt kommt hinzu: Die Vermittlung von Strategien im Unterricht verbessert nicht nur das Lernen der Schüler, sondern stärkt auch ihre Selbstwirksamkeitsüberzeugungen.
Werden Strategien modelliert und in verschiedenen Handlungsfeldern geübt, sollte dies gerade den Fähigkeiten schwächerer Schüler zugute kommen, denen Expertenstrategien üblicherweise kaum zur Verfügung stehen.
Auf zwei instruktionale Elemente kommt es dabei besonders an: (1) Lehrer oder Dozenten sollten Gelegenheiten zu Übung und Anwendung einen breiten Raum geben und (2) sie sollten ihren Schülern oder Studierenden für die Anwendung von Strategien Feedback vermitteln.
Auf beide Punkte wird in Abschnitt 8.2 anhand von Beispielen noch einmal eingegangen.

Nach dieser theoriegeleiteten Strukturierung von Strategien zur Förderung von selbstgesteuertem Lernen soll nun ein Ansatz zur Sprache kommen, der gerade für die pädagogisch-psychologische Praxis von großer Bedeutung ist: der gezielte und auf das Individuum abgestimmte Einsatz von Aufgaben.

8.1.2 Förderung der Selbststeuerung in der Schule: Erweiterung der Handlungsspielräume und Progression der Aufgaben

Die Fragestellung dieses Abschnitts besteht darin, herauszufinden, mit welchen Aufgaben die Vermittlung von Lernstrategien im Unterricht (im Sinne bewusster und zielgerichteter Handlungssequenzen; siehe Abschnitt 4.1.2) betrieben werden kann. In Anlehnung an vorliegende Übungstypologien (z. B. Rampillon, 1997; Simons, 1992; Konrad & Bernhart, 2007) werden folgende Kategorien von Aufgaben für die Vermittlung von Lernstrategien unterschieden:

① Aufgaben, bei denen Lernende das selbstgesteuerte Lernen kennenlernen;

② Aufgaben, bei denen Lernende das selbstgesteuerte Lernen aufbauen;

③ Aufgaben, bei denen Lernende das selbstgesteuerte Lernen strukturieren;

④ Aufgaben, bei denen Lernende das selbstgesteuerte Lernen erproben;

⑤ Aufgaben, bei denen Lernende selbstgesteuert lernen.

Mit dieser Kategorisierung ist bereits eine *Progression der Aufgaben* angelegt, die vom unbewussten Anwenden von Strategien und Techniken (zur Unterscheidung dieser Begriffe; siehe Abschnitt 4.1.2), über deren bewusste Wahrnehmung und Analyse geht und schließlich wieder zum unbewussten Auswählen und Anwenden führen soll.

In der ersten Aufgabengruppe geht es darum, die Lernenden überhaupt für Lernstrategien zu sensibilisieren. Zu Anfang geschieht deren Anwendung oft unbewusst, das heißt die Schüler/innen wenden Lernstrategien an, ohne sich darüber im klaren zu sein, dass sie sie benutzen. Sehr bald

(d. h. mit zunehmendem Wissensbestand sowie kognitiven und metakognitiven Strategien) entscheidet sich der Lehrer oder die Lehrerin jedoch
zu bewusstmachenden Aufgaben sowie zur Ausweitung der Handlungsspielräume (Simons, 1992): Die *Kontrolle des Lerngeschehens* geht mehr
und mehr in die Hand der Lernenden über. Am Ende der hier präsentierten Sequenz steht ein hohes Maß an Lernbewusstheit und eine eigenständige Steuerung des Lernverhaltens. Welche Aufgaben sich für die
einzelnen Schritte in besonderem Maße eignen, soll in den nachstehenden
Abschnitten jeweils anhand dreier Beispiele veranschaulicht werden.

8.1.2.1 Aufgaben, bei denen Lernende das selbstgesteuert Lernen kennenlernen

Aufgaben dieser Kategorie veranlassen die Lernenden, verschiedene Lernstrategien überhaupt einmal wahrzunehmen und sie sich bewusst zu machen. Dazu können sie angeleitet werden, sich bestimmte Lernstrategien
ins Gedächtnis zu rufen und sie wiederzuerkennen, sofern sie diese früher
– meist unbewusst – bereits eingesetzt haben. Zugleich können die genannten Aufgaben Lernende auf bislang unbekannte Lernstrategien aufmerksam machen (Rampillon, 1997).
In dieser ersten Phase sieht sich die Lehrperson üblicherweise mit un-
geübten Schülerinnen und Schülern konfrontiert. Um Unsicherheit und
Überforderung möglichst gering zu halten, bietet es sich an, mit einfa-
chen Aufgaben einzusteigen.

Übungen

- Fragen zu einem Text beantworten
- Wesentliche Informationen unter Überschriften aufschreiben
- Kernbegriffe unterstreichen
- Wichtige Informationen aus einem Text oder einer Unterrichts-
  stunde aufschreiben
- Die Inhalte mit einem Lernpartner diskutieren
- Am Ende einer Lerneinheit oder Unterrichtsstunde Fragen zum
  Lerninhalt formulieren.

Die skizzierten Aufgaben können mit zunehmender Kompetenz erweitert und – etwa im Zuge des Mindmapping – miteinander kombiniert werden.

Visualisierung von Lerninhalten

Erstelle eine Gedanken-Landkarte (Konzept-Map), um in einem Text bestimmte inhaltliche Gesichtspunkte hervorzuheben und ihn auf diese Weise neu zu organisieren. Orientiere dich dabei an den folgenden Schritten:

1. Fertige zunächst einmal eine Liste aller relevanten Gesichtspunkte an
2. Schreibe das zu bearbeitende Thema in die Mitte des Blattes
3. Organisiere die gesammelten Begriffe um diesen Kern herum zu einem Gesamtbild
4. Kennzeichne die Verbindungslinien zwischen den Kernelementen durch passende Begriffe (Adjektive, Substantive)

Entwerfe zunächst eine einfache Grafik, die du später Schritt für Schritt erweitern kannst.

Aufgabe 3 umfasst Überlegungen zur Auswahl diverser Lernhilfen, über die sich das lernende Individuum im Lernprozess Gedanken machen soll.

Lernhilfen auswählen

Der folgende Lesetext enthält eine Menge neuer Wörter. Überlege, wo und wie du ihre Bedeutung herausfinden könntest. Einige Anhaltspunkte werden hier genannt ...

- Wörterbuch
- Übungsbuch
- Leseecke
- Internet

- Grammatikheft
- Freund / Klassenkamerad
- Merkzettel
- Lehrer/Lehrerin

8.1.2.2 Aufgaben, bei denen Schüler/innen selbstgesteuertes Lernen aufbauen

Die Aufgaben dieser Gruppe wollen die Lernenden dazu animieren, aktiv und produktiv Lernstrategien zu benennen, ihre Funktionen zu erkennen und zu beschreiben. Ein wichter Schritt besteht darin, laut über die gewählten Lernwege und Lernverfahren nachzudenken. Ein ähnliches Vorgehen empfiehlt die „kognitive Meisterlehre", die die Notwendigkeit der Artikulation (und Diskussion) des eigenen strategischen Denkens betont (siehe Abschnitt 8.2.3.3). Die Kinder oder Jugendlichen präsentieren ihre eigenen Lernerfahrungen und reflektieren auf diese Weise ihr prozedurales Wissen. Sinnvoll erscheint in diesem Zusammenhang auch die vermehrte Berücksichtigung kommunikativer Elemente: So können die Schülerinnen und Schüler kooperativ lernen, etwa indem sie sich über ihr Lernen mit einem Lernpartner austauschen (Rampillon, 1997; Konrad & Bernhart, 2007). Die erste Aufgabe zielt auf die Reflexion von Lernstrategien.

Lernstrategien zur Erreichung bestimmter Lernziele nennen

- Zur Vorbereitung einer freien Schreibaufgabe mache ich ...
- Beim Korrekturlesen achte ich auf ...
- Bei einer Hörübung im Fremdsprachenunterricht überlege ich zuerst ...

Bei der zweiten Aufgabe stehen kommunikative Elemente im Zentrum. Über die Wirksamkeit des wechselseitigen Befragens und Erklärens informiert auch Abschnitt 8.2.3.2.

Gegenseitiges Befragen

Du möchtest Lernstrategien sammeln. Frage deine Mitschüler, wie sie beim Lernen (z. B. Fremdsprachen) vorgehen. Hier sind ein paar Vorschläge für Fragen:

- Welche verschiedenen Lernstrategien kennst du, um Vokabeln zu lernen?
- Welche dieser Lernstrategien ziehst du vor?
- Begründe deine Entscheidung.

Schließlich steht die Arbeit mit Texten im Zentrum. In diesem Zusammenhang kann eine retrospektive Selbstbeobachtung der Strategieentwicklung dienlich sein.

Retrospektive Selbstbeobachtung

Lies den folgenden Text durch. Beantworte dazu die unten stehenden Fragen. Notiere alle Aktivitäten, auch die kleinen Schritte, die dir einfallen.

– ein lernergemäßer Text –

- Warum lese ich den Text? (eigenes Interesse ...?)
- Was lese ich? (Lehrbuch, Roman ...?)
- Wie will ich den Text verstehen? (globaler Eindruck, Detailinformation?)
- Wie lese ich den Text? (suchendes Lesen, analytisches Lesen?)
- Habe ich das Lernziel erreicht? (Vergleich zwischen Leseauftrag und Ergebnis)
- Welche weiteren Informationen will ich dem Text entnehmen? (Überprüfen des Leseziels sowie der Lesestrategien)

8.1.2.3 Aufgaben, bei denen die Lernenden selbstgesteuertes Lernen strukturieren

Aufgaben dieser Kategorie haben gemeinsam, dass sie die Lernenden veranlassen, die Auswahl von Lernstrategien reflektiert zu begründen. Dazu geben sie beispielsweise Erklärungen über den Lernprozess ab. Die hier angeführten Aufgaben regen die Lernenden außerdem an, unterschiedliche Lernstrategien zu einem bestimmten Lernziel zu sammeln, diese miteinander zu vergleichen und/oder sie in eine Rangordnung zu bringen. Auf diese Weise lernen sie, verschiedene Substrategien und Taktiken (im Sinne von Schrittfolgen für die Lösung von Teilaufgaben) zu einer Lernstrategie zusammenzuführen. Wie Aufgabe 1 illustriert, besteht eine sinnvolle Variante des Ordnens darin, Lernschritte in hierarchischer oder zeitlicher Hinsicht zu systematisieren (Rampillon, 1997).

Sammeln und Ordnen

Welche Lerntechniken kennst du, um dir die Inhalte eines neuen Textes anzueignen? Notiere so viele Ideen wie möglich und versuche, sie dabei zu ordnen.
Markiere die Beziehungen zwischen den verschiedenen Strategien (z. B. die Reihenfolge, in der diese Strategien im Lerngeschehen auftreten)

Eine zweite Übung dient ebenfalls der Strukturierung des Lernens. Es geht darum, die Inhalte eines Buches zu ordnen und zusammenzufassen.

Inhalte zusammenfassen:
Lehrbuch oder Arbeitsbuch kennenlernen

Mein Lehrbuch hat ....   Seiten

Es besteht aus ....   Kapiteln

Im abschließenden Kapitel wird ....   betont

Aufgabe 3 legt den Schwerpunkt auf grafische Elemente. Zugleich rückt die zeitliche Organisation von Wissen in den Blickpunkt.

Anfertigen eines Schaubildes

Welche Schritte unternimmst du, um eine Textaufgabe in Mathematik zu lösen? (Lösungsplan).

Ergänze oder verändere die folgenden Schritte ...

Anfertigen eines Schaubildes (Fortsetzung)

1. Aufgabe verstehen (Was ist gegeben, was ist gesucht?)

$\Downarrow$

2. Modell erstellen (Welche mathematischen Beziehungen kann ich aufstellen?)

$\Downarrow$

3. Mathematik benutzen (Wie kann ich die Aufgabe mathematisch lösen?)

$\Downarrow$

4. Ergebnis erklären (Wie lautet mein Endergebnis? Ist es sinnvoll?)

8.1.2.4 Aufgaben, bei denen die Lernenden selbstgesteuertes Lernen erproben

Aufgaben dieser Kategorie helfen den Lernenden dabei, die eigenen Lernschritte zu bewerten. Dazu sind verschiedene Wahrnehmungsstufen notwendig: bewusste Planung des Lernprozesses (hier jedoch noch mit Anleitungen), Durchführung und Analyse von Lernverfahren – seien sie bereits früher erprobt oder erstmalig eingesetzt –, Vergleich mit der eigenen Lernabsicht und schließlich die Bewertung des Lernerfolges. Grundlage für die hier skizzierte Abfolge sind die Phasen des selbstregulierten Lernens. Ein damit verwandtes Vorgehen wird in Abschnitt 8.2.2 unter dem Titel „prozessorientiertes Lernen" beschrieben. Zunächst sollen die Schüler einen Lernplan erstellen.

Einen Lernplan erstellen

Du sollst einen Text gründlich durchlesen, damit du später Fragen dazu beantworten kannst. Mach dir zuvor einen genauen Lernplan. In welchen Schritten gehst du vor? Vielleicht können W-Fragen (Wer? Wann? Wo? Wie? Warum?) dazu nützlich sein.

1. Schritt: Welchen Text will/soll ich lesen?
2. Schritt: ...
3. Schritt: ...
4. Schritt: ...

Aufgabe 2 greift das von zahlreichen Forscher/innen und Lehrer/innen positiv bewertete und verwendete Lerntagebuch auf, das in erster Linie die Aktivierung (lern)prozessbezogener Metakogitionen fördert.

Lerntagebuch führen

Zur Weiterentwicklung deines Wissens über das eigene Lernen notiere bitte alles, was dir beim Lernen durch den Kopf geht. Zum Beispiel:

- Was fällt mir beim Lernen besonders leicht?
- Wo stoße ich immer wieder auf Schwierigkeiten beim Lernen?
- Was will ich tun, um diese Lernprobleme abzubauen?

Du kannst dich bei deinen Überlegungen auf ganz bestimmte Lernaufgaben konzentrieren.

Aufgabe 3 rückt die Wissensaneignung in Verbindung mit Texten ins Zentrum.

Lernstrategien zur Aneignung von Textinhalten

Zum Lernen eine Textes gibt es verschiedene Lerntechniken. Ergänze die begonnene Liste:

- satzweises Einprägen
- halblaut vorlesen und einprägen
- mit Kameraden darüber sprechen
-
-
-

Welche dieser Strategien erscheinen dir besonders hilfreich? Welche sind eher hemmend?

Möchtest du künftig Lernstrategien häufiger einsetzen, die du noch nicht erprobt hast? Welche Strategien interessieren dich?

Ein weiteres prominentes Verfahren zur Optimierung des selbstgesteuerten Lernens mit Texten wird in Abschnitt 8.2.3.1 mit der MURDER - Methode präsentiert:

(1) Set Mood to study	(4) Digest the material
(2) Read for Understanding	(5) Expand knowledge
(3) Recall the material	(6) Review effectiveness of studying

Bei dieser Strategie verschafft sich der Leser einen Überblick über das Thema, in dem er Hauptgedanken unterstreicht, Schlüsselwörter markiert, kurze Zusammenfassungen zu jedem Textabschnitt formuliert, unwichtige Informationen vernachlässigt (durch Tilgen/Durchstreichen) und mögliche Implikationen und Schlussfolgerungen sammelt. Kernanliegen ist es, die so erarbeiteten Informationen in das Vorwissen zu integrieren. Am Ende des autonomen Lernprozesses stehen Rückblick und Reflexion des strategischen Vorgehens.

8.1.2.5 Aufgaben, bei denen die Lernenden selbgesteuert lernen

Aufgaben dieser Kategorie erübrigen sich eigentlich, da sie nicht mehr dazu zu führen brauchen, Lernstrategien lernen zu lassen (wie in den Kategorien 1-4). Hauptsächliches Anliegen dieser Phase ist es, bereits bekannte Lerntechniken und Lernstrategien praktisch zu erproben. Damit in Einklang wird im Unterricht nur noch eine diesbezügliche Aufforderung gegeben; Anleitungen, Vorlagen, Modelle etc. entfallen hier.
Zunächst soll ein Plan entwickelt werden, der darauf abzielt, metakognitive Prozesse zu aktivieren.

Einen Text lesen und verstehen

Lies den folgenden Text durch. Mach dir zuvor einen Lernplan.

Die zweite Aufgabe eignet sich insbesondere für den (Fremd)Sprachenunterricht. Ziel ist der strukturierte Umgang mit Hörtexten.

> ### Einen Text Hören und Verstehen
>
> Höre dir eine Kurzgeschichte von der Kassette an ...
> * Lege dein Hörziel fest
> * Plane deine Lern- und Arbeitsschritte
> * Besprich deinen Plan mit einem Mitschüler
> * Höre den Text an
> * Überprüfe, ob du dein Hörziel zufriedenstellend erreicht hast
> * Entscheide, ob (und wenn ja, wie) du weiter lernen musst

Aufgabe 3 beinhaltet Schritte zur Wiederholung von Lerninhalten. Gerade diese Lernaktivitäten sollten in hohem Maße selbstgesteuert geschehen.

> ### Eine Lehrbuchlektion wiederholen
>
> Wiederhole die Lektion XY aus deinem Lehrbuch. Lege zu diesem Zweck deinen Arbeitsschwerpunkt fest, wähle geeignete Lernstrategien aus und begründe sie.
>
> Überprüfe zum Schluss den Erfolg deiner Wiederholung (z. B. durch lautes Denken oder indem du in eigenen Worten eine schriftliche Zusammenfassung formulierst)

Nach dieser grundsätzlichen Systematisierung der Förderung von selbstgesteuertem Lernen, sollen nun bewährte Konzepte aus der pädagogisch-psychologischen Praxis referiert werden. Einige der im letzten Abschnitt präsentierten Strategien kommen dabei erneut zur Sprache (z. B. reflexives oder kooperatives Lernen).

8.2 Erfolgreiche Konzepte und Programme: Schritte zum selbstgesteuerten Lernen

Unter den zahlreichen Ansätzen, die sich in der pädagogisch-psychologischen Praxis bewährt haben, sollen die Folgenden genauer betrachtet werden: (1) Strategisches Lernen (SCL) (2) Prozessorientiertes Lehren und Lernen und (3) Formen des Kooperativen Lernens. Zu jedem der hier erläuterten Ansätze werden vier Fragen beantwortet:

① Was sind die Ziele des Programms?

② Was sind die Kernkomponenten des Programms?

③ In welchen Schritten läuft das Programm ab?

④ Warum ist das Programm besonders wirksam?

8.2.1 Strategisches Lernen (SCL)

(1) Was sind die Ziele des SCL?

Strategisches Inhaltslernen („Strategic Content Learning" = SCL) ist ein empirisch gut bestätigtes Unterrichts- bzw. Instruktionsmodell, das den Zweck verfolgt, selbstgesteuertes Lernen zu fördern. In früheren Forschungsarbeiten hat sich SCL in der Auseinandersetzung mit Lernschwierigkeiten auf der Sekundarstufe I und II als äußerst lernwirksam herausgestellt. Im Vordergrund steht die differenzierte Unterstützung der Schülerinnen und Schüler.

(2) Was sind die Kernelemente des SCL?

Im Rahmen des SCL sind die Schüler angehalten, vollständige Zyklen selbstgesteuerter Lernaktivitäten zu durchlaufen. Diese Aktivitäten beinhalten mehrere Handlungsschritte oder Handlungskomponenten (Butler, 2002): Aufgabenforderungen analysieren, auswählen, durchführen, anpassen und personalisierte Strategien entwickeln, Strategien implementieren und ihre Wirksamkeit überwachen, erreichte Leistungen selbst bewerten und bei Bedarf Ziele oder Strategien überarbeiten (siehe Abbildung 34).

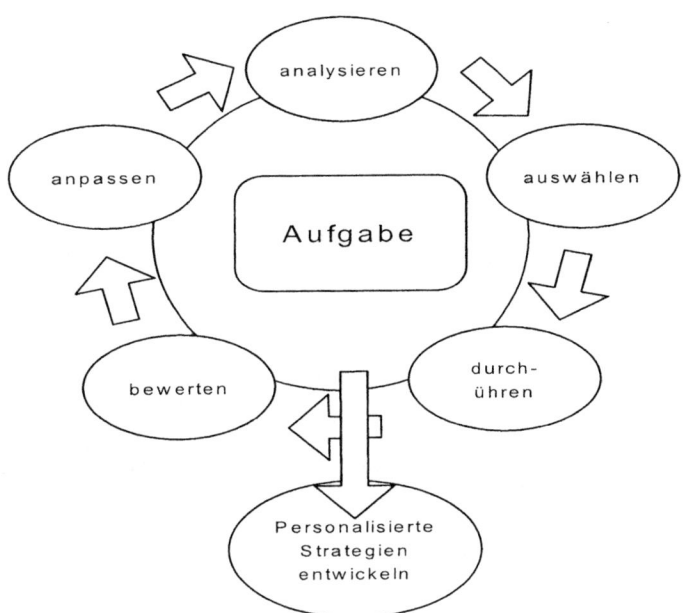

Abb. 34: Kernelemente des Strategischen Lernens (SCL)

SCL fördert selbstgesteuertes Lernen in einer Vielzahl von Lernsituationen und bei unterschiedlichen Aufgaben (z.B. Textlektüre, Mathematik). Abbildung 35 gibt aus der Sicht der Lehrperson ein vereinfachtes Modell des selbstgesteuerten Lernens wieder. Es enthält zugleich jene Phasen im Lerngeschehen, die einer Förderung bedürfen.

(3) In welchen Schritten verläuft das SCL?

Um selbstgesteuertes Lernen zu unterstützen, gehen Trainer oder Lehrer, die sich dem SCL verpflichtet fühlen, folgendermaßen vor:

① Sie erleichtern die Durchführung vollständiger Zyklen selbstgesteuerter Lernaktivitäten.

② Sie leiten und betreuen die kognitiven Aktivitäten der Lernenden (anstatt ihnen bloß mitzuteilen, was sie zu tun haben).

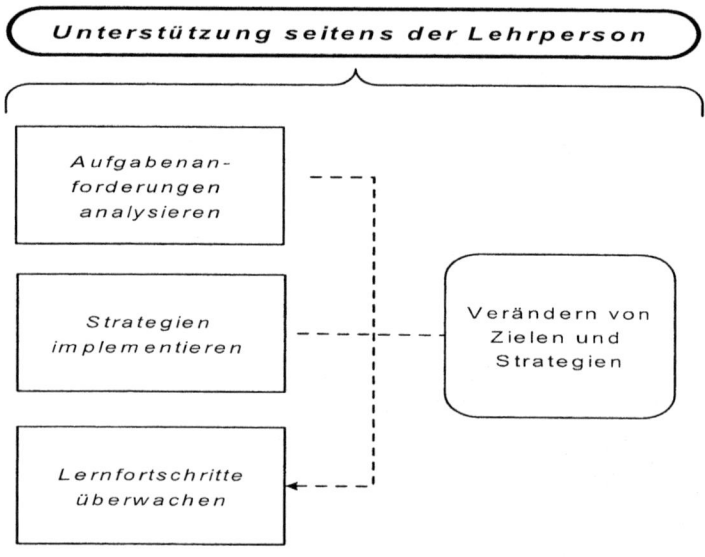

Abb. 35: Schritte des SCL

③ Sie unterstützen die Lösung anstehender Probleme sowie die Bearbeitung aktueller unterrichtsbezogener Aufgaben.

④ Sie helfen Lernenden dabei, personalisierte Strategien zu entwickeln (anstatt ihnen lediglich vordefinierte Strategien zu vermitteln).

⑤ Sie unterstützen die Lernenden bei der Konstruktion jener Wissensbestände und Überzeugungen, die für selbstgesteuertes Lernen unerlässlich sind.

(4) Warum ist SCL wirksam?

SCL ist gerade deshalb wirksam, weil der Ansatz in hohem Maße auf individualisiertes und differenziertes Lernen abzielt:

○ Schüler ko-konstruieren persönlich angemessene Strategien, die ihre Grundlage in Austausch und Diskussion in Dyaden (mit Lehrern und/oder Mitschülern) oder Gruppen haben.

○ SCL-Lehrer nutzen das vorhandene Wissen ihrer Schüler.

○ Durch gezielte Impulse (z. B. Fragetechniken) unterstützen und erleichtern sie die Effizienz der (meta)kognitiven Strategien ihrer Schüler.

Als ausschlaggebender Faktor für die Wirksamkeit dieses und ähnlich aufgebauter Förderprogramme hat sich die vorherige Information der Beteiligten über den Sinn und Nutzen der jeweils vermittelten Strategien herausgestellt („Warum ist das, was wir tun, sinnvoll und wichtig?"). Dies gilt wohl ebenso für die Vermittlung der allgemeinen metakognitiven Prozesse der Planung, Bewertung und Regulation einer Handlung (Fritz & Funke, 2002). Besonders erfolgreich war der Einsatz des SCL etwa im Rahmen tutorieller Settings (Einzelbetreuung im Unterricht; Butler, Elaschuk & Poole, 2000) sowie in kooperativen Lernumgebungen (Butler et al., 2000).

Tabelle 16 beschreibt am Beispiel zweier Instruktionsziele, wie pädagogisch-psychologische Konzepte des SCL von der Lehrperson genutzt werden können, um individualisierten Unterricht (in Tutorien, Kleingruppen oder im Rahmen der gesamten Klasse) zu initiieren (Butler, 2002).

Tabelle 16: Instruktion im Rahmen des SCL

Instruktionsziele	Instruktionsprinzipien
	Die Lehrperson
Aufgaben analysieren und metakognitives Wissen über das Lernen fördern	(1) gibt Schülern Hinweise hinsichtlich der Herausforderungen und Kernlemente der Aufgabe
	(2) erleichtert Diskussionen, in denen Schüler (a) Aufgabenanforderungen analysieren, (b) Leistungen artikulieren, (c) darüber sprechen, warum die Analyse von Aufgaben oder Standards nützlich ist, (d) individuell angemessene und personifizierte Strategien zur Aufgabenanalyse nutzen

Tabelle 16: Instruktion im Rahmen des SCL (Fortsetzung)

	(3) leitet Schüler an, jene Hinweise aufzugreifen, die für die Bestimmung von Leistungsstandards wichtig sind.
Die Bewältigung von Aufgaben unter Berücksichtigung von metakognitivem Wissen über strategische Aktivitäten schülernah fördern	*Die Lehrperson leitet Schüler dazu an* (a) eine Aufgabe erfolgreich zu Ende zu denken, (b) den Prozess des Lernens zu reflektieren, (c) Lernstrategien zu artikulieren und zu bewerten, (d) Erfolge zu vergegenwärtigen (e) unwirksame Strategien zu revidieren.

Die Lehrperson
(1) beobachtet Schüler dabei, wie sie ihre Stärken und Schwächen einschätzen
(2) bearbeitet mit einzelnen Schülern Aufgaben (Coaching, Modeling).

8.2.2 Prozessorientiertes Lehren und Lernen

(1) Was sind die Ziele des prozessorientieren Lehrens und Lernens?

Das vorrangige Ziel des Ansatzes besteht in der *schrittweisen* Förderung des selbstgesteuerten Lernens. Dazu ist es für das lernende Individuum notwendig, in jeglicher Hinsicht sein eigener Lehrer zu sein. Um damit verknüpfte Anforderungen einlösen zu können, müssen insbesondere sämtliche Lehrfunktionen eines „guten" Lehrers ausgeführt werden. Beispiel: Sich selbst motivieren oder die Aufmerksamkeit aufrechterhalten.

(2) Was sind die Kernkomponenten des prozessorientierten Lehrens und Lernens?

Simons (1992) formuliert eine Reihe von Prinzipien, die prozessorientiertes Lernen beschreiben und mit denen es gelingen kann (und ohne die es scheitern muss), Lernenden den Erwerb von Selbstlernkompetenz zu ermöglichen. Zentral für das prozessorientierte Lernen sind die in Tabelle 17 präsentierten Instruktionsprinzipien.

Tabelle 17: Prinzipien des prozessorientierten Lernens nach Jan Simons

Prozessprinzip	Anstelle der ausschließlichen Betonung von Lernergebnissen werden auch Lernaktivitäten und Lernprozesse belohnt.
Nützlichkeitsprinzip	Den Lernenden werden Relevanz und Nützlichkeit der Kenntnisse und Fähigkeiten, die sie lernen sollen, bewusst gemacht.
Transferprinzip	Transfer und Generalisierbarkeit des Gelernten werden explizit im Lernprozess berücksichtigt; es wird nicht erwartet, dass sie von selbst auftreten.
Selbstdiagnoseprinzip	Die Lernenden werden darin unterwiesen, wie sie ihr eigenes Lernen überwachen, diagnostizieren und korrigieren können.
Lernzielprinzip	Höhere kognitive Lernziele, die aktives und konstruktives Lernen erfordern, werden betont.

Ausgehend von diesen Prinzipien erlangen in zahlreichen Unterrichtssequenzen fünf Lehrfunktionen besondere Bedeutung, die in wesentlichen Punkten auf Überlegungen bezüglich der Unterrichtsgestaltung von Robert M. Gagné basieren (siehe Abbildung 36).

(3) Welche Schritte sieht das prozessorientierte Lehren und Lernen vor?

Die Schritte und Phasen dieses Ansatzes lenken das Augenmerk auf die Transformation der Lehrfunktion in die Lernfunktion: Selbstgesteuert Lernende zeichnen sich dadurch aus, dass sie zentrale Lehrfunktionen selbst ausführen können. Vor allen Dingen müssen sie die in Abbildung 36 angegebenen fünf Lehrfunktionen in *Eigenregie* ausüben. Dies führt zwangsläufig zu einer Modifikation der Lehrfunktionen, die sich nun als Aktivitäten des selbstständigen Lernens charakterisieren lassen:

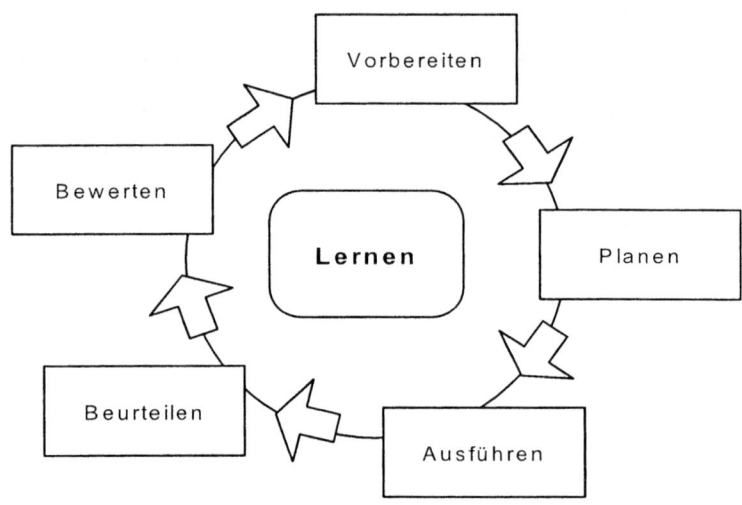

Abb. 36: Phasen des selbstgesteuerten Lernens nach Jan Simons

① *Vorbereiten des eigenen Lernens:* Eine angemessene Vorbereitung erfordert die Fähigkeit, eigene Lernziele zu definieren und sich zu Beginn des Lernprozesses ausreichend zu motivieren.

② *Ausführung aller erforderlichen Lernschritte:* Hier stehen Aktivitäten des Verstehens, Behaltens, Integrierens und Anwendens des gelernten Lehrstoffes im Zentrum. Die Ausführung dieser Aktivitäten muss dabei vom Lernenden eigenverantwortlich übernommen werden.

③ *Überwachung sowie Regulation des eigenen Lernens:* Die Ergebnisse der Ausübung dieser Funktionen sollen vom Lernenden dahingehend genutzt werden, eigene Lernstrategien zu optimieren oder zu ändern.

④ *Bewertung des eigenen Lernens (Selbstevaluation):* Der Aspekt der Selbstevaluation verlangt vom Lernenden, den eigenen Lernprozess realistisch bewerten und dementsprechend sein Wissen einschätzen zu können.

⑤ *Aufrechterhaltung der eigenen Motivation und Konzentration:*
Schließlich ist es zur effizienten Gestaltung des Lernens auch wichtig, dass der Lernende seine Motivation und Konzentration aufrecht erhält.

Um Missverständnissen vorzubeugen, sei noch einmal darauf verwiesen, dass die Förderung der Fähigkeit zum selbstständigen (genauer: selbstgesteuerten) Lernen nicht die völlige Unabhängigkeit des Lernenden von anderen Instanzen zur Folge haben muss. Dies wäre im Kontext von Schule und Hochschule reichlich unrealistisch. Zudem umfasst auch rezeptives Lernen notwendigerweise eine aktive Aneignung der Lerninhalte (Klauer & Leutner, 2007). Gerade die hier skizzierten gemäßigt-konstruktivistischen Zielsetzungen des prozessorientierten Lehrens und Lernens streben eine Kooperation zwischen der Lehrinstanz („Instruktion") und dem Lernenden („Konstruktion") an: Dabei sollte die Lehrperson möglichst die Eigenschaften eines „guten" Lehrers besitzen. Je näher sie diesem Ideal kommt, umso eher wird sie beim Lernenden die Aktivitäten des selbstgesteuerten Lernens schulen.

(4) Warum ist das prozessorientierte Lehren und Lernen wirksam?

Ausschlaggebend für den Erfolg dieses Ansatzes sind differenzielle instruktionale Maßnahmen für die Lernsteuerung der lernenden Person.

① In einem ersten Schritt übernimmt die Lehrperson durch entsprechende unterrichtliche Maßnahmen die Steuerung des Lerngeschehens.

② Mit zunehmender (motivationaler und strategischer) Kompetenz sind die Lernenden angehalten, die Steuerung des Lerngeschehens selbst zu übernehmen.

③ Eine dritte Intervention besteht schließlich darin, die Lernsteuerung dem Lernenden selbst zu überlassen.

Das lernende Individuum übernimmt also immer mehr die Rolle des sich selbst Lehrenden, für Weinert (1982) eine wichtige Voraussetzung für die Verwendung des Begriffs des „selbstgesteuerten Lernens".

8.2.3 Kooperatives Lernen – Lernen in Wissensgemeinschaften

Wie wichtig das Thema „Selbststeuerung" im Rahmen des kooperativen Lernens ist, kann bereits den in Abschnitt 4.3.2 referierten Programmen zur situierten Kognition entnommen werden. Kooperatives Lernen bietet in dieser Perspektive besonders gute Voraussetzungen zur Förderung von Eigeninitiative und Selbstverantwortung.

① In der Zusammenarbeit kann das Bedürfnis entstehen, einen Sachverhalt zu erklären, die eigene Meinung zu verteidigen oder den Partner zu überzeugen (Johnson & Johnson, 1992). Das Generieren von Erklärungen hat in erster Linie günstige Auswirkungen auf die metakognitive Selbstregulation der Gruppenteilnehmer (Boxtel, Linden, Roelofs & Erkens, 2002). Der Einzelne wird angeregt, seine Gedanken mitzuteilen, seine Argumente offenzulegen und damit sich selbst und dem Lernpartner zugänglich zu machen.

② Austausch und Diskussion können Anlass geben, das eigene Verständnis des Lerngegenstandes zu überprüfen und dadurch zur Aufdeckung von vorher unbemerkten Wissenslücken oder Widersprüchen führen.

③ In kooperativen Situationen lernen die Teilnehmer nicht nur, wie sie ihre eigenen Ansichten formulieren, begründen und verteidigen können; sie erfahren auch, wie man sich arbeitsteilig auf ein Ziel ausrichtet und wie man konstruktiv kritisiert (Dansereau, 1988).

④ Solche Aktivitäten können die beteiligten Individuen zudem dazu animieren, ihre Gedanken weiter zu elaborieren und neues und bekanntes Wissen zu integrieren.

⑤ Zur Selbststeuerung oder Selbstregulation dürfte vor allem die Überwindung von Kontroversen durch die Koordination gegensätzlicher Perspektiven bis zur Konstruktion eines gemeinsam akzeptierten Standpunktes beitragen. Die Lösung solcher sozial-kognitiver Konflikte (genauer: die Koordination widersprechender individueller Sichtweisen) ist es auch, die aus sozialkonstruktivistischer Sicht zur sozialen Konstruktion von Wissen und Verstehen führt (Konrad, 2006b).

Trotz der überwiegend positiven Einschätzung kooperativer Lernformen dürfen mögliche Probleme nicht übersehen werden: Kooperation funktioniert nicht zwangsläufig. Manche Lernenden beteiligen sich kaum an gemeinsamen Deutungs- oder Problemlöseversuchen und erwarten, dass begabtere oder höher motivierte Gruppenteilnehmer die Hauptarbeit leisten. Diese wiederum fühlen sich ausgenutzt und verringern ihre Anstrengung (Stebler et al., 1994).

Um möglichen Problemen der Zusammenarbeit wirksam zu begegnen, wird in kooperativen Lehr-/Lernumgebungen vielfach das strukturierte Arbeiten unterstützt (King, 1999). Drei dieser ordnenden Maßnahmen sollen nachfolgend genauer erläutert werden (O'Donnell & Dansereau, 1992; Konrad, 2006b):

○ Handlungs- oder Verlaufspläne („Kooperative Scripts"),

○ geleitete Befragung und

○ Kognitive Meisterlehre.

8.2.3.1 Kooperative Skripts

Kooperationsskripts wurden ursprünglich für die Unterstützung des kooperativen Textlernens von Peers (z. B. gleichaltrige Lernpartner) entwickelt. Die Arbeit mit Kooperationsskripts zeichnet sich durch drei Merkmale aus:

① *Verteilung von Rollen:* Die Lernenden nehmen spezifische Rollen ein, die sie meist vor der kooperativen Phase schon trainieren. Von diesen Rollen wird erwartet, dass spezifische kognitive Aktivitäten bei den Lernenden ausgelöst werden (O'Donnell & Dansereau, 2000); zugleich werden in der Kooperation lern-förderliche Prozesse angeregt.

② *Sequenzierung der Lernaufgabe:* Ein weiterer wichtiger Punkt kommt hinzu: Verlaufspläne spezifizieren nicht nur, welche Lernaktivitäten auszuführen sind; sie geben auch an, zu welchem Zeitpunkt diese Aktiväten zu erledigen sind.

③ *Zuordnung von Strategien:* Schließlich beinhalten kooperative Lernskripts Angaben darüber, wer (d. h. welcher Lernpartner), welche Handlung auszuführen hat.

Ein typisches Kooperationsskript findet sich bei O'Donnell und Dansereau (1992) unter dem Label „Scripted Cooperation". Ein weiteres Verfahren – das Peer-Teaching – wird daran anschließend besprochen.

A. Scripted Cooperation

(1) Was sind die Ziele der scripted cooperation?

Hauptsächliches Anliegen ist die Förderung von konzeptuellem (inhalt-
lichem) Wissen – insbesondere im Hinblick auf Fachtexte. Die für die
scripted cooperation typischen Handlungsaufforderungen haben außerdem auch kognitive und metakognitive Lernziele im Blick.
Es wird angenommen, dass die teilnehmenden Personen Fertigkeiten erwerben, die sich als Strategien der Textbearbeitung bezeichnen lassen.
Wie die Praxis zeigt, gehen diese Strategien weit über einfache kognitive
Fertigkeiten (z. B. bedeutsame Aussagen identifizieren und unterstreichen) hinaus. Eine entscheidende Rolle spielen darüber hinaus metakognitive Strategien. Beispiele für metakognitive Aktivitäten sind das individuelle Überwachen des Lerngeschehens, aber auch das wechselseitige
Hinterfragen und Reflektieren der teilnehmenden Personen.

(2) Was sind die Kernkomponenten der scripted cooperation?

Die Sequenzierung oder Abfolge der scripted cooperation ist durch die
Struktur des Kooperationsskripts vorherbestimmt: Es legt fest, dass der
Lernende A zunächst eine Zusammenfassung des Textes vornimmt; von
Person B wird erwartet, dass sie fehlerhafte oder unvollständige Informationen genau (und möglichst vollständig) wahrnimmt und korrigiert.
Die daran anschließenden Schritte des Kooperationsskripts sind ebenfalls
festgelegt und können von den kollaborierenden Lernpartnern nicht verändert werden. Schließlich ist typisch für dieses Lernarrangement, dass
die induzierten Aktivitäten unmittelbar an die den Lernpartnern ab-
verlangten komplementären Kooperationsrollen geknüpft sind. In jedem
Schritt ist vorgegeben, welcher Teilnehmer welche Kooperationsrolle zu
übernehmen hat. Von diesen Rollen wird erwartet, dass spezifische lern-
förderliche kognitive Aktivitäten bei den Lernenden ausgelöst werden.

(3) In welchen Schritten wird die scripted cooperation durchgeführt?

Der Ablauf der scripted cooperation soll am Beispiel der Bearbeitung eines Lerntextes veranschaulicht werden. Um sich gemeinsam einen Text zu erarbeiten, beschäftigen sich zuerst beide Partner individuell mit der Lektüre. Im nächsten Schritt versucht ein Partner die Textinformation aus dem Gedächtnis wiederzugeben. Anschließend gibt ihm der andere Partner – ebenfalls ohne Vorlage des Textes – Rückmeldung. Zum Abschluss vertiefen die Teilnehmer gemeinsam die Textinformation, bevor sie mit vertauschten Rollen mit der nächsten Textpassage fortfahren. Ein prominentes Beispiel dieser Form der Zusammenarbeit ist das so genannte *MURDER-Skript* (das Akronym steht für „mood", „understand", „recall", „detect", „elaborate", „review"). Dieses Ablaufschema strukturiert die Interaktion zwischen zwei Partnern, die sich mit einem Text nach einer festgelegten Ordnung auseinandersetzen: Das MURDER-Skript unterteilt den kooperativen Lernprozess in sechs Phasen, wobei in den Phasen 3 bis 6 verschiedene Strategien zur Textbearbeitung kooperativ angewendet werden.

① In der ersten Phase stimmen sich die Lernenden auf die Textbearbeitung ein und konzentrieren sich auf die Aufgabe *(Mood)*.

② In der nächsten Phase lesen die Lernenden individuell den ersten Textabschnitt und halten Kerngedanken und wichtige Fakten fest *(Understand)*.

③ Anschließend wiederholt Lernpartner A die Inhalte dieses Abschnitts aus dem Gedächtnis *(Recall)*.

④ In der vierten Phase gibt Lernpartner B Feedback darauf und deckt eventuelle Fehlkonzepte, Widersprüche und Auslassungen auf *(Detect)*.

⑤ Darauf folgend elaborieren beide Lernenden gemeinsam das Lernmaterial, verknüpfen es mit Erfahrungen aus ihrem Vorwissen und wenden Visualisierungs- oder Imaginations-Strategien an *(Elaborate)*.

⑥ In der letzten Phase sehen die Lernenden nochmals das Lernmaterial durch *(Review)*.

Diese sechs Phasen werden beliebig oft für jeden Textabschnitt wiederholt, wobei die Lernenden sich bezüglich des Wiedergebens der Textinhalte in Phase 3 und des Feedback-Gebens in Phase 4 abwechseln.

(4) Warum ist die scripted cooperation wirksam?

Der Erfolg dieser Methode basiert auf ihrem durchdachten Aufbau und der Kombination kognitiver und metakognitiver Strategien:

① ein abschnittsweises Durcharbeiten des Textes in verschiedenen Phasen *(Sequenzierung)*,

② das Verteilen von spezifischen Rollen auf einzelne Lernende, zum Beispiel der eines „Wiedergebers" und der eines „Prüfers" *(Rollenzuweisung)*und

③ die kooperative Anwendung von Strategien zum Textverständnis *(kooperative Strategieanwendung)*.

Damit können Kooperationsskripts wirksame kognitive, metakognitive und soziale Lernstrategien zur Förderung des Textlernens und des Textverständnisses initiieren.

Nach Schank und Abelson (1977) fördern „scripts" sowohl das Verstehen als auch die Wiedergabe (z.B. von Textinformationen) und die Durchführung und Koordination von Lernaktivitäten in einer konkreten Lernsituation.

> „By providing learners with a cooperation script, it is conceivable that one can also aim at cognitive objectives like fostering understanding or recall. Nevertheless, cooperation scripts might also support the development of metacognitive, motivational, or emotional competencies." (Kollar, Fischer & Hesse, 2003, S. 6)

Als eine Variante der „scripted cooperation" kann das „peer-teaching" angesehen werden.

B. Peer-teaching – Wechselseitiges Lernen durch Lehren (WELL)

(1) Was sind die Ziele der peer-teaching?

Peer-teaching ist ein innvoatives Lernarrangement zu dessen Kernanliegen die nachhaltige Weiterentwicklung und Verankerung effektiven Lernens zählt. Im Fokus steht die stärkere Einbeziehung von Schülern und Studierenden in die Lehre und der Aufbau sozialer Kompetenzen mittels kollaborativer Lernstrukturen.

(2) Was sind die Kernkomponenten des peer-teaching?

Der Ansatz des peer - teaching (z. B. O'Donnell & Dansereau, 2000) zeichnet sich sich durch eine klare Strukturierung der Lernaufgabe aus. Wichtig ist die Aufteilung des Lehrmaterials auf die beteiligten Lernpartner, die eine *Ressourceninterdependenz* zur Folge hat. Dadurch eignen sich beide Lernenden unterschiedliche Lerninhalte (z. B. Lerntext A und Lerntext B) an, die sie sich im Anschluss daran wechselseitig vermitteln. Während der Teilnehmer in der Vermittlerrolle versucht, die Lerninhalte so verständlich wie möglich wiederzugeben und zu erklären, versucht der Teilnehmer in der Lernerrolle, durch gezieltes Nachfragen diese Inhalte so gut wie möglich zu verstehen. Nach Vermittlung von Lerntext A tauschen die beiden Lernpartner ihre Rollen für den Lerntext B.

Hauptmerkmal dieser Rollenzuschreibung ist, dass – im Gegensatz zu Tutoring-Ansätzen – die erklärende sowie die zuhörende Person über *vergleichbare Lehr- und Lernerfahrungen* verfügen. Das Wissen der Lernpartner unterscheidet sich nur bezüglich der aktuellen Lerninhalte.

(3) In welchen Schritten wird das peer-teaching durchgeführt?

Peer-teaching kann kooperative Wissenskonstruktion auf eine ganz natürliche Weise fördern und birgt somit die Chance, dass sowohl Erklärer als auch Lerner von der Kooperation profitieren:

① Für die erklärende Person ist das *Lernen durch Lehren* (Renkl, 1997) eine bedeutsame Strategie, die von ihr verlangt, ihre Wissensstruktur nach außen zu tragen (d. h. zu externalisieren), neu zu formulieren und sie damit zu erweitern.

② Die zuhörende Person, auf der anderen Seite, profitiert von dem dyadischen Arrangement durch eine individuelle Betreuung: Sie kann jederzeit, falls nötig, Fragen stellen und bekommt darauf ein sofortiges, individuelles Feedback.

(4) Warum ist das peer-teaching wirksam?

Wie verschiedene Autor/innen (z. B. O'Donnell & Dansereau, 2000; Lambiotte et al., 1987; Konrad, 2005) in empirischen Studien herausfanden, ist Peer-teaching eine sehr effektive Art der Instruktion. Beispielsweise gibt es Belege dafür, dass Studierende in einem Peer-teaching Szenario höhere metakognitive Aktivitäten an den Tag legen als die Vergleichsgruppe. Peer-teaching ist allerdings auch ein sehr komplexes Lernarrangement und in hohem Maße von den individuellen Lehr- und Lernfähigkeiten der beteiligten Personen abhängig.

Alles in allem können Kooperationsskripts als komplexe Strukturen angesehen werden, die einer differenzierteren Betrachtung bedürfen. Tabelle 18 fasst die Kernelemente von Lernskripts zusammen: Sequenzierung, Rollenverteilung und kooperative Strategieanwendung.

Tabelle 18: Die Wirksamkeit von Lernskripts

Sequenzierung:	Die Sequenzierung der Aufgabenbearbeitung ist sowohl das grundlegendste Merkmal von Kooperationsskripts als auch das unspezifischste. Durch die Sequenzierung wird eine Aufgabe in mehrere Teilaufgaben unterteilt, die nacheinander zu bearbeiten sind, wie zum Beispiel die Phasen im MURDER-Skript.
Rollenverteilung:	Durch die Rollenverteilung werden den einzelnen Lernenden Kooperationsrollen zugeschrieben. Diese Rollen können sich auf den Kooperationsprozess in doppelter Hinsicht auswirken. (1) Zum einen können mit den Rollen bestimmte internale Strategien oder Rollenbilder der Lernenden angesprochen werden (z. B. ist davon auszugehen, dass Lernende in der Erklärerrolle eher Strategien anwenden, die sie von einem guten Erklärer erwarten). (2) Zum anderen kann das Zuweisen von Rollen auch zu einer Aktivierung der Lernenden führen. Dabei profitieren insbesondere die Lernenden in der Lehrer- oder Erklärerrolle vom Kooperationsskript, da durch diese Rolle (vor allem durch die damit induzierte Lehrerwartung) anspruchsvolle Aktivitäten angeregt werden.

Tabelle 18: *Die Wirksamkeit von Lernskripts (Fortsetzung)*

Kooperative Strategieanwendung:	In der Kooperation erhalten die bislang genannten individuellen Strategien durch die Interaktion der beiden Kooperationspartner, insbesondere bei Fragen, bei Feedback und bei Erklärungen des Kooperationspartners eine neue Qualität. Während der einzelnen Phasen des Kooperationsskripts wenden die Kooperationspartner meist unterschiedliche Strategien an, wobei in jeder Phase die Strategien der beiden Lernpartner aufeinander abgestimmt sind.

8.2.3.2 Geleitete reziproke Partnerbefragung

(1) Was sind die Ziele der Reziproken Partnerbefragung?

Hauptanliegen der geleiteten Partnerbefragung ist das „Lernen lernen". Es geht darum, das Wissen und die Fertigkeiten zum eigenen Lernen zu erweitern und zu vervollständigen. Wie Pressley (1990) ausführt, erfordert das erfolgreiche Training kognitiver Strategien zweierlei:

○ die Unterstützung der eigentlichen Strategieanwendung und

○ die Förderung von metakognitivem Wissen über diese Strategien und deren Konsequenzen (z. B. Wissen darüber, wie wann und warum diese Strategien anzuwenden sind).

Das Konzept der Reziproken Partnerbefragung nach Alison King wird diesen Anforderungen in hohem Maße gerecht. Ein weiteres Ziel dieses Ansatzes ist es, die Qualität von Austausch und Diskussion zu optimieren. Vor allen Dingen wird erwartet, dass die beteiligten Personen lernen, mehr und bessere Fragen zu stellen, die ihrerseits mit ansprechenderen Antworten und optimierten Problemlöseleistungen einhergehen sollten. Wie die weiteren Ausführungen veranschaulichen werden, ist das Förderprogramm der reziproken Partnerbefragung für den Bereich der Schule besonders gut geeignet. Die Anwendung einzelner Elemente (z. B. eigene Fragen formulieren) empfiehlt sich bereits für die Grundschule.

(2) Was sind die Kernelemente der Reziproken Partnerbefragung?

Im Rahmen der Reziproken Befragung nach King (1991) werden Schüler oder Studierende zunächst darin trainiert, Fragen zu formulieren, indem sie offene Fragen verwenden, wie etwa „Was ist die Kernidee von ...?" und „Wie unterscheiden sich ... von...?". Weitere Beispiele für offene Fragestellungen sind in Tabelle 19 zusammengefasst.
Die aus diesen und anderen Fragestämmen generierten Fragen betreffen Themen und Inhalte des aktuellen Unterrichts. Anschließend stellen die Lernenden ihre Fragen den Klassenkameraden oder Lernpartnern (und beantworten deren Fragen).
Zu den Kernelementen dieser Methode zählt (in Anlehnung an die sozio-kognitive Perspektive Piagets; siehe Abschnitt 3.2.1) der soziale Austausch zwischen den beteiligten Personen. Die soziale Koordinierung schafft – vermittelt durch einander widersprechende individuelle Einstellungen, Meinungen oder Perspektiven – einen kontextuellen Rahmen, in dem Verstehen generiert wird. Sie konstituiert eine Lernumgebung, welche die Entstehung und die Lösung sozial-kognitiver Konflikte fördert.
Vor allen Dingen trägt die Aufforderung, anregende und provokative Fragen in einem Gruppenunterricht zu stellen und zu beantworten dazu bei, dass die Teilnehmer ihre Gedanken externalisieren, ihre Ideen näher erläutern und sie sowohl sich selbst als auch anderen Gruppenmitgliedern zugänglich machen.

(3) Welche Schritte sieht die Reziproke Partnerbefragung vor?

Ausgangspunkt der Methode sind Fragestämme die den beteiligten Personen als Anhaltspunkt für die Formulierung eigener auf die jeweils interessierenden Lerninhalte (z.B. einen Vortrag oder einen Fachtext) bezogenen Fragen dienen. Anschließend üben die Lernenden in kleinen Gruppen die Formulierung von Fragen sowie die Beantwortung dieser Fragen. Die Anwendung der so erworbenen Erkenntnisse erfolgt beispielsweise in Verbindung mit einem Unterrichtsvortrag oder einem Text; schließlich werden – speziell im Kontext der Schule – die Lernenden auf ihr Verständnis der Vortrags- oder Textinhalte getestet.
Über die bei der Reziproken Befragung verwendeten Fragestämme informiert Tabelle 19.

Tabelle 19: Fragestämme der Geleiteten Befragung

Beispiele für Fragestämme	Ziele dieser Fragen
Kannst du wiederholen ...? Wie würdest du vorgehen um ...? Was ist ein anderes Beispiel für ...?	regt die Klärung und Festigung der eigenen Wissensbasis an zielt auf die Anwendung der Information in einem spezifischen Kontext stimuliert die Entwicklung neuer Beispiele
Erkläre, warum	erfragt die Analyse von Prozessen und Konzepten; schließt Ursache-Wirkungsanalysen ein
Wie beeinflusst ... ?	regt die Überprüfung spezifischer Beziehungen an
Worin unterscheiden sich ... und ...?	fördert die Konstruktion von Verknüpfungen zwischen vorhandenen Wissensbeständen
Wie bezieht sich ... auf das, was du früher bereits gelernt hast?	aktiviert Vorwissen und hilft dem Lerner, neue Informationen in vorhandene Wissensbestände zu integrieren
Stimmst du mit ... überein (oder nicht überein)?	erfordert Erklärungen auf der Basis von Standards, Kriterien und Beweisen

Eine alternative Form der Befragung, die „problembezogene Befragung", beinhaltet die Vorgabe einer Sequenz aufeinander abgestimmter Fragen (Zusammenfassungsfragen, Denkfragen, Hinweisfragen, Metakognitionsfragen), die ein Lernender/ eine Lernende stellt und ein Anderer/ eine Andere durch adäquate Erklärungen beantwortet.
Wie die reziproke Befragung fördert die „problembezogene Befragung" die Wissenskonstruktion sowie die Fähigkeit zum Transfer (z. B. bei Schülern der 4. und der 7. Klasse); sie regt kognitive und metakognitive Aktivitäten (King, 1999) an und unterstützt qualitativ anspruchsvolle Diskussionen (z. B. Austausch von Ideen, Meinungen, Perspektiven und Einstellungen).

„Questions such as, What made you think of that? and What
is your reasoning?, prompt students to reflect on the thinking
that led to their response. Repeatedly 'thinking about their
thinking' in this way presumably promotes students' awareness of their thinking processes, which may further improve
their thinking and learning." (King, 2002, S. 38)

Nach Konrad (2005) lassen sich (z. B. bezogen auf die Arbeit mit Fachtexten) die folgenden Aspekte der *problembezogenen Befragung* unterscheiden:

1. *Motivationale Fragen:* Am Anfang des Lerngeschehens (z. B. der
   Textlektüre) steht die Diagnose der *motivationalen Lernvorausset-
   zungen* sowie der eigenen Befindlichkeit (Beispiel: „Wie ist deine
   Motivation jetzt?").

2. *Vergewisserungsfragen:* Sie verfolgen den Zweck, das Vorwissen der
   Beteiligten zum aktuellen Themengebiet zu aktivieren (Beispiel:
   „Was ist die Aufgabe?" „Was sollen wir genau tun?"). Außerdem
   sollen sie dazu anregen, eigene Ziele zu klären und Handlungspläne
   zu formulieren.

3. *Wiederholungsfragen:* Diese Frageform gibt den Lernpartner/innen
   die Gelegenheit, den Textinhalt zu rekapitulieren und neu zu überdenken (Beispiel: „Beschreibe die Kernaussagen des letzten Ab-
   schnittes"). Diese Wiederholung soll die Klärung, Festigung und
   Integration der eigenen Wissensbasis anregen.

4. *Elaborationsfragen:* Hier handelt es sich um Fragen, die die Tiefenverarbeitung der Lernanhalte anregen können (Beispiel: „In welcher
   Beziehung stehen die Textinhalte, zu dem, was du weißt?") Mit ihrer Hilfe können Verständnislücken oder Wissensdefizite festgestellt
   und thematisiert werden.

5. *„Denken-über-das-Denken"* bzw. *Reflexions-Fragen:* (Beispiel: „Was
   von dem, was wir gerade lernen, kannst du praktisch verwenden?").
   Ihr Ziel ist es, die Lernenden darin zu unterstützen, ihren Gedan-
   kenprozess selbst zu evaluieren und über persönlich relevante Anwendungen nachzudenken. Mit solchen Metakognitionsfragen verbindet sich außerdem das Anliegen, den Aufmerksamkeitsfokus auf
   die dem Verstehen unterliegenden komplexen Denkprozesse zu lenken.

In der Gesamtbetrachtung konstituieren die skizzierten Frage-Antwort-Sequenzen einen Kontext der kooperativen Zusammenarbeit sowie der *gemeinsamen Verantwortung*. Dabei dient die Formulierung und Beantwortung von Fragen in erster Linie der Selbstüberprüfung und der Überprüfung anderer. Alle Teilnehmer erhalten Gelegenheit, sich selbst und andere zu testen; sie können darüber hinaus ihr Verständnis und möglicherweise vorhandene Verständnisprobleme überprüfen.

(4) Warum ist die Reziproke Partnerbefragung wirksam?

Verantwortlich für den Erfolg dieser Methode ist die besondere Gestaltung des sozialen Settings. Die Befunde von Doreen Webb (Webber et al., 1993) stützen diese Einschätzung: Schüler, die die reziproke Partnerbefragung verwendeten, waren angehalten, sich gegenseitig Verständnisfragen zu stellen und wurden darin durch explizite Anweisungen unterstützt.

Wie mehrfach bestätigt werden konnte, trägt die geleitete Befragung dazu bei, den Teilnehmern mehr Erklärungen und andere Formen elaborierter Aussagen zu entlocken, als dies in reinen Diskussionsgruppen der Fall war.

Analysen der verbalen Interaktion innerhalb der Lerngruppen, sprechen außerdem dafür, dass die gelenkte Befragung die Qualität der Interaktion zwischen den beteiligten Individuen erhöhen kann (King, 1999). Als sicher kann insbesondere gelten, dass die Anwendung dieser Methode die Lernenden dazu veranlasst, höher geordnete Fragen zu formulieren. Solche Fragen fordern den Lernpartner heraus, ausführlichere und elaboriertere Erklärungen zu geben. Aus lernpsychologischer Sicht ist davon auszugehen, dass die Anregung und das Empfangen solcher Erklärungen die beteiligten Personen darin unterstützt, akkurate und wirksame Repräsentationen der Lern- bzw. Vortragsinhalte im Langzeitgedächtnis zu entwickeln.

Brown und Campione (1986) bestätigen diese Einsicht: „Understanding is more likely to occur when a student is required to explain, elaborate, or defend his or her position to others; the burden of explanation is often the push needed to make him or her evaluate, integrate, and elaborate knowledge in new ways" (S. 1060).

8.2.3.3 Kognitive Meisterlehre („cognitive apprenticeship")

Ein interessantes Instruktionsmodell, das kooperatives Lernen betont und mit Überlegungen zur situierten Kognition eng verknüpft ist, ist das der kognitiven Meisterlehre („cognitive apprenticeship"; Collins, Brown & Newman, 1989).

(1) Was sind die Ziele der Kognitiven Meisterlehre?

Die Vertreter des cognitive apprenticeship-Ansatzes („apprentice" bedeutet Lehrling, Auszubildender) fordern, bei der Gestaltung von Lernumgebungen verschiedene Qualitäten und Grade der Anleitung zu berücksichtigen, wie sie in der traditionellen *Handwerkslehre* zu finden sind (daher der Begriff „apprenticeship"). Die Ziele des Ansatzes sind als äußerst anspruchsvoll zu bezeichnen:

① Die Lernenden sollen sowohl das Denken als auch den Umgang mit Werkzeugen und Hilfsmitteln erlernen;

② sie sollen nicht nur abstrakte Begriffe oder Definitionen verarbeiten, sondern in konkreten Kontexten – das heißt anhand realer Ereignisse, Abläufe, Personen und Probleme – lernen und denken;

③ sie sollen nicht nur allgemeines Wissen, sondern situationsspezifische Kompetenz erwerben.

(2) Was sind die Kernelemente der Kognitiven Meisterlehre?

Die Grundidee dieses Ansatzes besteht darin, dass das Prinzip der „Meisterlehre" auf kognitive Bereiche übertragen wird. Die Lehrperson ist in der Rolle des Experten, der die „Lehrlinge" an die Lösung von Problemen und Aufgaben heranführt. Wie bei der herkömmlichen Ausbildung im Handwerk führt der erfahrene Meister das Herstellen eines Produkts vor, das dann vom Auszubildenden unter Anleitung nachgebaut wird. Die Bewegung des Cognitive Apprenticeship hält es für entscheidend im Hinblick auf den Lernerfolg, lebens- und praxisnahe Probleme in den Mittelpunkt des Lehrens und Lernens zu rücken. Man spricht dann etwas sybillinisch von *authentischen Problemen* (Klauer & Leutner, 2007). Entsprechend ist es von großer Bedeutung, dass die Experten keine „Lehrbuchstrategien" erläutern, sondern auf die Tätigkeit bezogen ihre *tatsächliche Praxis* beschreiben und reflektieren. Ziel ist es, den Lernenden jene „tricks of the trade" zugänglich zu machen, die ihnen in vielen Lernsituationen verborgen bleiben. Im Anschluss an diese Phase der Unterweisung bearbeiten die Lernenden selbst ähnliche Aufgaben, wobei sie in der Strategieanwendung durch die Lehrkraft unterstützt werden.

Mit unterschiedlicher Akzentuierung orientieren sich die in die Kognitive Meisterlehre involvierten Förderstrategien an *vier grundlegenden* didaktischen Prinzipien:

① *Authentizität:* Strategien und Wissen können nicht losgelöst von Anwendungssituationen vermittelt werden. Über realistische, authentische (persönlich bedeutsame) Lernkontexte und Probleme sind die Lernenden von Anfang an aufgefordert, aktiv zu lernen.

Durch die Betonung der sozialen Natur von Lernen und Problemlösen und die gezielte Bewertung und Integration von Praxiswissen und Erfahrungen sollen Wissen und Kontext miteinander verknüpft werden.

② *Situiertheit:* In situierten Anwendungskontexten werden Inhalte, Denk- und Lernstrategien an Lerngegenständen erarbeitet, die unmittelbar die Anwendung und den Nutzen des zu erarbeitenden Wissens deutlich machen. Auf diese Weise werden Inhalte besser mit der Alltagswelt verknüpfbar.

③ *Kooperation:* Lernen erfolgt nicht ausschließlich als individueller Prozess. Lernumgebungen sind daher im Idealfall so gestaltet, dass kooperatives Lernen und Problemlösen zwischen Lernenden und Experten möglich wird. Der soziale Kontext bietet den Lernenden Gelegenheiten, ihre Kenntnisse, Fertigkeiten und Einstellungen in einer Expertengemeinschaft erwerben zu können (Reinmann-Rothmeier & Mandl, 2001).

④ *Multiple Kontexte und Perspektiven:* Verankerte Lernumgebungen („anchored environments") zielen auf die Flexibilisierung des Wissens. Über komplexe Situationen regen sie die Lernenden dazu an, miteinander verflochtene Teilprobleme zu erkennen, aus unterschiedlichen Perspektiven zu betrachten und schließlich zu lösen. Auf diese Weise können sie zugleich die speziellen Anwendungsbedingungen desselben Wissens und verschiedene soziale Rollen erfahren.

(3) Welche Schritte sieht die Kognitive Meisterlehre vor?

Das methodische Vorgehen des apprenticeship-Ansatzes soll am Beispiel der reziproken Lehre („reciprocal teaching"; Palincsar & Brown, 1984; Slavin, 1996) weiter veranschaulicht werden. Zentral für dieses Training ist die Bildung von Kleingruppen, die sich aus Lernenden und einem Lehrer oder fortgeschrittenen Lernenden („Tutor") zusammensetzen. In einem interaktiven Dialog sollen unterschiedliche *Strategien zum Textverstehen* erarbeitet werden:

○ Zusammenfassen

○ Fragen zum Textverstehen

○ Identifizierung und Beseitigung von Unklarheiten

○ Vorhersage des nachfolgenden Textes.

Lerntexte werden im Rahmen dieses Ansatzes in der Regel abschnittweise bearbeitet. Verglichen mit der scripted cooperation (siehe Abschnitt 8.2.3.1) weist das reciprocal teaching eine leicht veränderte Struktur auf. Nach dem individuellen Textlesen stellt Lernpartner A in Phase 2 Verständnisfragen an seinen Kooperationspartner B, bevor er den Text in Phase 3 zusammenfasst. Bei der gemeinsamen Elaboration in Phase 4 ist die Strategie der Vorhersage der Inhalte des darauf folgenden Abschnitts, hervorzuheben.

Bei genauerer Betrachtung stellt sich das Vorgehen wie folgt dar:

① In einem ersten Schritt lesen Tutor/Lehrer und Lernende einen Abschnitt still. Der Tutor formuliert eine Frage zum Abschnitt, fertigt eine Zusammenfassung an und trifft eine Vorhersage oder formuliert eine Klärung. In dieser Phase baut der Experte (Leiter/Tutor) eine Art Modell des Vorgehens auf.

② Das „modeling" geschieht durch die Verbalisierung (z. B. „lautes Denken") der außerhalb der Anwendungssituation schlecht explizierbaren Expertenstrategien.

③ Im weiteren Lernverlauf sollen Lernaktivität und Wahrnehmung der Lernenden durch „coaching" (Vorschläge, Feedback, Hinweise) gelenkt und durch „scaffolding" (Übernahme jener Teiltätigkeiten durch den Lehrer, die der Lernende noch nicht selbst ausführen kann) unterstützt werden (Ertl & Mandl, 2004).

④ Mit Hilfe dieser Strategien gilt es, die Lernenden zu aktivieren, Teile der Aufgabe selbst zu übernehmen. Wichtig ist dabei das Prinzip des *„fadings"*: Die Lernenden erhalten so viel Unterstützung, wie sie zur Ausführung der Aufgabe benötigen.

⑤ Hinweise und Modellierung werden *graduell abgebaut*. Wenn die Lernenden kompetenter werden, zieht sich der Lehrer mehr und mehr zurück, so dass er letztendlich überflüssig wird (Kollar et al., 2003).

Im Rahmen der skizzierten Abfolge erwerben die Lernenden eine zunehmende Expertise im sozialen Kontext der Expertenkultur, zunächst durch die Externalisierung ihrer Denkvorgänge *(„articulation")*, die sie dann über die Reflexion *(„reflection")* mit den Problemlösevorgängen anderer Lernender bzw. von Experten vergleichen. Dahinter steht das Anliegen, über die Unterstützung des Lern- bzw. Lese-Bewusstseins das metakognitive Wissen aller Beteiligten zu aktivieren und gegebenenfalls zu modifizieren. Die besondere Organisation der Tutor-Lerner-(oder Lehrer-Schüler)Beziehung ermutigt Lernende, zunächst ihre Beobachtungen zu fokussieren und anschließend ihre eigene Leistung relativ zu der des Tutors zu reflektieren. Schließlich lösen die Lernenden im Rahmen der Exploration *(„exploration")* eigenständig komplexe authentische Problembereiche, deren Teilaspekte und -ziele sie selbstgesteuert spezifizieren sollen (Kollar et al., 2003).

Die „reciprocal teaching" Methode der Vermittlung selbstregulierender Lernstrategien durch einen kompetenten Partner kommt in zahlreichen pädagogisch-psychologischen Handlungsfeldern zur Anwendung: Hervorzuheben ist das *Selbstinstruktionstraining*, bei dem Modelllernen und Selbstbefragung mit dem Ziel der zunehmenden *Selbstständigkeit* kombiniert werden. Während sich Lehrende allmählich aus dem Vermittlungsprozess herausziehen, übernehmen Lernende sukzessiv die Verantwortung und Steuerung für ihr Handeln.

(4) Warum ist die kognitive Meisterlehre wirksam?

Entscheidende Voraussetzung für die reziproke Lehre ist die duale Rolle der Lernenden als Produzent und Kritiker. Sie müssen nicht nur gute Fragen und Zusammenfassungen konstruieren; es gilt auch, die Fragen und Ausführungen anderer zu bewerten. Indem Lernende solche Funktionen übernehmen, werden sie dazu angeregt, ihr Wissen darüber zu artikulieren, was gute Fragen, Zusammenfassungen oder Prognosen auszeichnet.

Diese Kenntnisse werden dann bei eigenen Versuchen eher verfügbar sein. Einmal artikuliert, kann das Wissen aus seiner kontextbezogenen Bindung gelöst und in verschiedenen Kontexten genutzt werden. Empirische Untersuchungen liefern überwiegend günstige Effekte der reziproken Lehre. So existieren positive Beziehungen zwischen der Bewusstheit der Verstehensstrategien und der Leseleistung (Brown & Pressley, 1994). Des Weiteren zeigt sich, dass die Bewusstheit darüber, wann Strategien angewendet werden und wie sie das Lesen beeinflussen, von entscheidender Bedeutung für die Wahl der angemessenen Strategie ist (Zimmerman, 1994). Eine nicht zu vernachlässigende Voraussetzung für das Gelingen der reziproken Methode ist schließlich ein *empathischer Lehrer* bzw. Tutor, der in der Lage ist, sensibel auf die Bedürfnisse der Lernenden einzugehen und entsprechend das optimale Niveau an Unterstützung zu geben (Paris et al., 2001).

8.2.3.4   Förderung des selbstgesteuerten Lernens durch metakognitive Instrumente

Ein Ansatz, der kooperativen Lernaktivitäten ebenfalls breiten Raum gibt und zudem dem prozessorientierten Lernen verwandt ist, ist die Schulung des selbstgesteuerten Lernens durch metakognitive Instrumente.

(1) Was sind die Ziele der metakognitiven Unterstützung?

Vorrangiges Ziel des Programms ist die Aktivierung metakognitiver Prozesse. Der Schlüssel zum „Lernen des Lernens" wird hier nicht in erster Linie im Vermitteln von Strategien des Lernens gesehen, sondern im *Bewusstmachen des eigenen Könnens und Scheiterns*, das heißt in der Reflexion der eigenen Arbeits- und Lernerfahrungen und der darauf aufbauenden individuellen Generierung von Arbeits- und Lernstrategien (Beck et al., 1996; Harris & Graham, 1992).

(2) Was sind die Kernelemente der metakognitiven Unterstützung?

Von zentraler Bedeutung sind metakognitive Instrumente, die sich wie folgt zusammenfassen lassen.

○ *Arbeitsheft:* Die Schüler halten Beobachtungen während des Lernens und Arbeitens in einem Heft fest.

○ *Arbeitsrückschau:* Von Zeit zu Zeit notieren sich die Schülerinnen und Schüler in einem Lernjournal ihre Lernerfahrungen, beispielsweise über Schwierigkeiten und neue Erkenntnisse.

○ *Lernpartnerschaft:* Jeder Schüler arbeitet über längere Zeit mit demselben Lernpartner zusammen. Sie unterstützen sich beim Lernen und beraten sich über unterschiedliche Lernwege.

○ *Ausführungsmodell:* Schüler und Lehrer machen als Modell laut denkend vor, wie sie eine bestimmte Aufgabe oder ein Problem lösen. Die Beobachtenden lernen dabei andere Strategien kennen und vergleichen diese mit den eigenen. Daraus sollten sich Erweiterungen vorhandener Strategien ergeben.

○ *Klassenkonferenz:* Mit den Klassenkameraden tauschen die Schüler ihre Lernerfahrungen aus, besprechen anstehende Probleme und helfen sich bei der Bewältigung von Schwierigkeiten.

Die genannten Instrumente sollen den Schülern beim Lösen mathematischer Probleme, beim Texteschreiben und beim Erwerb von neuem Wissen helfen.
Wie der Übergang vom fremdgesteuerten zum selbstgesteuerten Lernen mit Hilfe dieser Instrumente erreicht werden soll, geht aus Tabelle 20 hervor.

Tabelle 20: Die Wirkung der metakognitiven Instrumente

Vom angeleiteten	zum eigenständigen Lernen	unterstützende Methode
L. macht Handlungen vor. S ahmen nach	S vergleichen mit eigenen Strategien	*Ausführungsmodell*
S denkt laut. L beobachtet und kommentiert Lernprozesse	S beobachten eigenes Vorgehen und notieren Probleme, Erkenntnisse	*Arbeitsheft*

Tabelle 20: Die Wirkung der metakognitiven Instrumente (Fortsetzung)

S arbeiten für sich allein	S lernen mit und von anderen, helfen einander	*Lernpartnerschaft*
L begutachtet das Lernergebnis	S evaluieren selber das Vorgehen und Ergebnis	*Arbeitsrückblick*
L bespricht Arbeiten vor der Klasse	Klasse/Gruppe tauscht Lernerfahrungen aus	*Klassenkonferenz*

(3) In welchen Schritten erfolgt die metakognitive Unterstützung?

Tabelle 21 fasst die metakognitiven Instrumente noch einmal zusammen. Eine bestimmte Abfolge dieser Instrumente ist nicht vorgesehen. Sie werden in Abhängigkeit von den aktuellen Projekt-Zielen sowie den Bedürfnissen der Lerngruppe mehr oder weniger parallel genutzt.

Tabelle 21: Übersicht: Instrumente zur Lernreflexion

Instrumente	*Hauptfunktion*	*Repräsentation*	*Sozialform*
Ausführungsmodell	präsentieren, anregen	handelnd mit lautem Denken	in der Gruppe oder Klasse
Arbeitsheft	prozessbegleitende Dokumentation	schriftlich	individuell
Arbeitsrückblick	reflexiv	schlussfolgernd /schriftlich	individuell
Lernpartnerschaft	beraten, helfen	mündlich	mit festem Lernpartner
Klassenkonferenz	austauschen, anregen	mündlich	in der Gruppe oder Klasse

(4) Warum sind metakognitive Instrumente wirksam?

Der Erfolg der metakognitiven Instrumente basiert auf ihrer flexiblen Orchestrierung, die dazu beiträgt, die Schüler mehr und mehr zu Experten
des selbstgesteuerten Lernens zu machen. Der Einsatz dieser Instrumente
zum Beispiel in den Fächern Deutsch, Mathematik Geschichte und Geo-
graphie wurde von Schweizer Forschern in einem mehrjährigen Projekt
empirisch untersucht (Beck, Guldimann & Zutavern, 1995).
Daraus resultierende Befunde sind insgesamt positiv zu bewerten: Dialo-
gisches und kooperatives Lernen fanden ungewohnt häufig statt und die
lernenden Schülerinnen und Schüler entwickelten sich zu wahren *Lernex-
perten*. Die Förderung des eigenständigen Lernens hatte demnach positive Konsequenzen für die kognitive, metakognitive, kommunikative und
soziale Kompetenz der beteiligten Schülerinnen und Schüler.
Bemerkenswerte Erklärungen für den Erfolg der metakognitiven Instrumente resultierten aus der Befragung der Schülerinnen und Schüler. Danach hatte gerade die Möglichkeit, ständig einen Lernpartner bzw. eine
Lernpartnerin zuziehen zu können, ungeahnt positive Auswirkungen. In
den Lernpartnerschaften wurde erstaunlich offen über die eigenen Schwächen und Lernprobleme gesprochen. Die gegenseitige Schülerhilfe

O fördert die Reflexion der vollzogenen Lernprozesse

O stärkt die Fähigkeit der Selbstreflexion

O regt dazu an, Strategien und Probleme des Lernens zu thematisieren

O verhilft zu einem vertieften Verständnis der Lerninhalte

O hat günstige soziale und motivierende Auswirkungen.

Nicht zu unterschätzen sind die aus den skizzierten metakognitiven Instrumenten resultierenden – zumeist wertvollen – diagnostischen Informationen (Konrad, 1997b). Außerdem können sie in erheblichem Maße
dazu beitragen, die Lernenden für ihre eigenen Strategien und Prozesse
zu sensibilisieren (Konrad, 1998a; Beck et al., 1996). Damit ergeben sich
Anknüpfungspunkte, um zum einen aktives, zielorientiertes Lernen zu
fördern und zum zweiten die Qualität von Lernergebnissen zu optimieren
(Lompscher, 1996b). Verschiedene Studien vor allem aus dem Bereich
der Textproduktion bestätigen diese Vermutung (Chi, Leeuw, Chiu &
LaVancher, 1994).

Kerngedanken

Selbstgesteuertes Lernen kann über drei Strategien gefördert werden: direkte Instruktion, indirekte Instruktion und eine Kombination beider Verfahren.
Unter den zahlreichen Ansätzen, die sich dazu eignen, selbstgesteuertes Lernen zu unterstützen, werden drei genauer betrachtet (siehe Abbildung 37):

- Strategisches Lernen
- Prozessorientiertes Lehren und Lernen
- Kooperatives Lernen

Alle hier skizzierten Methoden zielen auf eine flexible Orchestrierung metakognitiver, kognitiver und motivationaler Aspekte des Lernens. Auch die Einbindung in soziale Kontexte und Lerngemeinschaften erfährt eine hohe Anerkennung.

Fragen zur Reflexion

1. Wann sollten eher offene, wann eher strukturierte Methoden zur Förderung des selbstgesteuerten Lernens genutzt werden?
2. Welche Rolle spielen Vorwissen und Motivation für die Unterstützung der Selbststeuerung?
3. Was macht die Reziproke Befragung nach A. King zu einer wirksamen Lernmethode? Welche Facetten der Selbststeuerung werden unterstützt?
4. Warum und wie kann kooperatives Lernen die Selbststeuerung der Lernenden fördern?

Abbildung 9.2 fasst die zentralen Inhalte dieses Kapitels noch einmal grafisch zusammen.

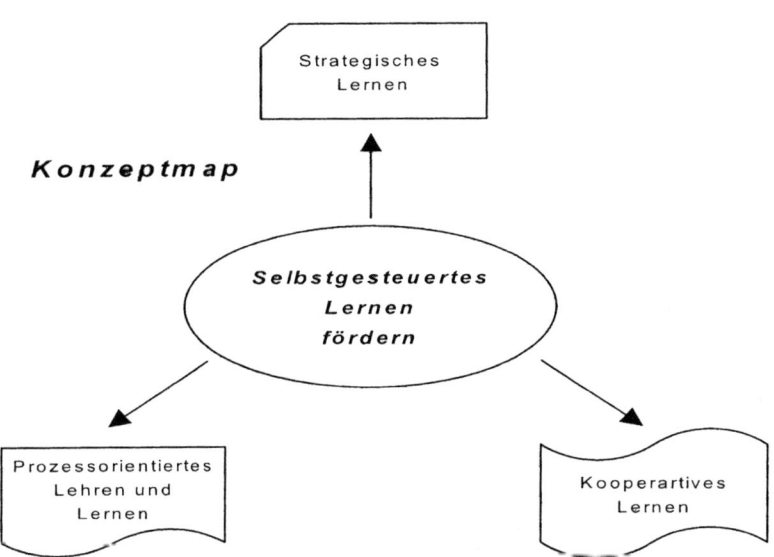

Abb. 37: Selbstgesteuertes Lernen fördern

Kapitel 9   Zusammenfassung und Ausblick

9.1   Zusammenfassung

9.2   Ausblick

9.1   Zusammenfassung

Selbstgesteuertes Lernen wird in dieser Arbeit in seiner Ganzheitlichkeit verstanden. Dazu gehört ein *Menschenbild,* das sowohl von einem (subjektiven) Wissen als auch von der kognitiven Konstruktivität, Reflexivität, (begrenzten) Autonomie und prinzipiellen Handlungsfähigkeit des Individuums ausgeht. Mit dieser Kennzeichnung der Fähigkeit, zielgerichtetes Verhalten zu realisieren, verbindet sich eine integrierte Persönlichkeitsvorstellung: die Annahme des Zusammenwirkens von Metakognition, Kognition, Motivation und Emotion. Ein solches Verständnis wird als *integrative Menschenbildannahme* bezeichnet.

Auf der Grundlage eines handlungstheoretischen Modells erfolgte die Erklärung wichtiger prozessualer und struktureller Merkmale des selbstgesteuerten Lernens durch mehrere miteinander verknüpfte Ebenen von Determinanten und Kriterien, die aus unterschiedlichen theoretischen Entwürfen abgeleitet wurden. Dabei handelt es sich im Einzelnen um drei Ebenen:

○ *Ebene der Person:* in unterschiedlichem Maße generalisierte subjektive Erfahrungen von Einfluss- und Gestaltungsmöglichkeiten.

○ *Ebene der Selbstregulation:* mehr oder weniger feinkörnige emotional-motivationale Orientierungen, kognitive Strategien sowie metakognitive Kontrollprozesse und Wissensbestände.

○ *Ebene der Situation:* Merkmale der Lernumwelt, wobei die situationsspezifische Wahrnehmung von Freiheitsgraden von hervorgehobener Bedeutung ist.

Das Modell bestimmt selbstgesteuertes Lernen damit im Schnittfeld zwischen personalen Strukturen und Prozessen sowie Elementen der Lernsituation. Strukturen bezeichnen die überdauernden Merkmale eines / einer Lernenden; mit Prozessen werden dagegen aktuelle offene oder verdeckte Verhaltensweisen in konkreten Lernsituationen (z.B. im Unterricht oder in Hausaufgabensituationen) beschrieben. Erfolgreiches Lernen wird in der Gesamtbetrachtung sowohl durch habituelle Personmerkmale und durch aktuelle Geschehnisse während des Lernens als auch durch Elemente einer fördernden Lernumgebung bestimmt.

9.2 Ausblick

Es wäre anmaßend zu behaupten, das Modell könnte alle relevanten Fragen zum selbstgesteuerten Lernen zufriedenstellend beantworten. Dies ist angesichts der *Komplexität und Verwobenheit* von Person-, Unterrichts- und Kontextmerkmalen nicht möglich.

Der Nutzen des Entwurfs (siehe Abbildung 38) besteht vielmehr darin, dass

○ selbstgesteuertes Lernen sowohl als subjektive Erfahrung persönlicher Einfluss- und Gestaltungsmöglichkeiten als auch in Form seiner (meta)kognitiven, emotional-motivationalen und situativen Determinanten beschrieben werden kann;

○ Lernleistung und Lernaufwand mit relativ wenigen Variablen erklärt werden können;

○ für zentrale Teile des postulierten Wirkungsgefüges untersucht werden kann, wie sie in dynamischen Zusammenhängen und in didaktisch-methodisch gestalteten Lernsituationen zueinander stehen und den Lernerfolg sowie den Wissenserwerb determinieren.

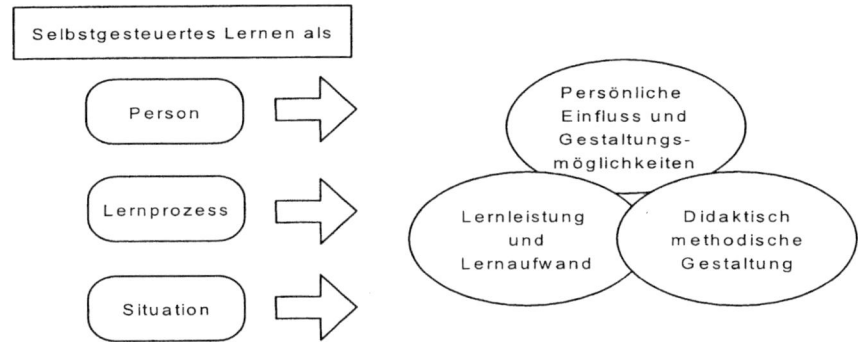

Abb. 38: Selbstgesteuertes Lernen in einem zweipoligen
Spannungsfeld

Ausgehend von diesem Ansatz resultieren zahlreiche Möglichkeiten und
Wege zur Förderung selbstgesteuerter Lernformen. Dieses Buch behandelt zum einen generelle Strategien (z. B. „direkte Instruktion"), die für
die Gestaltung von Unterricht handlungsleitend sind und zum anderen
spezifische Methoden (z. B. „metakognitive Instrumente"), die exemplarisch (in unterschiedlichen Lernphasen) selbstgesteuertes Lernen unterstützen können.

In zukünftigen Arbeiten wird es darum gehen, diese selbstgesteuerten
Lernformen in verschiedenen Anforderungsbereichen und Handlungsfeldern zu erproben. Detailanalysen werden zu klären haben, wann individuelle Aneignungsbedingungen von Lernenden auf externe Lernhilfen,
-kontrollen und -anreize angewiesen sind oder sich von diesen loskoppeln
können. Dies ermöglicht es erst, die für einzelne Lernergruppen unterschiedliche „Subsidiarität" ihres Lernens unter definierten Unterrichtsbe-
dingungen zu bestimmen und optimal zu dosieren (Treiber & Weinert,
1982). Entsprechende Anstrengungen sind insbesondere für Lernumgebungen zu leisten, die die Möglichkeiten der neuen Informations- und
Kommunikationstechniken in komplexen Inhaltsbereichen nutzen. Wie
bislang vorliegende Befunde nahelegen, ist bei solchen Lernumgebungen
der Grat zwischen der Aktivierung von Selbststeuerung und der Überforderung der Lernenden noch recht schmal.

Literaturverzeichnis

Abrami, P. C.; Chambers, B. (1996): *Contemporary Educational Psychology, 21*, S. 70 - 79.

Aebli, H.; Ruthemann, U. (1987): Angewandte Metakognition. Schüler vom Nutzen der Problemlösestrategien überzeugen. *Zeitschrift für Entwicklungspsychologie und Pädagogische Psychologie, 19*, S. 46 - 64.

Alexander, P. A. (1997): Knowledge-seeking and self-schema: A case for the motivational dimensions of exposition. *Educational Psychologist, 32*, S. 83 - 94.

Alexander, P. A.; Graham, S.; Harris, K. (1998): A perspective on strategy research: Progress and prospects. *Educational Psychology Review, 10*, S. 129 - 154.

Anderson, J. R.; Greeno, J. G.; Reder, L. M.; Simon, H. A. (2000): Perspectives on learning, thinking, and activity. *Educational Researcher, 29*, H. 4, S. 11 - 13.

Arnold, J. (1996): Deutungslernen in der Erwachsenenbildung. Grundlinien und Illustrationen zu einem konstruktivistischen Lernbegriff. *Zeitschrift für Pädagogik, 42*, S. 719 - 730.

Arnold, R. (1997): Vom Konstruktivismus zur pädagogischen Gelassenheit. *Schweizer Schule, 6*, S. 13 - 18.

Artelt, C. (1998): *Lernstrategien und Lernerfolg - Ein Methodenvergleich*. Online: http://opus. kobv.de/ubp/volltexte/ 2005 / 505 / pdf/LERNSTRA.pdf.

Artelt, C.; Baumert, J.; Julius-McElvany, N.; Peschar, J. (2004): *Das Lernen lernen. Voraussetzungen für lebensbegleitendes lernen Ergebnisse von PISA 2000*. Online: http:// www.mpib-berlin.mpg.de /pisa /LearnersForLife_GER.pdf. Veröffentlichungsdatum: 21.1.2004.

Artelt, C.; Schellhas, B. (1996): Zum Verhältnis von Strategiewissen und Strategieanwendung und ihren kognitiven und emotional-motivationalen Bedingungen im Schulalter. *Empirische Pädagogik, 10*, S. 277 - 305.

Azevedo, R.; Guthrie, J. G.; Seibert, D. (2004): The role of self-regulated learning in fostering students' conceptual understanding of complex systems with hypermedia. *Journal of Educational Computing Research, 30* , H. 1 & 2, S. 87 - 111.

Azevedo, R.; Ragan, S., Cromley, J. G.; Pritchett, S. (2002, April). *Do different goal-setting conditions facilitate students' ability to regulate their learning of complex science topics with RiverWeb?* Paper presented at the annual conference of the American Educational Research Association, New Orleans, LA (April 1-5, 2002).

Baird, J. R.; Fensham, P. J.; Gunstone, R. F.; White, R. T. (1991): The importance of reflection in improving science teaching and learning. In: *Journal of Research in Science Teaching, 28*, S. 163 - 182.

Bandura, A. (1977): Self-efficacy: Toward a unifying theory of behavioral change. *Psychological Review, 84*, S. 191 - 215.

Bandura, A. (1986): *Social foundations of thought and action. A social cognitive theory.* Englewood Cliffs, NJ.

Bannert, M. (2003): Effekte metakognitiver Lernhilfen auf den Wissenserwerb in vernetzten Lernumgebungen. *Zeitschrift für Pädagogische Psychologie, 17*, S. 13 - 25.

Baumert, J. (1993): Lernstrategien, motivationale Orientierung und Selbstwirksamkeitsüberzeugungen im Kontext schulischen Lernens. *Unterrichtswissenschaft, 21*, S. 327 - 354.

Baumert, J.; Köller, O. (1996): Lernstrategien und schulische Leistungen. In: J. Möller; O. Köller (Hrsg.): *Emotionen, Kognitionen und Schulleistung.* Weinheim, S. 137 - 154.

Beck, E.; Guldimann, T.; Zutavern, M. (1995): *Eigenständig lernen.* St. Gallen.

Beck, E.; Guldimann, T.; Zutavern, M. (1996): Eigenständig lernende Schülerinnen und Schüler. In: E. Beck; T. Guldimann; M. Zutavern (Hrsg.): *Eigenständig lernen,* 2. Auflage. St. Gallen, S. 15 - 58.

Bielaczyc, K.; Collins, A. (1999): Learning communities in classrooms: A reconceptualization of educational practice. In: C. M. Reigeluth (Hrsg.): *Instructional design theories and models, Vol. 2.* Mahwah, NJ, S. 269 - 291.

Boekaerts, M. (2003): Adolescence in dutch culture: A self-regulation perspective. In: F. Pajares; T. Urdan (Hrsg.): *Adolescence and education, Volume III: International perspectives on adolescence and education* Greenwich, CT, S. 101 - 124.

Borkowski, J. G.; Carr, M.; Rellinger, E.; Pressley, M. (1990): Self-regulated cognition: Interdependence of metacognition, attributions, and self-esteem. In: B. F. Jones; L. Idol (Hrsg.): *Dimensions of thinking and cognitive instruction.* Hillsdale, NJ, S. 53 - 92.

Bouffard, T.; Boisvert, J.; Vezeau, C.; Larouche, C. (1995): The impact of goal orientation on self-regulation and performance among college students. *British Journal of Educational Psychology, 65*, S. 317 - 329.

Boxtel, C. van; Linden, J. van der; Roelofs, E.; Erkens, G. (2002): Collaborative concept mapping: Provoking and supporting meaningful discourse. *Theory Into Practice, 41*, H. 1, S. 40 - 46.

Bransford, J. D.; Vye, N.; Kinzer, C.; Risko, V. (1990): Teaching thinking and content knowledge: Toward an integrated approach. In: B. F. Jones; L. Idol (Hrsg.): *Dimensions of thinking and cognitive instruction*. Hillsdale, NJ, S. 381 - 413.

Brügelmann, H. (1997): Rose 1 ist Rose 2 ist Rose 3 ist... Offene Bedeutungen durch geschlossene Gehirne. In: R. Voß (Hrsg.): *Die Schule neu erfinden. Systemisch-konstruktivistische Annäherungen an Schule und Pädagogik*. Neuwied, S. 179 - 184.

Brookfield, S. (1984): Self-directed adult learning: A critical paradigm. *Adult Education Quarterly, 35*, S. 59 - 71.

Brown, A. L. (1984): Metakognition, Handlungskontrolle, Selbststeuerung und andere noch geheimnisvollere Mechanismen. In: F. Weinert; R. H. Kluwe (Hrsg.): *Metakognition, Motivation und Lernen*. Stuttgart, S. 60 - 108.

Brown, A. L.; Campione, J. C. (1986): Psychological theory and the study of learning disabilities. *American Psychologist, 47*, H. 10, S. 1059 - 1068.

Brown, K.; Cole, M. (2000): Socially shared cognition: System design and the organization of collaborative research. In: D. H. Jonasson; S. M. Land (Hrsg.): *Theoretical foundations of learning environments*. Mahwah, NJ, S. 197 - 214.

Brown, R.; Pressley, M. (1994): Self-regulated reading and getting meaning from text: The transactional strategies model and its ongoing validation. In: D. H. Schunk; B. J. Zimmerman (Hrsg.): *Self-regulation of learning and performance. Issues and educational applications*. Hillsdale, NJ, S. 155 - 179.

Bryan, V.; Schulz, S. F. (1995): Self-directed learning in distance education: The relationship between self-directed learning readiness scores & sucess in completing distance education programs through home-study training. In: H. B. Long & Associates (Hrsg.): *New dimensions in self-directed learning* Oklahoma, S. 135 - 157.

Butler, D. L. (2002): Individualizing instruction in self-regulated learning. *Theory Into Practice, 41*, S. 81 - 92.

Butler, D. L.; Winne, P. H. (1995): Feedback and self-regulated learning: A theoretical synthesis. *Review of Educational Research, 65*, H. 3, S. 245 - 281.

Butler, D. L.; Elaschuk, C. L.; Poole, S. (2000): Promoting strategic writing by postsecondary students with learning disabilities: A report of three case studies. *Learning Disability Quarterly, 23*, S. 196 - 213.

Candy, S. (1991): *Self-direction for lifelong learning. A comprehensive guide to theory and practice.* San-Francisco.

Chi, M. T. H.; Leeuw, N. de; Chiu, H.-H.; LaVancher, C. (1994): Eliciting self-explanations improves understanding. *Cognitive Science, 18*, S. 439 - 477.

Coleman, D. (1997): *Emotionale Intelligenz (Original: Emotional Intelligence, 1995).* München.

Collins, A.; Brown, J. S. (1988): The computer as a tool for learning through reflection. In: H. Mandl; A. Lesgold (Hrsg.): *Learning issues for intelligent tutoring systems.* Springer, S. 1 - 18.

Collins, A.; Brown, J. S.; Newman, S. E. (1989): Cognitive apprenticeship: Teaching the crafts of reading, writing, and mathematics. In: L. B. Resnick (Hrsg.): *Knowing, learning, and instruction: Essays in honor of Robert Glaser.* Hillsdale, NJ, S. 453 - 494.

Corno, L. (1989): Self-regulated learning: A volitional analysis. In: B. J. Zimmerman; D. H. Schunk (Hrsg.): *Self-regulated learning and academic achievement.* New York, S. 111 - 141.

Corno, L.; Kanfer, R. (1993): The role of volition in learning and performance. *Review of Educational Research, 19*, S. 301 - 341.

Craik, F. I.; Lockhart, R. S. (1972): Levels of processing: A framework for memory research. *Journal of Verbal Learning and Verbal Behavior, 11*, S. 671 - 684.

Csikszentmihalyi, M. (1992): *Das Flow-Erlebnis. Jenseits von Angst und Langeweile: Im Tun aufgehen.* Stuttgart.

Dansereau, D. F. (1988): Cooperative learning strategies. In: C. E. Weinstein; E. T. Goetz; P. A. Alexander (Hrsg.): *Learning and study strategies: Issues in assessment, instruction, and evaluation.* San Diego, S. 103 - 120.

Deci, E. L.; Ryan, R. M. (1991): A motivational approach to self: Integration in personality. In: R. Dienstbier (Hrsg.): *Nebraska Symposium on Motivation 1990. Perspectives on Motivation.* Lincoln, S. 237 - 288.

Deci, E. L.; Ryan, R. M. (1993): Die Selbstbestimmungstheorie der Motivation und ihre Bedeutung für die Pädagogik. *Zeitschrift für Pädagogik, 39*, S. 223 - 238.

Deci, E. L.; Vallerand, R. J.; Pelletier, L. G.; Ryan, R. M. (1991): Motivation and education: The self-determination perspective. *Educational Psychologist, 26*, S. 325 - 346.

De Corte, E. (1995): Learning theory and instructional science. In: P. Reimann & H. Spada (Hrsg.): *Learning in humans and machines: Towards an interdisciplinary learning science.* New York, S. 97 - 108.

Deitering, F. G. (1995): *Selbstgesteuertes Lernen.* Göttingen.

Derry, S. J. (1990): Learning strategies for acquiring useful knowledge. In: B. F. Jones; L. Idol (Hrsg.): *Dimensions of thinking and cognitive instruction.* Hillsdale, NJ, S. 347 - 379.

Dichanz, H.; Zahorik, J. A. (1986): Zauberformel „Direct Instruction". Methodenmonismus und Folgen für die Lehrerausbildung. *Bildung und Erziehung, 3,* S. 295 - 310.

Doljanac, R. F. (1994): *Using motivational factors and learning strategies to predict academic success.* Dissertation Abstracts International, 56(01), 142A (UMI 9513340).

Dubs, R. (1993): Selbständiges (eigenständiges oder selbstgeleitetes) Lernen: Liegt darin die Zukunft? *Zeitschrift für Berufs- und Wirtschaftspädagogik, 89,* S. 113 - 117.

Dubs, R. (1996): Selbstorganisiertes Lernen: Entsteht ein neues Dogma? *Zeitschrift für Berufs- und Wirtschaftspädagogik, 92,* S. 1 - 5.

Dubs, R. (2005, Februar): *Instruktive oder konstruktive Unterrichtsansätze in der ökonomischen Bildung?* Online: http://www.sowi-onlinejournal.de/2004-2/unterrichtsansaetze_dubs.htm. Veröffentlichungsdatum: 24.02.2005.

Einsiedler, W.; Neber, H.; Wagner, A. C. (1978): Selbstgesteuertes Lernen im Unterricht - Einleitung und Überblick. In: W. Einsiedler; H. Neber; A. C. Wagner (Hrsg.): *Selbstgesteuertes Lernen* Weinheim, S. 13 - 32.

Endedijk, M.; Vermunt, J.; Brekelmans, M.; Brok, P. den. (2006, April): *Measuring self-regulation in complex learning environments.* Paper for ICO Toogdag 2006.

Entwistle, N.; Entwistle, A.; Tait, H. (1993): Academic understanding and contexts to enhance it: A perspective from research on student learning. In: T. M. Duffy; J. Lowyck; D. H. Jonassen (Hrsg.): *Designing environments for constructive learning* Berlin, S. 331 - 357.

Ericsson, K. A. (1996): The acquisition of expert performance. In: K. A. Ericsson (Hrsg.): *The road to excellence: The acquisition of expert performance in the arts, science and games.* Mahwah, NJ, S. 1 - 50.

Ertl, B.; Mandl, H. (2004): *Kooperationsskripts als Lernstrategie (Forschungsbericht Nr. 172).* München.

Fischer, F. (2001): *Gemeinsame Wissenskonstruktion. Theoretische und methodologische Aspekte (Forschungsbericht Nr. 142).* München.

Fischer, P. M.; Mandl, H. (1980): *Selbstwahrnehmung und Selbstbewertung beim Lernen. Metakognitive Komponenten der Selbststeuerung beim Lernen mit Texten (Forschungsberichte 10).* Tübingen.

Flavell, J. H. (1979): Metacognition and cognitive monitoring. A new area of cognitive-developmental inquiry. *American Psychologist*, *34*, S. 906 - 911.

Foerster, H. (1993): *Kybernethik*. Berlin.

Fraser, F. J.; Walberg, H. J.; Welch, W. W.; Hattie, J. A. (1987): Synthesis of educational productivity research. *Journal of Educational Research*, *11*, S. 145 - 252.

Friedrich, H. F. (1995a): Analyse und Förderung kognitiver Lernstrategien. *Empirische Pädagogik*, *9*, S. 115 - 153.

Friedrich, H. F. (1995b): *Training und Transfer reduktiv-organisierender Strategien für das Lernen mit Texten*. Münster.

Friedrich, H. F. (1997): *Selbstgesteuertes Lernen, Lernstrategien, Schule*. Tübingen.

Friedrich, H. (2002): *Selbstgesteuertes Lernen - sechs Fragen, sechs Antworten*. Online: http://www.learn-line. nrw.de /angebote/selma /medio/ grundlegendes/ vortraegeaufsaetze / friedrich /friedrich.pdf (1.12.2004).

Friedrich, H. F.; Mandl, H. (1992): Lern- und Denkstrategien: Ein Problemaufriß. In: H. Mandl; H. F. Friedrich (Hrsg.): *Lern- und Denkstrategien. Analyse und Intervention*. Göttingen, S. 3 - 54.

Friedrich, H. F.; Mandl, H. (1997a): Analyse und Förderung selbstgesteuerten lernens. In: F. Weinert; H. Mandl (Hrsg.): *Psychologie der Erwachsenenbildung (Enzyklopädie der Psychologie, D, Serie I, Pädagogische Psychologie, Band 4: Erwachsenenbildung)*. Göttingen, S. 237 - 293.

Friedrich, H. F.; Mandl, H. (1997b): Analyse und Förderung selbstgesteuerten Lernens. In: F. E. Weinert; H. Mandl (Hrsg.): *Enzyklopädie der Psychologie (Themenbereich D: Praxisgebiete, Ser. I, Pädagogische Psychologie; Bd. 4: Psychologie der Erwachsenenbildung)*. Göttingen, S. 237 - 293.

Fritz, A.; Funke, J. (2002): Planen und Problemlösen als fächerübergreifende Kompetenzen. *Lernchancen*, *5*, H. 25, S. 6 - 14.

Gage, N. L. (1979): *Unterrichten - Kunst oder Wissenschaft?* München.

Gama, C. A. (2005): *Integrating metacognition instruction in interactive learning environments. (Unpublished doctoral dissertation)*. Submitted in Partial Fulfillment of the Requirements for the Degree of Doctor of Philosophy.

Garcia, T.; Pintrich, P. R. (1994): Regulating motivation and cognition in the classroom: The role of self-schemas and self-regulatory strategies. In: D. H. Schunk; B. J. Zimmerman (Hrsg.): *Self-regulation of learning and performance. Issues and educational applications*. Hillsdale, NJ, S. 127 - 152.

Garcia, T.; Pintrich, P. R. (1996): Assessing students' motivation and learning strategies in the classroom context: The Motivated Strategies for Learning Questionnaire. In: M. Birenbaum; F. J. R. C. Dochy (Hrsg.): *Alternatives in assessment of achievements, learning processes and prior knowledge.* Boston, S. 319 - 339.

Garner, R. (1990): Children's use of strategies in reading. In: D. F. Bjorklund (Hrsg.): *Children's strategies: Contemporary views of cognitive development.* Hillsdale, NJ, S. 245 - 268.

Gerstenmaier, J.; Mandl, H. (1995): Wissenserwerb unter konstruktivistischer Perspektive. *Zeitschrift für Pädagogik, 41,* S. 867 - 888.

Glasersfeld, E. v. (1994): Piagets konstruktivistisches Modell: Wissen und Lernen. In: G. Rusch; J. S. Schmidt (Hrsg.): *Piaget und der radikale Konstruktivismus.* Frankfurt a.M., S. 16 - 42.

Goodenow, C. (1993): Classroom belonging among early adolescent students: Relationships to motivation and achievement. *Journal of Early Adolescence, 13,* S. 21 - 43.

Gräsel, C.; Fischer, F.; Bruhn, J.; Mandl, H. (1997): *„Ich sag dir was, was du schon weißt." Eine Pilotstudie zum Diskurs beim kooperativen Lernen in Computernetzen (Forschungsbericht Nr. 82).* München.

Groeben, N. (1992): Die Inhalts-Struktur-Trennung als konstantes Dialog-Konsens-Prinzip?! In: B. Scheele (Hrsg.): *Struktur-Lege-Verfahren als Dialog-Konsens-Methodik.* Münster, S. 42 - 89.

Grolnick, W. S.; Ryan, R. M. (1987): Autonomy in children's learning: An experimental and individual difference investigation. *Journal of Personality and Social Psychology, 52,* S. 890 - 898.

Grow, G. O. (1991): Teaching learners to be self-directed. *Adult Education Quarterly, 41,* S. 125 - 149.

Gruehn, S. (1998, April): *Unterricht und schulisches Lernen. Schüler als Quellen der Unterrichtsbeschreibung.* Dissertation am Fachbereich Erziehungswissenschaft der FU Berlin.

Guglielmino, P. J.; Guglielmino, L. M.; Long, H. B. (1987): Self-directed learning readiness and performance in the workplace. Implications for business, industry, and higher education. *Higher Education, 16,* S. 303 - 317.

Guldimann, T. (2003): Das Lernen verstehen - eine Voraussetzung für die Lerndiagnose. *Schulverwaltung spezial, 2,* S. 4 - 8.

Guthrie, J. T.; Alao, S. (1997): Designing contexts to increase motivations for reading. *Educational Psychologist, 32,* S. 95 - 105.

Hacker, W.; Skell, W. (1993): *Lernen in der Arbeit.* Berlin: Bundesinstitut für Berufsbildung.

Harris, K. R.; Graham, S. (1992): Self-regulated strategy development: A part of the writing process. In: M. Pressley; K. R. Harris; J. T. Guthrie (Hrsg.): *Promoting academic competence and literacy in schools.* San Diego, S. 277 - 309.

Hasselhorn, M. (1992): Metakognition und Lernen. In: G. Nold (Hrsg.): *Lernbedingungen und Lernstrategien. Welche Rolle spielen kognitive Verstehensstrukturen?* Tübingen, S. 35 - 63.

Heckhausen, H. (1989): *Motivation und Handeln, 2. Aufl.* Berlin.

Heckhausen, H.; Kuhl, J. (1985): From wishes to action: The dead ends and short cuts on the long way to action. In: M. Frese; J. Sabini (Hrsg.): *Goal directed behavior: The concept of action in psychology.* Hillsdale, NJ, S. 362 - 367.

Helmke, A. (2003): *Unterrichtsqualität: Erfassen, Bewerten, Verbessern.* Seelze.

Helmke, A.; Weinert, F. E. (1997): Bedingungsfaktoren schulischer Leistung. In: F. E. Weinert (Hrsg.): *Enzyklopädie der Psychologie (Themenbereich D: Praxisgebiete, Ser. I, Pädagogische Psychologie; Bd. 3: Psychologie des Unterrichts und der Schule).* Göttingen, S. 71 - 176.

Hendricks, C. C. (2001): Teaching causal reasoning through cognitive apprenticeship: What are results from situated learning? *The Journal of Educational Research, 94,* H. 5, S. 302 - 311.

Hesse, H.-G.; Wottawa, H. (1997): Methodische Probleme der Unterrichtsforschung. In: F. E. Weinert (Hrsg.): *Enzyklopädie der Psychologie (Themenbereich D: Praxisgebiete, Ser. I, Pädagogische Psychologie; Bd. 3: Psychologie des Unterrichts und der Schule).* Göttingen, S. 37 - 69.

Hogan, D.; Tudge, J. (1999): Implications of Vygotsky's theory for peer learning. In: A. M. O'Donnell; A. King (Hrsg.): *Cognitive perspectives on peer learning.* Mahwah, NJ, S. 39 - 65.

Hollingworth, R. W.; McLoughlin, C. (2001): Developing science students' metacognitive problem solving skills online. *Australian Journal of Educational Technology, 17,* H. 1, S. 50 - 63.

Howard, B. C.; McGee, S.; Hong, N. S.; Shia, R. (2000, April): *The influence of metacognitive self-regulation and ability levels on problem solving.* Conference papers. Online: http: // www.cet.edu / research/papers/CPhoward201.html.

Hsu, J. T. S. (1997): *Value, expectancy, metacognition, resource management, and academic achievement: A structural model of self-regulated learning in a distance education context.* Dissertation Abstracts International, 59(05), 1458A. (UMI 9835152).

Jacob, R. (1995): *Krankheitsbilder und Deutungsmuster. Wissen über Krankheit und dessen Bedeutung für die Praxis.* Opladen.

Johnson, D. W.; Johnson, R. T. (1992): Encouraging thinking through constructive controversy. In: N. Davidson; T. Worsham (Hrsg.): *Enhancing thinking through cooperative learning.* New York, S. 120 - 137.

Karmos, A. H.; Karmos, J. S. (1984): Attitudes toward standardized achievement tests and their relation to achievement test performance. *Measurement and Evaluation in Counseling and Development*, *12*, S. 56 - 66.

King, A. (1991): Effects of training in strategic questioning on children's problem-solving performance. *Journal of Educational Psychology*, *83*, H. 3, S. 307 - 317.

King, A. (1993): From sage on the stage to guide on the side. *College Teaching*, *41*, S. 30 - 35.

King, A. (1999): Discourse patterns for mediating peer learning. In: A. M. O'Donnell; A. King (Hrsg.): *Cognitive perspectives on peer learning*. Mahwah, NJ, S. 87 - 115.

King, A. (2002): Structuring peer interaction to promote high-level cognitive processing. *Theory Into Practice*, *41*, S. 33 - 39.

King, A.; Rosenshine, B. (1993): Effects of guided cooperative questioning on children's knowledge construction. *Journal of Experimental Education*, *61*, S. 127 - 148.

Klauer, F.; Leutner, A. (2007): *Lehren und Lernen*. Weinheim.

Klein, J. D.; Erchul, J. A.; Pridemore, D. R. (1994): *Contemporary Educational Psychology*, *19*, S. 24 - 32.

Kluge, A. (2004): *Wissenserwerb für das Steuern komplexer Systeme*. Lengerich.

Knowles, M. (1975): *Self-directed learning*. Chicago.

Kollar, I.; Fischer, F.; Hesse, F.W. (2003): *Running head: computer-supported cooperation scripts computer-supported cooperation scripts - a conceptual analysis*. Departmentfor Applied Cognitive Psychology and Media Psychology, University of Tübingen (Germany) Knowledge Media Research Center, Tübingen (Germany) Online: http://shamash.cycletalk.cs.cmu.edu/Kollar.pdf.

Konrad, K. (1993a): *Kontrollüberzeugungen und Kontrollhandlungen in der Interaktion mit dem Computer in der Schule*. Landau.

Konrad, K. (1993b): Tätigkeitsspezifische Anreize und Kontrolle bei der Beschäftigung mit dem Computer. *Zeitschrift für Sozialpsychologie*, *24*, S. 244 - 256.

Konrad, K. (1994): Die Wirkung von Kontroll- und Kompetenzüberzeugungen auf das Benutzerverhalten in der Mensch-Computer-Interaktion. Alternative Überprüfung eines differenzierten Erwartungs-Wert-Modells. *Empirische Pädagogik*, *8*, S. 273 - 293.

Konrad, K. (1996a): Selbstgesteuertes Lernen und Autonomieerleben bei Studierenden: Theoretische Grundzüge und erste empirische Befunde. *Empirische Pädagogik*, *10*, S. 49 - 74.

Konrad, K. (1997a): Metakognition, Motivation und selbstgesteuertes Lernen bei Studierenden. *Psychologie in Erziehung und Unterricht,* *44*, S. 27 - 43.

Konrad, K. (1997b): *Lernen eigenständig reflektieren, überwachen und kontrollieren.* Landau.

Konrad, K. (1998): Kooperatives Lernen bei Studierenden. Förderung metakognitiver Selbstäußerungen und (meta)kognitive Profile. *Unterrichtswissenschaft, 28,* S. 67 - 87.

Konrad, K. (2005): *Selbstgesteuertes Lernen in kooperativen Lernumgebungen.* Lengerich: Pabst Publishers.

Konrad, K. (2006a): Möglichkeiten und Aufgaben kooperativen Lernens. *Schulmagazin, 2,* S. 23 - 31.

Konrad, K. (2006b): Reflexion in interaktiven Lernumgebungen: Können (meta)kognitive prompts und concept maps reflexive Aktivitäten optimieren? *Psychologie in Erziehung und Unterricht, 53,* H. 3, S. 188 - 200.

Konrad, K.; Wosnitza, M. (1995): *Neue Formen des Lernens in Schule, Aus- und Weiterbildung.* Landau.

Konrad, K. & Bernhart, A. (2007): *Lernstrategien für Kinder, 2. überarbeitete Auflage.* Baltmannsweiler.

Konrad, K.; Traub, S. (1999): *Selbstgesteuertes Lernen in Theorie und Praxis.* München.

Konrad, K. & Traub, S. (2005): *Kooperatives Lernen. Theorie und Praxis in Schule, Hochschule und Erwachsenenbildung, 2. überarbeitete Auflage.* Baltmannsweiler.

Korhonen, V. (2001): *Situated and socially shared cognition in practice: Designing a collaborative network learning experience for adult learners.* Online: www. eric.ed. gov /ERICDocs /data / ericdocs2 / content_storage_01/ 0000000b/80/27/9 0 /a1.pdf

Krapp, A. (1993): Lernstrategien: Konzepte, Methoden und Befunde. *Unterrichtswissenschaft, 21,* S. 291 - 311.

Krapp, A. (1996): Die Bedeutung von Interesse und intrinsischer Motivation für den Erfolg und die Steuerung schulischen Lernens. In: G. W. Schnaitmann (Hrsg.): *Theorie und Praxis der Unterrichtsforschung.* Donauwörth, S. 87 - 110.

Krapp, A. (1999): Interest, motivation and learning: An educational-psychological perspective. *European Journal of Psychology of Education, 14,* S. 23 - 40.

Kuhl, J. (1987): Motivation und Handlungskontrolle: Ohne guten Willen geht es nicht. In: H. Heckhausen; P. M. Gollwitzer; F. E. Weinert (Hrsg.): *Jenseits des Rubikon. Der Wille in den Humanwissenschaften* Berlin, S. 101 - 120.

Lambiotte, J. G.; Dansereau, D. F.; O'Donnell, A. M.; Young, M. D.; Skaggs, L. P.; Hall, R. H.; Rocklin, T. R. (1987): Manipulating cooperative scripts for teaching and learning. *Journal of Educational Psychology*, *79*, S. 424 - 430.

Lauth, G. W. (1993): Konzeption und Evaluation eines Trainings metakognitiver Kompetenzen bei kognitiver Retardierung. In: K. J. Klauer (Hrsg.): *Kognitives Training*. Göttingen, S. 67 - 94.

Lewin, K. (1936): *Principles of topological psychology*, 1st edition. New York.

Lewos, R. (1996): Cooperation or Collaboration. *Journal of Computerassisted Learning*, *12*, H. 2, Editorial.

Lompscher, J. (1996a): Einleitung: Lernstrategien - eine Komponente der Lerntätigkeit. *Empirische Pädagogik*, *10*, S. 235 - 244.

Lompscher, J. (1996b): Erfassung von Lernstrategien auf der Reflexionsebene. *Empirische Pädagogik*, *10*, S. 245 - 275.

Lompscher, J. (1996c): Lernstrategien: Relevanz, Zugänge, Ergebnisse. In: G. W. Schnaitmann (Hrsg.): *Theorie und Praxis der Unterrichtsforschung* Donauwörth. S. 111 - 129.

Long, H. B. (1990): Psychological control in self-directed learning. *International Journal of Lifelong Education*, *9*, 331 - 338.

Long, H. B. & Associates (Hrsg.). (1995): *New dimensions in self-directed learning*. Oklahoma.

Mandl, H.; Fischer, P. M. (1982): Wissenschaftliche Ansätze zum Aufbau und zur Förderung selbstgesteuerten Lernens. *Unterrichtswissenschaft*, *10*, S. 111 - 128.

Mandl, H.; Gruber, H.; Renkl, A. (2002): Situiertes lernen in multimedialen lernumgebungen. In: L. J. Issing; P. Klimsa (Hrsg.): *Information und Lernen mit Multimedia und Internet*, 3. vollst. überarb. Auflage. Weinheim, S. 138 - 148.

Mandl, H.; Kopp, B.; Dvorak, S. (2004): *Aktuelle theoretische Ansätze und empirische Befunde im Bereich der Lehr-Lern-Forschung-Schwerpunkt Erwachsenenbildung*. Deutsches Institut für Erwachsenenbildung. Online: http:// www. die-bonn .de/esprid / dokumente/doc-2004/mandl04_01.pdf.

McCombs, B. L.; Whisler, J. S. (1989): The role of affective variables in autonomous learning. *Educational Psychologist*, *24*, S. 277 - 306.

Metzger, C.; Weinstein, C. E.; Palmer, D. R. (1994): *WLI-Schule - Wie lerne ich? Lernstrategieninventar für Schülerinnen und Schüler*. Aarau.

Moriarty, B.; Douglas, G.; Punch, K.; Hattie, J. (1995): The importance of self-efficacy as a mediating variable between learning environments and achievement. *British Journal of Educational Psychology*, *65*, S. 73 - 84.

Neber, H. (1978): Selbstgesteuertes Lernen (lern- und handlungspsy-
chologische Aspekte). In: W. Einsiedler; H. Neber; A. C. Wagner
(Hrsg.): *Selbstgesteuertes Lernen. Psychologische und pädagogische
Aspekte eines handlungsorientierten Lernens* Weinheim, S. 33 - 48.

Nickolaus, R.; Bickmann, J. (2002): Kompetenz- und Motivationsentwicklung durch Unterrichts-Konzeptionsformen. Erste Ergebnisse
einer empirischen Untersuchung bei Elektroinstallateuren. *Die be-
rufsbildende Schule, 54*, S. 236 - 243.

Oberauer, K. (1993): Prozedurales und deklaratives Wissen und das
Paradigma der Informationsverarbeitung. *Sprache und Kognition,
12*, S. 30 - 43.

Obliers, R.; Vogel, G.; Scheidt, J. v. (1996): Alltagshandeln. In: J. Kuhl;
H. Heckhausen (Hrsg.): *Enzyklopädie der Psychologie (Themenbe-
reich C: Theorie und Forschung, Ser. IV, Motivation und Emotion;
Bd. 4: Motivation, Volition und Handlung).* Göttingen, S. 69 - 99.

O'Donnell, A. M.; Dansereau, D. F. (1992): Scripted cooperation in student dyads: A method for analyzing and enhancing academic learning and performance. In: R. Hertz-Lazarowitz; N. Miller (Hrsg.):
*Interaction in cooperative groups. The theoretical anatomy of group
learning.* Cambridge, S. 120 - 141.

O'Donnell, A. M.; Dansereau, D. F. (2000): Interactive effects of prior
knowledge and material format on cooperative teaching. *Journal
of Experimental Education, 68*, S. 101 - 118.

OECD (2005): *PISA - PISA 2003 Data Analysis Manual SPSS.* o.O.:
OECD Publishing; Online: http: // www. pisa. oecd.org /dataoecd
/35/51/35004299.pdf (14.06.2005).

O'Neil, H. F.; Sugrue, B.; Baker, E. L. (1995/1996): Effects of motivational interventions on the national assessment of educational progress
mathematics performance. *Educational Assessment, 3*, S. 135 - 157.

O'Neil Jr., H. F.; Abedi, J. (1996): Reliability and validity of a state
metacognitive inventory: Potential for alternative assessment. *The
Journal of Educational Research, 89*, S. 234 - 245.

Overmann, M. (1993): *Der Ursprung des französischen Materialismus.
Die Kontinuität materialistischen Denkens von der Antike bis zur
Aufklärung.* Frankfurt a.M..

Palincsar, A. S.; Brown, A. L. (1984): Reciprocal teaching of compre-
hension-fostering and comprehension-monitoring activities. *Cognition and Instruction, 1*, S. 117 - 175.

Paris, S. G.; Oka, E. R. (1986): Children's reading strategies, metacognition, and motivation. *Developmental Review, 6*, S. 25 - 56.

Paris, S. G.; Byrnes, J.; Paris, A. H. (2001): Constructing theories,
identities, and actions of self-regulated learners. In: B. J. Zimmerman; D. H. Schunk (Hrsg.): *Self-regulated learning and academic
achievement: Theoretical perspectives.* Mawah, NJ, S. 253 - 288.

Patrick, H. (1997): Social self-regulation: Exploring the relations between children's social relationships, academic self-regulation, and school performance. *Educational Psychologist, 32*, S. 209 - 220.

Pekrun, R. (1993): Facets of adolescent academic motivation: A longitudinal expectancy-value approach. In: M. Maehr; P. Pintrich (Hrsg.): *Advances in motivation and achievement, Vol. 8*. Greenwich, CT, S. 139 - 189.

Pekrun, R.; Schiefele, U. (1996): Emotions- und motivationspsychologische Bedingungen der Lernleistung. In: F. E. Weinert (Hrsg.): *Enzyklopädie der Psychologie (Themenbereich D: Praxisgebiete, Ser. I, Pädagogische Psychologie; Bd. 2: Psychologie des Lernens und der Instruktion)*. Göttingen, S. 153 - 180.

Perkins, D. N. (1993): Person-plus: A distributed view of thinking and learning. In: G. Salomon (Hrsg.): *Distributed cognitions - psychological and educational considerations*. Cambridge, S. 88 - 110.

Piaget, J. (1990): *The child's conception of the world*. New York: Littlefield Adams.

Pintrich, P. R. (1989): The dynamic interplay of student motivation and cognition in the college classroom. In: C. Ames; M. Maehr (Hrsg.): *Advances in motivation and achievement: Vol. 6. Motivation enhancing environments*. Greenwich, CT, S. 117 - 160.

Pintrich, P. R. (2000): The role of goal orientation in self-regulated learning. In: M. Boekaerts; P. R. Pintrich; M. Zeidner (Hrsg.): *Handbook of Self-Regulation*. San Diego, S. 452 - 502.

Pintrich, P. R.; De Groot, E. V. (1990): Motivational and self-regulated learning components of classroom academic performance. *Journal of Educational Psychology, 82*, H. 1, S. 33 - 40.

Pintrich, P. R.; Garcia, T. (1993): Intraindividual differences in students' motivation and self-regulated learning. *Zeitschrift für Pädagogische Psychologie, 7*, S. 99 - 107.

Pintrich, P. R.; Smith, D. A. F.; Garcia, T.; Mc Keachie, W. J. (1993): Reliability and predictive validity of the Motivated Strategies for Learning Questionnaire (MSLQ). *Educational and Psychological Measurement, 53*, S. 801 - 813.

Pokay, P.; Blumenfeld, P. C. (1990): Predicting achievement early and late in the semester: The role of motivation and learning strategies. *Journal of Educational Psychology, 82*, S. 41 - 50.

Prenzel, M. (1993): Autonomie und Motivation im Lernen Erwachsener. *Zeitschrift für Pädagogik, 39*, S. 239 - 253.

Pressley, M.; Borkowski, J. G.; Schneider, W. (1987): Cognitive strategies: Good strategy users coordinate metacognition and knowledge. In: R. Vasta; G. Whitehurst (Hrsg.): *Annals of child development, Vol. 5*. New York, S. 89 - 129.

Pressley, M.; Wharton-McDonald, R. (2002): Skilled comprehension and its development through instruction. *School Psychology Review,* *26* , S. 448 - 466.

Purdie, N.; Douglas, G.; Hattie, J. (1996): Student conceptions of learning and their use of self-regulated learning strategies: A crosscultural comparision. *Journal of Educational Psychology, 88,* S. 87 - 100.

Rampillon, U. (1997): Lernen lernen mit System: Gedanken zu einer Aufgabensammlung für die Förderung selbstgesteuerter Fremdsprachenkenntnisse. In: M. Müller-Verheyen (Hrsg.): *Neues Lernen - Selbstgesteuert - Autonom.* München, S. 117 - 146.

Reinmann-Rothmeier, G.; Mandl, H. (1996): *Wissen und Handeln. Eine theoretische Standortbestimmung (Forschungsbericht Nr. 70).* München.

Reinmann-Rothmeier, G.; Mandl, H. (1999): *Unterrichten und Lernumgebungen gestalten (Forschungsbericht Nr. 60, überarbeitete Fassung).* München.

Reinmann-Rothmeier, G.; Mandl, H. (2001): Unterrichten und Lernumgebungen gestalten. In: B. Weidenmann; A. Krapp; M. Hofer; G. L. Huber; H. Mandl (Hrsg.): *Pädagogische Psychologie.* Weinheim, S. 603 - 648.

Reischmann, J. (1999): Verlauf, Ergebnisse und Kritik der amerikanischen Diskussion. In: S. Dietrich; E. Fuchs-Brüninghoff u. a. (Hrsg.): *Auf dem Weg zu einer neuen Lernkultur.* Frankfurt, a. M., S. 40 - 56.

Renkl, A. (1996): *Träges Wissen: Warum Erlerntes nicht genutzt wird.* Psychologische Rundschau, *47,* S. 78 - 92.

Renkl, A. (1997): *Lernen durch Lehren. Zentrale Wirkmechanismen beim kooperativen Lernen.* Wiesbaden.

Resnick, L. B. (1989): Introduction. In: L. B. Resnick (Hrsg.): *Knowing, learning and instruction: Essays in honour of Robert Glaser.* Hillsdale, NJ, S. 1 - 24.

Rheinberg, F. (1989): *Zweck und Tätigkeit.* Göttingen.

Rheinberg, F. (1996): Flow-Erleben, Freude an riskantem Sport und andere „unvernünftige" Motivationen. In: J. Kuhl; H. Heckhausen (Hrsg.): *Enzyklopädie der Psychologie (Themenbereich C: Theorie und Forschung, Ser. IV, Motivation und Emotion, Bd. 4: Motivation, Volition und Handlung).* Göttingen, S. 101 - 118.

Rheinberg, F. (2004): *Motivation, 5. Aufl.* Stuttgart.

Roschelle, J.; Teasley, S. D. (1995): The construction of shared knowledge in collaborative problem solving. In: C. O'Malley (Hrsg.): *Computer supported collaborative learning* Berlin, S. 69 - 97.

Rosenshine, B. (1976): Classroom instruction. In: N. L. Gage (Hrsg.):
   The psychology of teaching methods. Chicago.
Rosenshine, B.; Furst, N. (1973): The use of direct observation to study
   teaching. In: R. M. W. Travers (Hrsg.): *Second handbook of research
   on teaching.* Chicago, S. 122 - 184.
Rosenshine, B.; Stevens, R. (1986a): Teaching functions. In: M. C.
   Wittrock (Hrsg.): *Handbook of research on teaching (third edition*
   New York, S. 376 - 391.
Rotter, J. B. (1966): Generalized expectancies for internal versus external
   control of reinforcement. *Psychological Monographs, 80, (H. 1, No.
   609),* S. 1 - 28.
Royer, J. M.; Cisero, C. A.; Carlo, M. S. (1993): Techniques and proce-
   dures for assessing cognitive skills. *Review of Educational Research,
   63,* S. 201 - 243.
Ryan, R. M.; Connell, J. P.; Grolnick, W. S. (1992): When achievement
   is not intrinsically motivated: A theory of internalization and self-
   regulation in school. In: A. K. Boggiano; T. S. Pittman (Hrsg.):
   Achievement and motivation. A social-developmental perspective.
   New York, S. 167 - 188.
Schank, R. C.; Abelson, R. P. (1977): *Scripts, plans, goals and understanding.* Hillsdale, NJ.
Schelten, J.; Riedl, A.; Geiger, R. (2003): *Lehr-Lern-Prozesse in ei-
   ner konstruktivistischen Lernumgebung für Steuerungstechnikunter-
   richt. DFG-Abschlussbericht.* München.
Schiefele, H. (1993): Brauchen wir eine Motivationspädagogik? *Zeitschrift
   für Pädagogik, 39,* S. 177 - 186.
Schiefele, U.; Schreyer, I. (1994): Intrinsische Lernmotivation und Lernen. Ein Überblick zu Ergebnissen der Forschung. *Zeitschrift für
   Pädagogische Psychologie, 8,* S. 1 - 13.
Schiefele, U.; Wild, K.-P.; Winteler, A. (1995): Lernaufwand und Elaborationsstrategien als Mediatoren von Studieninteresse und Studienleistung. *Zeitschrift für Pädagogische Psychologie, 9,* S. 181 -
   188.
Schiefele, U.; Pekrun, R. (1996a): Psychologische Modelle des fremdgesteuerten und selbstgesteuerten Lernens. In: F. E. Weinert
   (Hrsg.): *Enzyklopädie der Psychologie (Themenbereich D: Praxisgebiete, Ser. I, Pädagogische Psychologie; Bd. 2: Psychologie des
   Lernens und der Instruktion).* Göttingen, S. 249 - 278.
Schiefele, U.; Pekrun, R. (1996b): Psychologische Modelle des fremdgesteuerten und selbstgesteuerten Lernens. In: F. E. Weinert (Hrsg.):
   *Psychologie des Lernens und der Instruktion, Enzyklopädie der Psy-
   chologie (Themenbereich D, Serie I, Band 2.)* Göttingen, S. 249 -
   278.

Schmeck, R. R. (1988): An introduction to strategies and styles of learning. In: R. R. Schmeck (Hrsg.): *Learning strategies and learning
styles.* New York, S. 3 - 19.

Schmitz, B. (2001): Self-Monitoring zur Unterstützung des Transfers einer Schulung in Selbstregulation für Studierende Eine prozessana-
lytische Untersuchung. *Zeitschrift für Pädagogische Psychologie,*
15, H. 3/4, S. 181 - 197.

Schmitz, B.; Wiese, B. (1999): Eine Prozessstudie selbstregulierten Lernverhaltens im Kontext aktueller affektiver und motivationaler Faktoren. *Zeitschrift für Entwicklungspsychologie und Pädagogische
Psychologie, 31* H. 4, S. 157 - 170.

Schneider, W. (1985): Developmental trends in the metamemory-
memory behavior relationship: An integrative review. In: D. L.
Forrest-Pressley; G. E. MacKinnon; T. G. Waller (Hrsg.): *Cognition, metacognition, and human performance, Vol.1.* New York, S.
57 - 109.

Schraw, G. (1994): The effect of metakognitive knowledge on local and
global monitoring. *Contemporary Educational Psychology, 19,* S.
143 - 154.

Schraw, G.; Brooks, D. (2000): *Improving college teaching using an in-
teractive, compensatory model of learning.* University of Nebraska-
Lincoln, Lincoln, NE; Online: http: // dwb.unl.edu /Chau /Comp-
Mod.html.

Schraw, G.; Brooks, D. W.; Crippen, K. J. (2002): Improving che-
mistry teaching using an interactive, compensatory model of learning. *Journal of Chemistrie-Education, 3,* H. 27, S. 1 - 19.

Schreiber, B.; Leutner, D. (1996): Diagnose von Lernstrategien bei Be-
rufstätigen. *Zeitschrift für Differentielle und Diagnostische Psychologie, 17,* S. 236 - 250.

Schunk, D. H. (2001): Social cognitive theory and self-regulated learning.
In: B. J. Zimmerman; D. H. Schunk (Hrsg.): *Self-regulated learning
and academic achievement: Theoretical perspectives, 2nd edition.*
New York, S. 125 - 151.

Schunk, D. H.; Zimmerman, B. J. (1994): Self-regulation in education: Retrospect and prospect. In: D. H. Schunk; B. J. Zimmerman (Hrsg.): *Self-regulation of learning and performance: Issues
and educational applications.* Hillsdale, NJ, S. 305 - 314.

Schunk, D. H.; Zimmerman, B. J. (1997): Social origins of self-regulatory
competence. *Educational Psychologist, 32,* S. 195 - 208.

Sembill, D.; Wolf, K. D.; Wuttke, E.; Santjer, I.; Schumacher, L.
(1998): Prozessanalysen selbstorganisierten lernens. In: K. K. Beck;
R. Dubs (Hrsg.): *Kompetenzerwerb in der Berufserziehung. Kognitive, motivationale und moralische Dimensionen kaufmännischer*

Qualifizierungsprozesse (Zeitschrift für Berufs- und Wirt-schaftspädagogik, Beiheft Nr. 14). Stuttgart, S. 57 - 79.

Simons, P. R.-J. (1992): Lernen, selbständig zu lernen - ein Rahmenmodell. In: H. Mandl; H. F. Friedrich (Hrsg.): *Lern- und Denkstrategien. Analyse und Intervention.* Göttingen, S. 251 - 264.

Simons, P. R.-J. (1999): Transfer of learning: Paradoxes for learners. *Journal of Educational Research, 31,* S. 577 - 589.

Slavin, R. E. (1996): Research on cooperative learning and achievement: What we know, what we need to know. *Contemporary Educational Psychology, 21,* S. 43 - 69.

Sõvik, N.; Heggberget, M.; Samuelstuen, M. (1996): Strategy-training related to children's text production. *British Journal of Educational Psychology, 66,* S. 169 - 180.

Spering, M. (2001): *Emotionen und Kontrollüberzeugungen beim komplexen Problemlösen Eine experimentelle Untersuchung anhand des computersimulierten Problemlöseszenarios FSYS 2.0 (Unveröff. Diplomarbeit).* Heidelberg.

Stebler, R.; Reusser, K.; Pauli, C. (1994): Interaktive Lehr-Lern-Umgebungen: Didaktische Arrangements im Dienste des gründlichen Verstehens. In: K. Reusser; M. Reusser-Weyeneth (Hrsg.): *Verstehen. Psychologischer Prozess und didaktische Aufgabe.* Bern, S. 227 - 259.

Straka, G. A. (2005): *Von der Klassifikation von Lernstrategien im Rahmen selbstgesteuerten Lernens zur mehrdimensionalen und regulierten Handlungsepisode. ITB Forschungsberichte 18 /2005 Februar 2005.* Bremen.

Straka, G. A.; Nenniger, P.; Spevacek, G.; Wosnitza, M. (1996)· Zur Mehrdimensionalität selbstgesteuerten beruflichen Lernens. Ergebnisse einer Konstruktvalidierung. *Zeitschrift für Berufs- und Wirtschaftspädagogik, 13,* S. 150 - 162.

Terhart, E. (1989): *Lehr-Lern-Methoden.* Weinheim.

Treiber, B.; Weinert, F. E. (1982): Gibt es theoretische Fortschritte in der Lehr-Lernforschung? In: B. Treiber; F. E. Weinert (Hrsg.): *Lehr-Lern-Forschung. Ein Überblick in Einzeldarstellungen.* München, S. 242 - 290.

VanderStoep, S. W.; Pintrich, P. R. (2003): *Learning to Learn: The Skill and Will of College Success.* Upper Saddle River, NJ.

Veenman, M. V. J. (2005): The assessment of metacognitive skills: What can be learned from multi-method designs? In: B. Moschner; C. Artelt (Hrsg.): *Lernstrategien und Metakognition: Implikationen für Forschung und Praxis.* Berlin, S. 75 - 97.

Vygotsky, L. S. (1978): *Mind in society. the development of higher psychological processes.* Cambridge, MA.

Vygotsky, L. S. (1986): *Thought and language, 2nd edition.* Cambridge, MA.

Webber, J.; Scheuermann, B.; McCall, C.; Coleman, M. (1993): Research on self-monitoring as a behavior management technique in special education classrooms: A descriptive review. *Remedial and Special Education, 14*, S. 38 - 56.

Weidenmann, B. (1993): *Instruktionsmedien.* München.

Weinert, F. E. (1982): Selbstgesteuertes Lernen als Voraussetzung, Methode und Ziel des Unterrichts. *Unterrichtswissenschaft, 2,* S. 99 - 110.

Weinert, F. E. (1996): Für und Wider die „neuen Lerntheorien" als Grundlagen pädagogisch-psychologischer Forschung. *Zeitschrift für Pädagogische Psychologie, 10,* S. 1 - 12.

Weinert, F. E. (1997): Lernkultur im Wandel. In: E. Beck; T. Guldimann; M. Zutavern (Hrsg.): *Tagungsband der Schweizerischen Gesellschaft für Lehrerinnen- und Lehrerbildung und der Schweizerischen Gesellschaft für Bildungsforschung.* St. Gallen, S. 11 - 29.

Weinert, F. E.; Helmke, A. (1995): Learning from wise mother nature or big brother instructor: The wrong choice as seen from an educational perspective. *Educational Psychologist, 30,* S. 135 - 142.

Weinert, F. E.; Helmke, A. H. (1997): *Entwicklung im Grundschulalter.* Weinheim.

Weinstein, C. E. (1988): Assessment and training of student learning strategies. In: R. R. Schmeck (Hrsg.): *Learning strategies and learning styles.* New York, S. 292 - 316.

Weinstein, C. E.; Mayer, R. E. (1986): The teaching of learning strategies. In: M. C. Wittrock (Hrsg.): *Handbook of research on teaching, 3. edition.* New York, S. 315 - 327.

Weltner, K. (1978): *Autonomes Lernen.* Stuttgart.

Wentzel, K. R. (1997): Student motivation in middle school: The role of perceived pedagogical caring. *Journal of Educational Psychology, 89,* S. 41 - 49.

Wild, K.-P. (2000): *Lernstrategien im Studium.* Münster.

Wild, K.-P.; Schiefele, U.; Winteler, A. (1992): *LIST. Ein Verfahren zur Erfassung von Lernstrategien im Studium (Gelbe Reihe: Arbeiten zur Empirischen Pädagogik und Pädagogischen Psychologie, Bd. 20).* München.

Wild, K.-P.; Schiefele, U. (1994): Lernstrategien im Studium: Ergebnisse zur Faktorenstruktur und Reliabilität eines neuen Fragebogens. *Zeitschrift für Differentielle und Diagnostische Psychologie, 15,* S. 185 - 200.

Wild, K.-P.; Krapp, A. (1995): Elternhaus und intrinsische Lernmotivation. *Zeitschrift für Pädagogik*, *41*, S. 579 - 595.

Winne, P. H. (1996): A metacognitive view of individual differences in self-regulated learning. *Learning and Individual Differences*, *8*, S. 327 - 353.

Winne, P. H. (2001): Self-regulated learning viewed from models of information processing. In: B. J. Zimmerman; D. H. Schunk (Hrsg.): *Self-regulated learning and academic achievement: Theory, research, and practice*. New York, S. 153 - 189.

Winne, P. H.; Hadwin, A. (1998): Studying as self-regulated learning. In: D. Hacker: J. Dunlosky: A. Graesser (Hrsg.): *Metacognition in educational theory and practice*. Mahwah, NJ, S. 279 - 306.

Winne, P. H.; Perry, N. E. (2000): Measuring self-regulated learning. In: M. Boekaerts; P. P. Pintrich; M. Zeidner (Hrsg.): *Handbook of self-regulation*. San Diego, S. 531 - 566.

Wolf, L. F.; Smith, J. K. (1995): The consequence of consequence: Motivation, anxiety, and test performance. *Applied Measurement in Education*, *8*, S. 227 - 242.

Wong, E. H.; Wiest, D. J.; Cusick, L. B. (2002): Perceptions of autonomy support, parent attachment, competence and self-worth as predictors of motivational orientation and academic achievement: an examination of sixth- and ninth-grade regular education students. *Adolescence*, *37*, S. 255 - 266.

Young, J. D. (1996): The effect of self-regulated learning strategies on performance in learner controlled computer-based instruction. *Educational Technology Research and Development*, *44*, S. 17 - 27.

Zimmerman, B. (2001): Theories of self-regulated learning and academic achievement: An overview and analysis. In: D. Schunk (Hrsg.): *Self-regulated learning and academic achievement: Theoretical perspectives, 2nd edition*. Mawah, NJ, S. 1 - 38.

Zimmerman, B. J. (1989): A social cognitive view of self-regulated academic learning. *Journal of Educational Psychology*, *81*, S. 329 - 339.

Zimmerman, B. J. (1994): Dimensions of academic self-regulation: A conceptual framework for education. In: D. H. Schunk; B. J. Zimmerman (Hrsg.): *Self-regulation of learning and performance: Issues and educational applications*. Hillsdale, NJ, S. 3 - 21.

Zimmerman, B. J. (1998): Developing self-fulfilling cycles of academic regulation: An analysis of examplary instructional models. In: D. H. Schunk; B. J. Zimmerman (Hrsg.): *Self-regulated learning: From teaching to self-reflective practice*. New York, S. 1 - 19.

Zimmerman, B. J. (2000): Attaining self-regulation: A social cognitive perspective. In: M. Boekaerts; P. R. Pintrich; M. Zeidner (Hrsg.): *Handbook of self-regulation*. San Diego, S. 13 - 39.

Zimmerman, B. J.; Bandura, A. (1994): Impact of self-regulatory influences on writing course attainment. *American Educational Research Journal, 31*, S. 845 - 862.

Zimmerman, B. J.; Bandura, A.; Martinez-Pons, M. (1992): Self-motivation for academic attainment: The role of self-efficacy beliefs and personal goal-setting. *American Educational Research Journal, 29*, S. 663 - 676.

Zimmerman, B. J.; Kitsantas, A. (2005): The hidden dimension of personal competence: Self-regulated learning and practice. In: A. J. Elliot; C. S. Dweck (Hrsg.): *Handbook of competence and motivation.* Chicago, S. 509 - 526.

Zimmerman, B. J.; Martinez-Pons, M. (1986): Development of a structured interview for assessing student use of self-regulated learning strategies. *American Educational Research Journal, 23*, S. 614 - 628.

Abbildungen

Tabellen